新时代金融精准扶贫理论与实践

以重庆市金融机构扶贫案例为蓝本

高永强　肖忠意　余劲松　著

谨以此书献礼中国共产党成立 100 周年

高永强，重庆市人民政府参事，西南政法大学客座教授。深耕金融行业近四十年，曾任中国建设银行资深专家，荣获全国"建设银行系统思想政治工作先进个人"，人民银行、建行总行"一等功臣"等荣誉称号。先后出版专著3本，并发表了数十万字的经济时论纵谈。

肖忠意，西南政法大学金融学教授、博士生导师，民建中央财政金融委员会委员，重庆市欧美同学会常务理事，曾获"民建中央全国先进个人"等荣誉称号。主要从事大数据金融、公司金融、国家经济安全等领域的研究。先后出版专著3本，在CSSCI核心期刊发表学术论文50余篇，主持参与国家自然科学基金和省部级课题20余项。

余劲松，西南政法大学经济学教授。主要从事金融市场与金融制度、法与金融学等领域的研究。先后出版专著1本、译著1本，在CSSCI核心期刊发表学术论文30余篇，主持参与国家社科基金和省部级课题30余项。

序　言

反贫困一直是古今中外治国安邦的大事。总览历史、环顾全球，即便是经济发达的西方国家，也没有足够成功的反贫困经验可以在世界范围内供推广和借鉴。中国特色反贫困理论是中华民族在反贫斗争中对历史经验的总结。伟大实践产生伟大理论，伟大理论指导伟大实践。以习近平同志为核心的党中央，在脱贫攻坚伟大实践中立足我国国情，把握减贫规律，出台了一系列政策举措，构建了一整套行之有效的政策体系、工作体系、制度体系，走出了一条中国特色减贫道路，形成了中国特色反贫困理论。这是中国共产党人在与贫困这一人类社会顽疾战斗过程中形成的重大理论成果，揭示了脱贫攻坚战取得全面胜利的致胜之道，为推动全球减贫事业发展贡献了中国智慧和中国方案。"贫穷不是社会主义"，贫穷不是命中注定的，也不是不可战胜的。消除贫困，改善民生，实现共同富裕是社会主义的本质要求，一个国家反贫的历史经验与这个国家的制度演进和社会发展进程有密切关联，所以我们应对经济基础与上层建筑的关系予以足够的考虑。

本书的三位作者高永强、肖忠意、余劲松，其岁月有年，笔耕不辍，孜孜不倦地专攻扶贫减贫理论和"三农"经济问题，行走于乡村与贫困地区，通过访贫帮贫和调查研究，掌握了大量数据和典型案例。2019年4月15日，习近平总书记专程前往曾经属于武陵山区集中连片特困地的重庆石柱土家族自治县，考察调研脱贫攻坚工作。他徒步行察，走村入户，访贫问苦的每一个细节都饱含"我将无我，不负人民"的使命情怀,让身为重庆儿女的三位作者备受鼓舞,深感党的扶贫事业之伟大,于是暗下决心,定下目标,要为扶贫事业贡献自己的力量。三位作者用两年的时间,编撰整理出这部反映新时代重庆大地上金融精准扶贫理论与实践的专著,以彰显在"山城"波澜壮阔的脱贫攻坚历程中创造了减贫奇迹的重庆金融篇章,用一个个金融精准扶贫案例、一组组生动翔实的"硬核"数据向人民报告。

作为在重庆金融实务和高校科研战线的工作者,结合重庆区域扶贫和行业扶贫等我们所掌握的历年第一手资料进行分析,描绘以党的领导为主线的新时代中国特色社会主义金融精准扶贫的壮丽画卷,阐释贫困的深层根源,破解致贫的痛点病灶,培育体系化金融精准扶贫的长效机制,是本书作者的初心。探索金融扶贫的方式、途径和效果,研究反贫困的金融理论与实践,逐渐形成一套可复制、可持续、体系化的新时代金融扶贫政策体系和制度安排,是本书作者的目标。特别是政府和金融机构在反贫困中发挥作用的方式、路径、策略,一直是本书作者遵循的主线。金融是实体经济的血脉,为现代实体经济服务是金融的天职。农业农村发展离不开金融的有力支持,金融扶贫是解决贫困问题的重要武器。金融扶贫就是要努力实现由传统的"输血式"扶贫向新时代的"造血式"帮扶转变,让发展成为消除贫困最有效的办法和创造幸福生活最稳定的途径。怎样在金融精准扶贫上出实招,在精准推进上下实功?本书作者认为,关键是金融机构应在新时代金融实践中把普惠属性、共享属性、科技属性与传统金融属性相结合,始终秉持"以天下苍生为念""与天下同利"的理念,以义驭利、义利兼顾,引导金融扶持有发展意愿、具有生产能力的贫困群体,帮助他们从根本上解决贫困问题。只有将贫困"断根",实现"天下持之",社会和经济的发展之路才能越走越宽。

总之，中国特色反贫困理论是马克思主义反贫困理论中国化的最新成果。中国特色反贫困理论不仅在哲学社会科学等领域取得光辉成就，也蕴含着金融扶贫等经济思想。这些经济思想在世界反贫困理论和思想史上是一颗灿烂的明星，见证和记录了中国脱贫攻坚战全面胜利的人间奇迹。在撰写过程中，三位作者深知自己的认识水平和理论水平无法完全驾驭金融扶贫这么宏大的课题，因此不求面面俱到，但求抛砖引玉。如果能够为后继研究学者摸索出一个大体的轮廓，为中国特色反贫困理论添砖加瓦，便已足矣。由于自身水平有限，在资料的整理、引用和分析方面难免存在一些错误，殷切希望读者和专家批评指正。

最后，感谢高钰、虞洋、吴承恩、胡寄望、王向晖、刘理、许斌、张健、彭定锐、黄刚、朱华娜、刘明东、师子峰、张力、于忻，他们经常与我们交流讨论新金融理念。正是他们的思想火花，给了我们写作的原创力和灵感。感谢重庆市人民政府办公厅（重庆市人民政府参事室）的领导和同事们，特别是杨琳、付作义、袁亚林的指导和付出。感谢周霞、郝韵橙、张小波、刘思亚为本书数据收集和资料汇集。感谢中国人民银行重庆市营业管理部、重庆银保监局以及重庆市辖内所有金融机构，特别是国家开发银行重庆市分行、中国建设银行重庆市分行、中国工商银行重庆市分行、中国农业银行重庆市分行、中国邮政储蓄银行重庆市分行、重庆农村商业银行、中国光大银行重庆市分行、华夏银行重庆市分行、中信银行重庆市分行、重庆国际信托有限公司等金融机构在调研和实践素材上提供的无私帮助。感谢戴文先生给予的支持和帮助。

高永强

2021 年 8 月 12 日于重庆

目 录

第一章 中国特色社会主义反贫困理论的形成 …………… 1
 第一节 贫困的概念与多维贫困……………………………… 4
 第二节 马克思和恩格斯反贫困理论……………………… 20
 第三节 中国特色社会主义贫困治理理论………………… 25
 第四节 习近平新时代反贫困理论………………………… 32

第二章 金融扶贫理论与路径机制 ……………………… 59
 第一节 金融扶贫的界定…………………………………… 61
 第二节 金融扶贫的目标…………………………………… 63
 第三节 金融扶贫的本质特征……………………………… 66
 第四节 金融扶贫的体系构成……………………………… 69
 第五节 金融扶贫的主要产品与服务种类………………… 83
 第六节 金融扶贫的作用机制……………………………… 88

第三章 重庆市精准扶贫的探索与成效 ………………… 94
 第一节 重庆市经济社会基本情况………………………… 97
 第二节 重庆市贫困区县（户）分布概况………………… 103
 第三节 重庆市精准扶贫的措施…………………………… 125
 第四节 重庆市精准扶贫的成效…………………………… 146

第四章 重庆市金融精准扶贫的实践与创新 …………… 154
 第一节 重庆市金融精准扶贫面临的挑战………………… 157

第二节　重庆市金融精准扶贫的框架体系 ················ 160
　　第三节　重庆市金融扶贫中的金融工具 ················ 164
　　第四节　重庆市金融精准扶贫工作的"六个精准" ········· 183
　　第五节　重庆市金融扶贫的创新启示与政策建议 ·········· 191

第五章　重庆市金融扶贫风险控制创新 ················ 197
　　第一节　金融扶贫的风险识别 ···················· 198
　　第二节　重庆市金融扶贫风险控制典型案例分析 ·········· 206
　　第三节　需要进一步关注的问题 ··················· 219

第六章　央行及政策性金融机构扶贫案例 ··············· 222
　　第一节　中国人民银行扶贫案例 ··················· 223
　　第二节　政策性银行扶贫案例 ···················· 228

第七章　商业性金融机构扶贫案例 ·················· 244
　　第一节　商业银行扶贫案例 ····················· 244
　　第二节　保险类金融机构扶贫案例 ·················· 279
　　第三节　信托类金融机构扶贫案例 ·················· 284
　　第四节　担保类金融机构扶贫案例 ·················· 289

第八章　新时代金融赋能乡村振兴的路径机制 ············ 292
　　第一节　推动脱贫攻坚与乡村振兴有效衔接、一脉相承 ······ 295
　　第二节　金融赋能和乡村振兴衔接的必然性 ············ 300
　　第三节　乡村振兴中"三农"金融需求的新变化 ·········· 301
　　第四节　金融赋能乡村振兴的供给侧关键内容 ··········· 303
　　第五节　金融赋能乡村振兴的运行机制创新 ············ 316

第一章
中国特色社会主义反贫困理论的形成

贫困问题是人类社会有史以来就面临的最尖锐的顽疾①，而反贫困始终是古今中外治国安邦的一件大事。反贫困是世界各国的重要任务，但是，贫困问题至今仍较为广泛地存在，且难以真正解决。迄今为止，非洲、南亚等国家和地区数以亿计的人口仍处于贫困之中，相较而言，西方发达国家的绝对贫困人口数量虽然较少，但是贫困问题依然不容乐观。②例如，美国官方公布的数据显示，2016年12.7%的美国家庭生活在贫困标准线之下，美国的贫困人口数量达到2060万。按照英国的贫困标准，2015年有超过1000万英国人生活贫困，贫困率达到了17.1%。亚洲国家日本2015年的贫困人口数量也高达2000万，其贫困率为15.6%，也就是说7人里就有1人属于贫困人口。

中国的历史，就是中华民族同贫困斗争的历史。尤其是"近代以后，由于封建统治的腐朽和西方列强的入侵，中国政局动荡、战乱不已、民不聊生，贫困的梦魇更为严重地困扰着中国人民。摆脱贫困，成了中国人民孜孜以求的梦想，也是实现中华民族伟大复兴中国

---

① 郑于青、郑功成：《消除贫困：中国奇迹与中国经验》，《中共中央党校（国家行政学院）学报》2021年第2期，第39—48页。
② 韩克庆：《国际减贫事业的中国经验：治理规律与创新路径》，《人民论坛》2021年第11期，第35—37页。

梦的重要内容"。中国共产党成立之后,"坚持把为中国人民谋幸福、为中华民族谋复兴作为初心使命,团结带领中国人民为创造自己的美好生活进行了长期艰辛奋斗"。"改革开放以来,党团结带领人民实施了大规模、有计划、有组织的扶贫开发,着力解放和发展社会生产力,着力保障和改善民生,取得了前所未有的伟大成就。""党的十八大以来,党中央鲜明提出,全面建成小康社会最艰巨最繁重的任务在农村特别是在贫困地区,没有农村的小康特别是没有贫困地区的小康,就没有全面建成小康社会;强调贫穷不是社会主义,如果贫困地区长期贫困,面貌长期得不到改变,群众生活水平长期得不到明显提高,那就没有体现我国社会主义制度的优越性,那也不是社会主义,必须时不我待抓好脱贫攻坚工作。"[1] 习近平总书记始终把脱贫攻坚摆在治国理政的突出位置,亲自研究中国脱贫攻坚的反贫实际,提出一系列新思想、新观点和前瞻性理论,并且亲自部署,亲自督战,亲力亲为抓落实,带领全党全国各族人民全面打响气吞山河的超大规模脱贫攻坚战。

2021年2月25日,习近平总书记在全国脱贫攻坚总结表彰大会上庄严宣告:"我国脱贫攻坚战取得了全面胜利,现行标准下9 899万农村贫困人口全部脱贫,832个贫困县全部摘帽,12.8万个贫困村全部出列,区域性整体贫困得到解决,完成了消除绝对贫困的艰巨任务,创造了又一个彪炳史册的人间奇迹!这是中国人民的伟大光荣,是中国共产党的伟大光荣,是中华民族的伟大光荣!"[2] 进入21世纪后,中国成为世界上减贫人口最多的国家,走出了一条成功的减贫之

---

[1] 习近平:《在全国脱贫攻坚总结表彰大会上的讲话》,《人民日报》2021年2月26日第2版。

[2] 习近平:《在全国脱贫攻坚总结表彰大会上的讲话》,《人民日报》2021年2月26日第2版。

路。打赢脱贫攻坚战，对实现"两个一百年"奋斗目标和中华民族伟大复兴、推动全球减贫事业发展，具有重大而深远的意义，这是马克思主义政党本质特征的集中彰显，是以人民为中心发展思想的集中彰显，是中国特色社会主义制度优越性的集中彰显，是以新发展理念统领经济社会高质量发展的集中彰显。中国减贫的成功道路验证了"发展才是硬道理"，中国人民所创造的伟大奇迹体现了中国制度和国家治理体系的巨大优越性，证明了精准扶贫理念和理论体系及其指导下的具体举措的科学性与有效性，为全球减贫事业贡献了宝贵的中国经验和中国智慧。

中国特色社会主义反贫困理论的构建并非来源于主观上的臆断，也非一蹴而就，而是以马克思主义反贫困理论、中国共产党历届领导人反贫困思想以及中华传统文化中的消除贫困思想为主要依据，结合中国基本国情，所孕育出的具有时代发展特点的中国特色社会主义反贫困理论成果，具有深邃而又丰富的理论根基。[①]"精准扶贫"是习近平总书记关于扶贫工作的重大理论创新，该理论构建出一整套逻辑框架，将"党的领导"作为根本保证、"精准扶贫"作为根本方针、"人民至上"作为根本前提、"共享发展"作为根本路径、"共同富裕"作为最终目标，推动了马克思主义反贫困理论中国化的历史进程，为中国建设社会主义现代化强国提供了行动指南。

---

① 陶娴静、姚宏志：《中国特色反贫困理论的来源、核心要义及时代意义》，《理论建设》2021年第2期，第75—81页。

第一节 贫困的概念与多维贫困

一、贫困的界定

贫困是一个意义宽泛的概念。《现代汉语词典》（第7版）对"贫困"的解释是"生活困难；贫穷"。贫困作为一种经济社会现象，已嵌入经济社会发展的过程中。贫困问题是各个国家经济发展中无法回避的重大问题，特别是对于广大发展中国家来说，在推进经济增长和经济结构转型的同时如何有效地减少和消除贫困，是一项严峻甚至迫在眉睫的任务。近年来，各国政府和学者致力于减少贫困、提高收入水平与缩小收入差距等经济发展的关键问题，在理论和实践方面开展大量研究，并形成了一系列丰富的经验成果。由于贫困现象本身所具有的复杂性和不确定性，学界对贫困的研究呈现出多维性，具体涉及政治、哲学、经济学、社会学、管理学等学科研究领域。随着相关研究的深入，在理论上逐步形成了共同富裕理论、抑制人口增长理论、收入再分配理论、福利经济学理论、涓滴理论、绩效评估等重要理论成果。

(一) 国内外对贫困的认识

1. 国外对贫困的界定

早在 20 世纪初,英国学者郎特里 (Benjamin Seebohm Rowntree) 提出:"一定数量的货物和服务对于个人和家庭的生存和福利是必需的;缺乏获得这些物品与服务的经济资源或经济能力的人和家庭的生活状况,即为贫困。"[①] 换言之,他认为如果一个家庭的经济收入不能够维持该家庭的基本生活或支付该家庭生存所需的最基本的食物,则可认定该家庭处于贫困状态。朗特里等人用收入定义贫困,该贫困类型被称作收入贫困或物质贫困。朗德 (Michael S. Lund) 和汤森 (Peter Townsend) 认为,贫困是指缺少某些食物、不能参加社会活动或享有某种标准的生活和舒适。[②] 斯尼瓦桑 (T. N. Srinivasan) 和阿玛蒂亚·森 (Amartya Sen) 认为:"我们必须视贫困为一种对基本生活能力的剥夺。"[③] 在他看来,贫困是指个体缺乏创造收入和获取机会的能力,归根结底是能力的贫困,贫困是对于个体基本能力和权力的剥夺。同时,阿玛蒂亚·森还指出:"在对社会贫困状况进行分析时,根据具体情况确立出能够衡量物质条件最低限的绝对标准是最关键的环节。"另外,欧盟前身欧洲共同体在 1989 年提出,贫困应该被理解为个人、家庭或其群体的资源在物质上、文化上或社会上极其有限,导致他们被排除于欧共体成员国社会所能接受的最

[①] B. S. Rowntree, *Poverty: A Study of Town Life*, Macmillan, 1902.

[②] M. S. Lund, P. Townsend, "Poverty in the United Kingdom: A Surrey of Household Resources and Standards of Living", *American Political Science Association*, 1981, Vol. 75, No. 1, pp. 257–258.

[③] T. N. Srinivasan, A. K. Sen, "Poverty and Famines: An Essay on Entitlement and Deprivation", *American Journal of Agricultural Economics*, 1983, Vol. 65, No. 1, p. 200.

低限度的生活方式之外。① 世界银行在 1990 年将贫困界定为"缺少达到最低生活水准的能力",这一界定强调的是收入和物质的绝对数量。与此同时,世界银行还通过数据调研分析,科学地制定了以收入为标准的贫困线。②

2. 国内对贫困的界定

国内学界将上述西方学者的代表性观点与中国具体国情相结合,提出了自己对于贫困的定义。周彬彬较早提出,贫困指的是个人收入或家庭总收入低于个人或家庭所在社会"可接受的生活标准"的一种生活条件。③ 童星和林闽钢认为,贫困是经济、社会文化落后的总称,是由低收入造成的缺乏生活必需的基本物质和服务以及没有发展的机会和手段这样一种生活状况。④ 关信平则认为,贫困是在特定社会背景下,部分社会成员由于缺乏必要的资源而在一定程度上被剥夺了正常获得生活资料以及参与经济和社会活动的权利,这使他们的生活持续地低于该社会的常规生活标准。⑤ 唐钧进一步指出,贫困存在着三个不同的层面:第一,贫困作为一种社会客观存在的生活状况,是与"落后"或"困难"联系在一起的;第二,贫困作为一种公认的社会评价,是低于"最低"或"最起码"的生活水准的;第三,贫困作为一种社会环境造成的社会后果,与"缺乏"有关,其实质

---

① 欧洲共同体委员会:《向贫困开战的共同体特别行动计划的中期报告》,1989 年。
② World Bank, *World Development Report 1990: Poverty*, New York: Oxford University Press, 1990.
③ 周彬彬:《人民公社时期的贫困问题》,《经济研究参考》1992 年第 Z1 期,第 39—55 页。
④ 童星、林闽钢:《我国农村贫困标准线研究》,《中国社会科学》1994 年第 3 期,第 86—98 页。
⑤ 关信平:《中国城市贫困问题研究》,湖南人民出版社 1999 年版。

是缺乏"手段""能力""机会"。① 朱华晔提出"精神贫困"的观点，他认为"精神贫困"是指个体的世界观、人生观及价值观明显低于社会多数人的需求和认同程度。② 此外，国家统计局"中国城镇居民贫困问题研究"课题组和"中国农村贫困标准"课题组认为贫困一般是指物质生活困难，即一个人或一个家庭缺乏某些必要的生活资料和社会服务，生活处于困难境地，生活水平达不到社会可接受的最低标准。③

（二）国内外关于贫困的标准

1. 贫困标准的界定

贫困标准也被称为贫困线，是测量贫困程度最常见也是最有效的办法。一般来说，对于贫困标准的认识主要是指从经济角度界定贫困，划出一个可以量化识别的贫困线。贫困线一般根据一个社会中的普遍家庭收入或支出进行制定，是鉴别贫困与非贫困的主要标准。当个人或家庭的收入或消费水平低于其所在社会的贫困线时，则被认定为贫困。

2. 贫困标准的功能

不同国家根据自身的情况设定贫困标准。贫困标准至少具有精准识别贫困群体、确定救助力度、调节二次分配等三项功能。

（1）精准识别贫困群体

设定具有指导意义的贫困标准，就可以精准地识别贫困群体。设

---

① 唐钧：《中国的城市贫困问题与社会救助制度》，《江海学刊》2001年第2期，第46—51页。
② 朱华晔：《"精神贫困"的概念辨析》，《经济研究导刊》2011年第28期，第292页。
③ 尚明瑞：《扶贫开发与西北少数民族地区的生态恢复重建及环境保护问题研究》，《社会科学战线》2011年第4期，第66—76页。

定贫困标准是精准扶贫需要解决的首要问题。明确界定贫困个人或家庭，不仅为社会救助、扶贫开发等明确了救助范围，而且为其他公共服务、社会治理、扶贫帮扶等明确了工作对象。

（2）确定救助力度

精准识别贫困群体为保障相应的帮扶对象提供了基础。相关部门可以参考贫困标准，针对贫困群体的基本生存条件和生产发展需求提供一定的帮扶与救助，以解决其可能面对的困难。鉴于此，确定贫困标准可以帮助政府和组织机构决定对贫困群体的帮扶力度。

（3）调节二次分配

国家财政补贴、转移支付手段的应用可以在一定程度上增加贫困群体的非生产性收入，缩小贫富差距，起到二次调节国民收入的作用，从而增加社会福利，提高社会公平程度。

3. 国外关于贫困的标准

世界银行在 1990 年的《世界发展报告》中提出了贫困国家的贫困标准，其主要依据是 1985 年的购买力平价数据，并将其换算成美元。基于此，世界银行将当年的贫困线设为人日均收入 1.01 美元。到 1993 年，世界银行又将贫困线上调至 1.08 美元。2008 年，世界银行通过大规模收集国际可比性价格数据，依据当时的购买力平价数据以及马拉维、埃塞俄比亚、乌干达、卢旺达、几内亚比绍、莫桑比克、尼日尔、加纳、乍得、冈比亚、塞拉利昂、马里、坦桑尼亚、塔吉克斯坦和尼泊尔等 15 个最为贫困的国家的贫困线均值，基于"基本温饱"极端贫困线的要求，再次将国际贫困线提升至人日均收入 1.25 美元。与此同时，世界银行依据其他发展中国家贫困标准的中位数，将"稳定温饱"的高贫困线设定为人日均收入 2 美元。到了 2015 年，在世界各国央行纷纷采用宽松的货币政策的大环境下，全球性的通货膨胀压力增大。为此,世界银行参照当下最为贫困的国家的通胀均值,依据最新的购买力平价数据,再次上调国际贫困线至人日均收入1.9美元;"稳定温饱"的高贫困线确定在人日均收入3美元左右。可以说,此次调整为自1990年来的25年间调整幅度最大的一次。另外,一些收入较高的国家也根据本国的具体情况设定了各自的贫困线。例如,大部分欧盟成员国以收入中位数的50%—60%为贫困线;爱尔兰没有设定固定的贫困线,而是将收入最低的20%人口界定为贫困者;日本则是参照国际标准来设定贫困线。表1-1具体展示了英国、大部分欧盟成员国、爱尔兰、新加坡、日本等部分发达国家和地区的贫困线设立情况。

表1-1 部分发达国家和地区的贫困标准

国家/地区	贫困标准
大部分欧盟成员国	收入中位数的50%—60%
美国	如果一个四口之家,父母年龄均在65岁以下,有两个18岁以下的孩子,年收入低于18 244美元,则被视为贫困家庭;如果一个成年人的年收入低于9 183美元,则这个成年人属于贫困
英国	家庭可支配收入中位数的60%
爱尔兰	收入最低的20%居民家庭
澳大利亚	单亲家庭收入每周少于433澳元;或者四口之家收入每周少于909澳元
日本	一个四口之家最低贫困线为年收入2.2万美元

资料来源:作者整理。

4. 国内关于贫困的标准

我国学术界对贫困线主要有三种理解:(1)贫困线是对绝对贫困

的度量;(2)贫困线分为绝对贫困线和相对贫困线;(3)贫困线分为生存线、温饱线和发展线。① 中国政府界定贫困线的标准与世界银行基本一致,融合了绝对贫困、相对贫困、发展贫困等因素,并且贫困标准的计算方法也是结合世界银行所提出的基础方法和中国的实际情况而形成的。在不同的历史阶段,随着经济社会的发展和生活水平的提高,贫困的衡量标准也会同步升高。自改革开放以来,随着人民生活水平的提高,我国共实行过三条不同的贫困标准,分别是"1978年标准""2008年标准"和"2010年标准"。

表1-2 改革开放以来中国的贫困标准(单位:元/人·年)

年份	1978年标准	2008年标准	2010年标准
1978	100	—	366
1980	130	—	403
1985	206	—	482
1990	300	—	807
1995	530	—	1 511
2000	625	865	1 528
2005	683	944	1 742
2008	—	1 196	2 172
2010	—	1 274	2 300
2011	—	—	2 536
2012	—	—	2 625
2013	—	—	2 736
2014	—	—	2 800
2015	—	—	2 855

① 王雨林:《中国农村贫困与反贫困问题研究》,浙江大学出版社2008年版,第16页。

续 表

年份	1978年标准	2008年标准	2010年标准
2016	—	—	2 952
2017	—	—	3 200
2018	—	—	3 500
2019	—	—	3 750

资料来源：作者根据《中国农村贫困监测报告》发布的扶贫标准整理而成。

自改革开放以来，我国政府制定的贫困线经历了一个不断调整的过程。"1978年标准"是三条标准中最低的一条，以1978年价格每人每年100元为界限。该标准下食物支出的占比达到约85%，以基本保证每人每天可获得2 100大卡热量。但该标准下的食物质量较低，主食以粗粮为主，而肉蛋在副食中所占的比重很低，只能勉强维持温饱。中国国家统计局在1985年、1990年、1994年、1997年依据国内农村住户调查所得的资料测定得出当时我国的贫困线标准，而1985—1999年的贫困线实际上指的是国际上熟知的"极端贫困线"。[1] 为了和世界接轨，便于监测满足基本温饱的贫困人群的动态变化，在国际上进行贫困比较，中国自2000年开始采用两个贫困标准，即绝对贫困线和低收入线。绝对贫困线是指"极端贫困线"，低收入线是指能够满足人们基本温饱的"高贫困线"。2008年中国政府开始把低收入线作为扶贫的标准，"2008年标准"可视为一项维持基本温饱的标准，以2008年价格每人每年1 196元为界限。在该标准下，食物支出的占比下降到60%，基本保证每人"有吃、有穿"。与"1978年标

---

[1] 参见国家统计局农调总队：《2001年中国农村贫困监测报告》，中国统计出版社2001年版。

准"相比,该标准在一定程度上扩大了非食物消费支出的占比。2011年12月,中共中央、国务院印发的《中国农村扶贫开发纲要(2011—2020年)》提出了"一达标、两不愁、三保障"。在此背景下,我国推出"2010年标准",该农村贫困标准一直沿用至今。①"2010年标准"被视为一条稳定温饱的标准,以2010年价格每人每年2300元为界限。该标准将食物支出比重继续下调至50%左右。具体而言,"一达标"指农民家庭年人均收入达到国家现行扶贫标准;"两不愁"指不愁吃、不愁穿;"三保障"指义务教育、安全住房、基本医疗有保障。现行的"2010年标准"与"两不愁、三保障"相结合,即是农村居民跨入小康的门槛,符合当今时代普通人民对于小康的基本预期。②贫困人口达到现行贫困标准后,不仅能满足"吃饱、适当吃好"的稳定温饱需求,还能满足基本衣着、用品、水电、交通、通信等非食物需求,并能保障义务教育、基本医疗和住房安全,实现安稳度日、不愁吃穿的比较宽裕的生活状态。③

总体上看,我国的贫困标准随着社会经济的发展呈不断上升趋势,从1985年的206元增加到2014年的2800元,年平均增长率为4.2%。2016年贫困线为2952元,可见经过此次大幅上调,我国国家扶贫标准线与世界银行的名义国际贫困标准线的差距为史上最小。到2019年,我国贫困标准进一步提高到3750元。虽然贫困标准随着时间的推移,其数值也在逐渐上升,但代表着不同时间的同等生活水平。换句话说,不同年份的贫困标准具有可比性。

---

① 崔元培、王建忠、薛庆林:《新中国成立70年扶贫政策演变与设计》,《河北经贸大学学报(综合版)》2019年第4期,第66—71页。
② 王萍萍、徐鑫、郝彦宏:《中国农村贫困标准问题研究》,《调研世界》2015年第8期,第3—8页。
③ 刘畅:《培育贫困人口内生动力的路径研究——以S省P县Z乡为例》,山西大学2020年硕士学位论文。

二、贫困的基本类型

贫困是一个多维现象,基于不同的贫困内涵,可将贫困分为不同类型。贫困状态应从多维度衡量,除了作为贫困内核的物质因素,能力和排斥制约等因素也应被考虑在内。本书在充分吸收前人对贫困划分的多样性的基础上,从四个维度对贫困进行如下细分。

(一) 狭义贫困与广义贫困

以物质经济水平为主要标准,可以将贫困划分为狭义贫困与广义贫困。狭义贫困仅指经济上的贫困,反映维持生活与生产的最低标准,即生活不得温饱、生产难以维持,只包括物质生活的贫困,而不包括精神生活的贫困。处于这种贫困状态中,人的生命延续受到威胁,其所追求的是物质生活的满足,希望得到维持生存所需的收入、食品、燃料、衣着、住房。① 广义贫困是指在狭义贫困所关注的内容之外,还需要考虑社会、环境、文化、医疗、寿命状况等因素引发的贫困。换言之,广义贫困人口不仅处于收入分配底层,而且在教育、科技、卫生保健等方面的获得机会较少。广义贫困既包括经济贫困,也包括社会、文化贫困;既包括物质贫困,也包括精神贫困。②

(二) 绝对贫困与相对贫困

根据经济、社会等方面贫困的程度,可以将贫困划分为绝对贫困

---

① 严江:《贫困的相关重要范畴与推进我国农村扶贫开发》,《软科学》2006 年第 1 期,第 105—107 页。
② 毛伟、李超、居占杰:《教育能缓解农村贫困吗?——基于半参数广义可加模型的实证研究》,《云南财经大学学报》2014 年第 1 期,第 101—109 页。

与相对贫困。绝对贫困，又被称为赤贫，是指人们所获取的物质生活资料及服务满足不了生存的基本需求，生命的延续受到威胁。不难看出，绝对贫困反映了接近人类生存临界点的一种状态。准确认识绝对贫困，在缓解贫困、保障个体或群体的基本生存权等方面能够起到重要的作用。与绝对贫困对应的是相对贫困。相对贫困具有长期性，其实质是收入和分配的不均等，只要社会存在不平等，相对贫困就一直存在。对相对贫困的判断依赖于一定的主观价值，具有主观性。依据消费标准法，相对贫困被视为在特定的社会生产方式和生活方式下，个人或家庭的劳动所得或其他合法收入虽能为其提供基础生活保障，却无法满足其所属环境所普遍认同的其余最基本生活需求的状态。随着国民经济的持续发展，国民的收入水平、生活水平会不断提高，衡量贫困水平的指标会不断上升，呈现较强的高位化趋势。相对贫困的划分基于一定的人口比例，例如收入低于社会平均收入水平的30%的个体或群体可被视为处于相对贫困状态。2014—2020年我国对贫困的认识仍主要集中在经济层面的绝对贫困，而在2020年我国绝对贫困问题得到解决之后，必须将更多的关注放在解决相对贫困、发展及共享等现实问题上。

（三）物质贫困、思想贫困与信念贫困

人类社会是一个复杂的系统，因此要充分发挥人的主观能动性，处理好物质文明和精神文明的关系。对于当代中国而言，真正意义上的脱贫致富，既包括不断提高生产力水平，让人民过上富足的生活，促进物质文明发展，又包括不断提升人民的思想道德水平和科学文化水平，促进精神文明发展。我国农村经济发展水平低，未解决温饱问题的贫困人口众多，而在长期的扶贫开发进程中，单纯用年人均纯收

入来衡量贫困，只能反映扶贫对象的物质生活水平，不能全面反映其精神、文化生活状况。①

在1992年出版的《摆脱贫困》一书中，习近平同志创新性地提出物质贫困、思想贫困及信念贫困三个贫困维度，为清楚地认识贫困、推动脱贫攻坚工作找到了思考路径和实践路径。② 所谓物质贫困，是指物质财富的匮乏。讨论贫困问题，必然离不开物质贫困，但不能陷入就经济谈经济的形而上学立场，必须坚持辩证唯物主义，从精神及思想层面去追寻物质贫困的根源。所谓精神贫困，是指由长期物质贫困所导致头脑中的贫困。精神贫困又分为思想贫困与信念贫困。思想贫困是指缺乏分析问题、解决问题的科学思想，因此形成物质贫困。思想贫困的人要么安于现状，要么怨天尤人，但都没有通过积极的方法去寻找出路、摆脱贫困。信念贫困是指个体因缺乏自信及自尊、积极向上的志气及行动的勇气而贫困。③ 物质贫困、思想贫困和信念贫困互为因果并相互强化，物质贫困并不可怕，可怕的是长期的物质贫困导致精神贫困，进而导致信念贫困。摆脱精神贫困是摆脱物质贫困的先决条件，而摆脱信念贫困是摆脱思想贫困的先决条件。④

（四）资源约束型贫困与能力约束型贫困

从扶贫战略研究的角度看，贫困又可以被划分为资源约束型贫困与能力约束型贫困。资源约束型贫困是指由资金、基础设施、土地的

---

① 严江：《贫困的相关重要范畴与推进我国农村扶贫开发》，《软科学》2006年第1期，第105页。
② 参见习近平：《摆脱贫困》，福建人民出版社1992年版。
③ 殷俊、谢沁怡：《贫困是"被迫的"还是"选择的"？——基于农村低保群体的就业意愿分析》，《新疆社会科学》2017年第6期，第166—173页。
④ 强世功：《深刻把握"三种贫困"的辩证关系》，《求是》2014年第20期，第48—49页。

缺乏等一系列资源方面的问题所导致的贫困，它通常表现为区域性贫困。① 资源约束型贫困可再细分为资源结构不合理型贫困和边际土地型贫困。② 能力约束型贫困是指由贫困人口或贫困家庭的主要劳动力不具备正常的体力或智力、自身身体素质较低、劳动能力较差或缺乏必要的专业技能所导致的贫困。能力约束型贫困可再细分为劳动能力丧失型贫困和专业技能缺乏型贫困。③ 现实生活中，资源约束型贫困和能力约束型贫困经常交叉并存，且形成一定的组合，二者之间存在很明显的共生关系。

三、多维贫困理论

贫困问题与人类社会相生相伴，贫困也是一个复杂多维的概念。人们对于贫困的认识，随着自身认知以及时间、空间的变化而变化④，经历了由物质贫困向能力贫困转变、由绝对贫困向相对贫困转变和由单维贫困向多维贫困转变的演进过程。⑤ 人们越来越意识到收入贫困理论的局限性：收入水平虽能对个体经济层面的贫困状况进行刻画，但就现阶段人们所面临的贫困问题而言，仅考虑收入水平是不全面的。因此，国内外越来越多的学者认为从多维度描述贫困更能体

---

① 吴国宝：《中国扶贫战略简评》，《经济研究参考》1996 年第 ZJ 期，第 33—34 页。
② 参见左停、赵梦媛、金菁：《突破能力瓶颈和环境约束：深度贫困地区减贫路径探析——以中国"四省藏区"集中连片深度贫困地区为例》，《贵州社会科学》2018 年第 9 期，第 145—155 页。
③ 参见陈成文：《对贫困类型划分的再认识及其政策意义》，《科学家》2017 年第 6 期，第 8—14 页。
④ 王小林、Sabina Alkire：《中国多维贫困测量：估计和政策含义》，《中国农村经济》2009 年第 12 期，第 4—10、23 页。
⑤ 郭熙保、周强：《长期多维贫困、不平等与致贫因素》，《经济研究》2016 年第 6 期，第 143—156 页。

现物质日益丰富的当今社会的贫困状况,并开展了许多卓有成效的多维贫困研究工作。

学术界关于多维贫困的讨论始于阿玛蒂亚·森 1976 年提出的"能力贫困"观点。阿玛蒂亚·森认为,贫困不仅仅指收入水平低,还包括接受教育、免于饥饿、免于疾病、住房安全等人的基本可行能力的不足。能力贫困的观点并非对收入贫困理论的否定,而是对贫困的内涵与外延的发展和完善。显然,将教育、健康、医疗等维度纳入分析框架,对全面评估和了解个人或家庭的贫困水平来说是更科学的方法。能力贫困是一个从多维度描述贫困的综合指标。① 现实中,收入贫困是可逆的,经济上贫困的状态是动态变化的,可以随着内外部因素的改变以及时间的变迁而发生变化;但是教育、健康、医疗等因素所导致的贫困则在大多数情况下不可逆。例如,生活在偏远贫困山区的儿童,由于当地交通、教育等较落后而处于失学状态。如果现状无法得到改善,那么他们在未来很可能不具有创造收入的能力,其儿童时期的贫困将固化为持续存在于其整个生命周期的长期贫困,并且他们也不具备有效改善现状的能力。

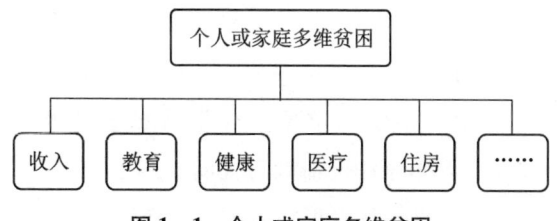

图 1-1 个人或家庭多维贫困

资料来源:作者归纳整理。

---

① 谢家智、车四方:《农村家庭多维贫困测度与分析》,《统计研究》2017 年第 9 期,第 44—45 页。

毫无疑问，将能力贫困纳入贫困范畴以及相关的研究分析框架之中，更能体现贫困的本质和内涵，因此具有重要的里程碑意义。正是沿着这样深刻的认识，学术界逐渐将贫困概念从单维（收入）拓展到了多维。所谓多维贫困，是指研究贫困时不单考虑收入情况，还对健康、医疗、教育、卫生设施、社会保障等多个维度进行综合考量。因此，学术界现在一般将多维贫困界定为个人或家庭在收入、医疗、教育、卫生、住房、金融服务等多个方面处于不足或被剥夺的状态。①

贫困是人类社会发展过程中普遍存在的现象，也是各经济体面临的非常尖锐的社会性问题。② 随着各国对多维贫困关注度的提升，国内外很多非学术性机构也逐渐认同并采纳了学术界的观点。如在联合国计划开发署1996年发布的《人类发展报告》中，贫困被认定为不仅是收入水平的低下，更是基本生存和发展能力的缺失或被剥夺。再如世界银行发布的《2000/2001年世界发展报告：与贫困作斗争》指出，当今的贫困不再简单地指缺衣少食、收入低下，而是指社会福利的被剥夺状态、面临风险时的脆弱性以及自身需求表达能力和社会影响力的缺失。世界银行就此提出了多维贫困指数（MPI），该指数由医疗水平（儿童死亡率和营养不良比例）、教育水平（受教育年限和中学入学率）和生活水平（水、电、燃料、卫生设施、住房、基本家用电器拥有程度）三个方面共十个指标组成（见表1-3）。世界银行测算的多维贫困指数显示，2015年全球贫困人数多达15.6亿，且全球多维贫困人数仍有上升的趋势。即

---

① 朱梦冰、李实：《精准扶贫重在精准识别贫困人口——农村低保政策的瞄准效果分析》，《中国社会科学》2017年第9期，第90—112页。

② 万喆：《新形势下中国贫困新趋势和解决路径探究》，《国际经济评论》2016年第6期，第47—62页。

使全球能够实现于 2030 年消除极端贫困的目标,包含医疗、教育、社会保障、住房等方面的多维贫困仍然会存在且持续下去。① 因此多维贫困将是下一阶段全球消除贫困工作的主要任务。《中国发展报告 2007：在发展中消除贫困》也指出,贫困已经不单表现为收入的不足,而更多地表现为贫困人口自身潜在能力的低下。更深入的研究还发现,对贫困的认知需要进一步从单一的物质因素扩展到制度、政治、法律、人文等多方面因素,在经济发展的基础上着力追求人类和社会层面的发展,在保障收入的同时保障人们获取收入的生理能力和社会权利。② 总之,贫困不仅仅是收入低下或消费不足,还应该是教育机会、发展机会、医疗服务机会、参与社会治理能力的缺乏等因素的综合。

表 1-3 多维贫困指数及指标

	维度	指标
多维贫困指数	健康	营养
		儿童死亡率
	教育	受教育年限
		适龄儿童就读率
	生活水平	做饭燃料
		卫生设施
		水
		电
		地板材质
		资产

资料来源：作者整理。

---

① 冯澍：《发挥金融引领 助力脱贫攻坚》,《经济师》2017 年第 12 期,第 134—135 页。
② 王春超、叶琴：《中国农民工多维贫困的演进——基于收入与教育维度的考察》,《经济研究》2014 年第 12 期,第 159—174 页。

随着社会经济生活和经济结构的发展变化，贫困问题相较于传统的贫困线观念也变得更加多元、多维。现今中国对于绝对贫困的了解和研究已相对充分，但对于城乡间的相对贫困、区域间的相对贫困以及中国贫困问题的特殊性、复杂性则有待更进一步的研究。中国贫困研究的视角需要从较为单一的绝对收支评价标准向相对化、多维化、跨代际化的综合评价标准转变，并需要侧重于对造成贫困和重返贫困的因素的研究。①

第二节　马克思和恩格斯反贫困理论

一、马克思和恩格斯反贫困理论的内容

作为科学社会主义的奠基者、马克思主义的创始人，马克思和恩格斯自19世纪中叶开始就对工业革命后资本主义社会出现的贫困问题展开了深入的分析。他们基于资本主义社会里无产阶级贫困的"国民经济的事实"，深入分析阐释了资本主义生产方式中异化劳动、剩余价值、资本积累等给无产阶级带来的严重贫困，从而形成了最早的无产阶级贫困理论。② 马克思对贫困根源的分析没有局限于单纯的、现象层面的物质贫困，而是将物质贫困与物质生产结合起来，始终强调生产资料占有制对工人阶级生活状况带来的直接后果和持久影响。他指出，

---

① 万喆：《新形势下中国贫困新趋势和解决路径探究》，《国际经济评论》2016年第6期，第47—62页。

② 欧阳德君：《中国特色社会主义反贫困理论研究》，贵州师范大学2019年博士学位论文。

贫困现象表面上受到社会分工的制约和作用，但群众的普遍贫困和贫困的不断加剧只能来源于资本主义私有制。① 马克思和恩格斯认为，资本主义社会的贫困既是社会层面的贫困，也是制度层面的贫困。因此，在资本主义制度内部解决贫困问题是不可能的。同时，马克思和恩格斯通过对资本主义的剖析，将人类解放作为反贫困的重要推动力量。

（一）劳动异化凸显了无产阶级的贫困

贫困通过生产资料占有权与劳动者工作权利的对立呈现出来。马克思认为，贫困之所以表现为工人的异化劳动，根源在于资本主义制度下的雇佣劳动制度，正是这一制度造成了无产阶级的权利缺失。② 马克思最早用"异化"来形容无产阶级在资本主义社会中日渐贫困的生活状态。③ 在资本主义这种"异化"的社会里，工人的生活是悲惨的。④ 马克思将资本主义的社会生活状态分为三种，分别是社会财富衰落状态、社会财富增长状态和社会财富最富裕状态。马克思认为无产阶级的工人在以上三种状态中都必定面临严重的贫穷，甚至因贫穷而毁灭。处于社会财富衰落状态中的工人，其贫困状态日益加剧；在社会财富增长状态中，贫困的形式错综复杂；在社会财富最富裕状态中，其贫困水平将保持不变。表面上看，社会财富增长状态是对工人最有利的社会状态，但实质上工人劳动和生产的财富会在一定程度上造成工人的毁灭和贫困化。工人为了获取更多的财富，不得不

---

① 孙咏梅：《马克思反贫困思想及其对中国减贫脱贫的启示》，《马克思主义研究》2020年第7期，第87—95页。
② 孙咏梅：《马克思反贫困思想及其对中国减贫脱贫的启示》，《马克思主义研究》2020年第7期，第87—95页。
③ 侯小丰：《"异化理论"中的自由观透视——重读〈1844年经济学哲学手稿〉》，《学术研究》2009年第11期，第15—20页。
④ 《马克思恩格斯文集》第1卷，人民出版社2009年版。

牺牲自己的时间，甚至放弃一切自由，这种将自身"异化"为机器的状态势必会导致劳动过度，引发激烈的劳动竞争，从而造成贫困。而在社会财富最富裕状态中，由于社会财富的增加达到顶点，工资和资本利息处于很低的水平，工人之间的竞争就业将导致劳动力过剩，工资则会被缩减到仅够维持现有工人人数的程度，即是说，这一社会状态也无法使工人摆脱持续贫困的状态。

（二）资本积累必然加重无产阶级的贫困

马克思主义的贫困研究立足于资本主义生产的本质，即生产剩余价值。生产剩余价值就是资本吮吸雇佣工人的剩余价值，将剩余价值资本化，以达到资本的积累。处于资本主义社会中的工人阶级由于资本雇佣劳动制度的存在，在实际上被物化为资本的附属物，进而丧失了其自身在精神方面的自主性。即便在物质层面，工人等无产阶级的生活水平虽然会随着社会生产的发展而不断提高，但其相对贫困化趋势却会更加严重，即无产阶级收入所占的比例相较于资产阶级的剥削收入将变得越来越小。[①] 可以说，资本积累的过程就是无产阶级走向贫困的过程。[②] 一方面，资本家通过资本积累集中更多的社会财富；另一方面，为了获取更多的资本，资本家大量使用新技术，大大减少生产线上直接从事生产的工人数量。

生产方式的变化给工人的生活和发展带来巨大影响：一是科学技术的发展对工人的素质和能力提出了新的更高的要求，工人需要付出更多的时间、财力和精力去学习、掌握更先进的技术，承受更多物质和精神上的压力，甚至陷于贫困的境地。二是大量的工作由机器代替工人完成，

[①] 《马克思恩格斯全集》第 2 卷，人民出版社 1957 年版。
[②] 欧阳德君：《中国特色社会主义反贫困理论研究》，贵州师范大学 2019 年博士学位论文。

造成许多工人失业,工人一旦失业,生活会更加贫困。三是因为生产中机器的广泛运用,资本对直接参与生产工作的工人的需求大为减少,对从事技术研发、设计和管理的工人的需求增加,但这些工作岗位的数量更少,素质要求更高,造成工人之间更加激烈的竞争。如此,因劳动力供过于求而出现的相对剩余人口,则失去工作而陷于贫困。

(三) 反贫困必须推动生产力的巨大增长和高度发展

马克思和恩格斯明确提出,要消除贫困就必须大力发展生产力,否则会出现普遍的贫困,没有生产力的巨大增长和高度发展,反贫困只会成为一句空话。只有从人们的现实生活,特别是物质生活条件出发,才能认识人类社会,才能认识历史。[①] 只有大力促进生产力的巨大增长和高度发展,才能更好地满足人们衣食住行等方面的需求,促进人类的生存和发展,贫困现象也才能消除。[②]

二、马克思和恩格斯反贫困理论的价值

马克思和恩格斯在批判空想社会主义对贫困制度分析理论的基础上,建立起相对完整的反贫困理论。该理论既是马克思主义理论大厦的基石,也对社会主义国家的反贫困实践有着重要的指导意义。具体来说,马克思和恩格斯反贫困理论的价值主要表现在以下几个方面。

(一) 为反贫困制度根源理论提供思想基础

社会主义制度相较资本主义制度具有显著优势,因为社会主义制

[①] 钢花、吴俊:《唯物史观与"中国模式"》,《生产力研究》2013年第3期,第1—6页。
[②] 《马克思恩格斯文集》第5卷,人民出版社2009年版。

度能从制度结构上消除贫困产生的根源。但社会主义制度需要一个漫长的发展和完善过程,在这一过程中,各种具体的制度,如经济制度、社会制度和文化制度等,依然可能存在产生或加剧贫困的因素。如果社会主义制度不健全,制度执行不充分,则依然可能带来新的贫困问题。① 因此,在社会主义发展的各个阶段,马克思和恩格斯关于贫困的制度根源解释均有着重要的理论价值与启发作用。通过对社会主义具体制度的不断完善来消除导致贫困的制度因素,始终是社会主义发展过程中的重要任务。②

(二) 为反贫困制度创新动因和途径提供指导

从制度创新的角度来看,生产力与生产关系之间的矛盾运动以及经济基础与上层建筑之间的矛盾运动是制度创新的动因,其中,生产力的发展起决定性的作用。只有坚持生产力的不断发展,才是减少贫困乃至最终消灭贫困的根本手段。因此,社会主义反贫困的核心要点及重要任务便是解放和发展生产力,从而消除两极分化,最终实现共同富裕。同时,生产力的发展必然会导致生产关系的调整,使生产力与生产关系、经济基础与上层建筑之间相互协调匹配,使每个社会成员能够公平、公正地分享生产力发展的成果,从而实现社会公平。而若在生产力发展时,生产关系、上层建筑的发展相对滞后,则必然会在新的条件下出现新的制度性贫困。

---

① 信凤芹、魏明明:《科技企业治理机制研究——基于自主创新能力提高的视角》,《东岳论丛》2011 年第 4 期,第 186—188 页。
② 华正学:《毛泽东反贫困理论的当代审视与科学反思》,《河北省社会主义学院学报》2012 年第 3 期,第 58—61 页。

(三)为反贫困制度创新主体思想提供启发

社会主义国家要经历漫长而曲折的经济建设过程,也会面临不断变化的贫困现状和反贫困任务。对于社会主义国家来说,无产阶级自我解放的途径不再局限于推翻资本主义制度,也包括在反贫困的过程中着重发挥人自身的作用。要把培养、提高贫困人口自身反贫困的意识和能力作为扶贫开发的重要任务,不能单纯依靠"输血"式、救助式的扶贫,而要形成"造血"式的扶贫和开发式的扶贫,形成更加长效的反贫机制。

归根结底,马克思和恩格斯提出的反贫困理论中最重要的启示就是,在扶贫开发的过程中,必须坚持以人为本,加强对贫困人口的教育,提高贫困人口的素质,依靠教育和科技进步发展生产力,消除贫困,最终实现共同富裕。[①]

第三节 中国特色社会主义贫困治理理论

一、毛泽东的贫困认识和理论

(一)毛泽东对"国家贫困"的认识

近代中国是一个贫穷落后的农业国,中国人民遭受着帝国主义殖

[①] 王太明、王丹:《后脱贫时代相对贫困的类型划分及治理机制》,《求实》2021年第2期,第51—69页。

民和本国封建统治的双重压迫。毛泽东早在青年时代就对这一现状有了较清晰的认识,并指出近代中国人民所遭受的剥削和压迫是世所罕见的,要想改变中国人民贫困落后的面貌,首要条件便是推翻这两大剥削势力。毛泽东于1934年所作的《关心群众生活,注意工作方法》一文中阐述道,类似人民群众的穿衣、吃饭、住房、柴米油盐、疾病卫生等"一切群众的实际生活问题,都是我们应当注意的问题"[①]。毛泽东认为,新中国的成立是中国历史上最伟大的制度变革,标志着中国人民实现了近代以来的第一个伟大目标——独立。但是,要实现第二个伟大目标——富强,就必须经过大规模的经济和文化建设。1949年9月30日,在中国人民政治协商会议第一届全体会议上,毛泽东发表了会议宣言,指出中央政府"将领导全国人民克服一切困难,进行大规模的经济建设和文化建设,扫除旧中国所留下来的贫困和愚昧"[②]。毛泽东较早地认清了工业化的重大作用,希望通过大规模的经济建设改变中国贫困落后的现状。他将大规模经济建设纳入新中国发展规划,形成了通过恢复生产、开展大规模经济建设消灭贫困的理念。

(二)毛泽东贫困与反贫困制度理论

新中国成立以后,为进一步消除旧制度的影响,巩固和发展社会主义制度,毛泽东提出在逐步实现社会主义工业化和对资本主义工商业进行社会主义改造的同时,开展对整个农业的社会主义改造,即"实行合作化,在农村中消灭富农经济制度和个体经济制度,使全体

---

① 《毛泽东选集》第1卷,人民出版社1991年版,第137页。
② 《毛泽东文集》第5卷,人民出版社1996年版,第348页。

农村人民共同富裕起来"①。具体而言，毛泽东贫困与反贫困制度理论主要有以下几个方面的内容。

1. 毛泽东关于贫困根源的制度分析

毛泽东认为，中国的贫困问题主要来源于半殖民地半封建的政治和社会制度。在半殖民地半封建社会，小农经济是不稳固的，时刻走向两极分化。毛泽东指出："全国大多数农民，为了摆脱贫困，改善生活，为了抵御灾荒，只有联合起来，向社会主义大道前进，才能达到目的。"② 社会主义是中国的唯一出路，只有建立起社会主义制度，最终走向共产主义，才能从根本上消除贫困现象，实现人类社会解放。③ 社会主义工业化和现代化是实现反贫困目标的前提和基础。在农业国的基础上，党中央要带领全国人民进行经济建设和文化建设，逐步改善人民的物质生活，提高人民的文化生活水平，实现全社会的公平，为大多数人谋福利。

2. 毛泽东关于贫困与反贫困主体的制度分析

以毛泽东为代表的第一代领导集体，成功建立起社会主义制度，为中国社会摆脱落后和贫困开辟了新局面。④ 在中国革命和社会主义建设的过程中，毛泽东认为农民阶级既是中国革命和建设的力量源泉、同盟与主力，同时也是摆脱贫困的重要主体。毛泽东指出，中国有80%的人口是农民，因此农民问题就成了中国革命的基本问题，农民力量是中国革命的主要力量。⑤ 另外，毛泽东还非常重视广大农民

---

① 《毛泽东文集》第6卷，人民出版社1999年版，第437页。
② 《毛泽东选集》第6卷，人民出版社1999年版，第429页。
③ 《毛泽东选集》第3卷，人民出版社1991年版。
④ 侯德泉：《我国现代化战略目标对"三个代表"要求具体的、历史的体现》，《党政干部论坛》2002年第3期，第19—20页。
⑤ 《毛泽东文集》第7卷，人民出版社1999年版。

的利益问题,在强调依靠农民的同时,提出了必须"给予农民"的思想,要尽全力组织农民、领导农民、帮助农民发展生产,增加他们的物质福利。为此,毛泽东认为人民公社在所有制结构上的"一大二公"符合集体化方向,并在全国发起人民公社化运动,试图利用人民公社这种社会组织实现社会生产力的高速发展,促进全国工业化、公社工业化、农业工业化,以尽快消除贫困,实现全民共同富裕的反贫和发展目标。他想通过平均分配的手段来增加农民收入,达到共同富裕。此思想虽然带有明显的平均主义理想色彩,但其出发点与落脚点都是运用一切手段切实增加农民的经济利益,① 在当时中国的经济发展状况和社会背景下具有一定的合理性,并且发挥了重要而积极的作用。

二、改革开放以来的扶贫理论思想

1. "贫穷不是社会主义"

"贫穷不是社会主义,社会主义要消灭贫穷。不发展生产力,不提高人民的生活水平,不能说是符合社会主义要求的。"② 面对全国的高贫困率,1978年党的十一届三中全会决定,将党和国家的工作重心转移到经济建设上来,把发展社会生产力作为党和国家的根本任务。中国人民经过艰苦卓绝的斗争,经过几十年的经济建设,其根本目标就是消除贫困,让全体中国人民都过上幸福的生活。③ 以当时中

---

① 凌礼:《论毛泽东的农民主体思想及其现实意义》,《湖南社会科学》2007年第1期,第200—202页。
② 邓小平:《建设有中国特色的社会主义》(增订本),人民出版社1987年版,第104页。
③ 《邓小平文选》第3卷,人民出版社2001年版。

国政府实行的贫困标准进行计算，1978年中国农村贫困人口为2.5亿人，占农村总人口的比重达到30.7%。邓小平指出，要持续发展社会主义，就要将发展生产力、逐渐摆脱贫困作为社会主义的根本任务，以此使国家富强，并改善人民的生活水平。邓小平做出了一系列科学论断，表明要想摆脱贫困，实现共同富裕，过上幸福的生活，没有强大且与实际相适应的生产力是不可能的。这就指出了一条唯一可行但极艰难的脱贫之路，即大力发展生产力，并将发展生产力放在经济建设的核心地位。邓小平指出，国家要想摆脱贫困，在经济政策上必须立足于自己的现实，即中国是一个传统的农业大国的客观事实。同时，他提出脱贫的关键在农村，中国农村经济能否发展直接决定着中国经济能否发展，中国农民能否摆脱贫困也直接决定着中国人民能否摆脱贫困。其"共同富裕"的理论观点深刻指出，即便城市发展再迅速，经济总量增长再快，国家也无法宣告实现脱贫，因此，只有农民富裕了，才能保证农村困难群众顺利脱贫，才能实现国家脱贫。

2. "三步走"的八七扶贫攻坚国家行动

贫困问题对于国家综合实力提升及国家安定团结等都有极其重大的影响。"民富"是"国强"的先决条件，想要从根本上解决贫困问题，就必须将扶贫开发作为关系国家改革、发展、稳定大局的政治问题。[①] 20世纪90年代初，在中国农村贫困状况得到较大缓解的同时，贫困问题由普遍性分布演变出分层、分块、分化等新特性，呈现出区域间发展不均衡的特征。以江泽民同志为核心的第三代中央领导集体，实施新的"三步走"发展战略，提出全面建设小康社会的目标，继续推进大规模扶贫开发国家行动。[②] 其中，《国家八七扶贫攻坚计

---

① 武沁宇：《中国共产党扶贫理论与实践研究》，吉林大学2017年博士学位论文。
② 《人类减贫的中国实践》，《人民日报》2021年4月7日第9版。

划（1994—2000年）》是一个关键性节点。自此，扶贫开发开始逐步被纳入国家发展战略布局。江泽民对我党以人民利益为本位的价值观进行丰富和发展，总结出"三个代表"重要思想。他明确指出：我们党要始终代表中国最广大人民的根本利益，党的理论、路线、纲领、方针、政策和各项工作，必须坚持把人民的根本利益作为出发点和归宿，充分发挥人民群众的积极性、创造性，在社会不断进步的基础上，使人民群众不断获得切实的经济、政治、文化利益。[1] 在这一时期，中国政府确立了"实现人的全面发展和社会全面进步"的扶贫思想，并在该思想指导下努力为扶贫开发创造有利环境，充分发挥政府的经济调节、市场监管、社会管理和公共服务职能。除此之外，我国的扶贫工作更加注重人的自身发展，着重激发困难群众的积极性，促进其实现思想的全面转变，使其从过去的"等、靠、要"过渡到现在的"我要发展，我要改善"，积极主动地提高生产、脱贫致富。一方面，强调政府主导，广泛发动群众。通过加大对贫困地区基础教育的投资力度，开展如"国家贫困地区义务教育工程""文化扶贫""希望工程""幸福工程"等扶贫工程[2]，改变贫困群众的思维方式，由内而外地提升贫困群众的自我能力。另一方面，坚持"输血"式扶贫和"造血"式扶贫相结合，既给予贫困地区政策倾斜和外部投资，又注重因地制宜形成贫困地区的自我发展机制，增强其自身"造血"能力。[3]

3. 坚持"以人为本"，赋予反贫困新目标

进入21世纪后，中国的贫困问题发生了新的变化，反贫困工作

---

[1] 《江泽民文选》第3卷，人民出版社2006年版。
[2] 江泽民：《论社会主义市场经济》，中央文献出版社2006年版。
[3] 《江泽民文选》第1卷，人民出版社2006年版。

也得到了进一步发展。① 相较于以往，我国扶贫开发的战略重点已经从以实现温饱为主要任务的阶段转入巩固温饱成果、提高发展能力、加快脱贫致富、缩小发展差距的新阶段。② 胡锦涛同志指出，扶贫开发是建设中国特色社会主义的一项历史任务，也是构建社会主义和谐社会的一项重要内容。在这一时期，胡锦涛论述了在中国特色社会主义理论体系中消除贫困、缩小差距、构建社会主义和谐社会的思想体系，一脉相承又与时俱进地形成了这一时期的扶贫思想。同时，这一时期我国的贫困问题呈现出四个主要特点：一是农村贫困与城市贫困并存，导致扶贫任务繁重；二是绝对贫困与相对贫困并存，导致贫富差距继续扩大；三是区域分布贫困与"插花"式贫困并存，导致扶贫成本继续增加；四是物质贫困与精神贫困并存，导致民众观念更新依然艰难。

胡锦涛在坚持马克思主义扶贫思想的基础上，立足科学发展观与可持续发展的道路，进一步丰富和完善了党的扶贫理论，突出体现为：坚持以人为本，赋予反贫困新的内涵；构建和谐社会，由过去满足温饱的要求提升到实现"小康"和得到发展的要求，将扶贫与"扶智"相结合，培养高素质的劳动者，实现教育脱贫，描绘了反贫困新的目标；在扶贫方式方面，开拓了反贫困的新路径，主要有大力发展特色农业、坚持产业结构调整、完善扶贫制度、抓好"整村推进"项目建设等；将扶贫重点放在基础设施建设、发展循环经济、绿色生态建设、营造人居环境等方面，实现人类社会永续发展；③ 实

---

① 王曙光：《中国的贫困与反贫困》，《农村经济》2011 年第 3 期，第 5—10 页。
② 华正学：《胡锦涛同志对马克思主义反贫困理论中国化的新贡献》，《毛泽东思想研究》2012 年第 3 期，第 76—79 页。
③ 武沁宇：《中国共产党扶贫理论与实践研究》，吉林大学 2017 年博士学位论文。

现科学发展，由"输血"式扶贫转变为"造血"式扶贫，引导、指导、扶持困难群众调整农业结构，发展非农产业，从而提高扶贫效率。①

第四节 习近平新时代反贫困理论

一、新时代扶贫的内在要求

党的十八大以前，中国扶贫的基本方针均为开发式扶贫，开发式扶贫也是中国反贫事业的基本特征和经验。扶贫开发项目所瞄准的主体往往是贫困区域而不是贫困户，因此其覆盖范围有限。② 对于区域性整体贫困以及缺少发展能力和发展机会的贫困户来说，继续减贫难度加大，更是无法满足全面建成小康社会的减贫目标的要求。③ 改革开放40多年来，数亿中国人摘掉了贫困的帽子，我国农村7亿多贫困人口摆脱了贫困。图1-2是根据我国历年扶贫标准绘制的贫困人口变化曲线图，从中可以看到2019年末全国农村贫困人口为551万，比2018年末减少了1 109万。从贫困人口指数曲线可以发现，1978年以来，全国农村贫困人口持续大幅减少；自党的十八大以来，截至

---

① 谢志芳、李桦：《依托高校优势，创新新形势下"千村万户"帮扶工程思路——对新形势下"整村推进"扶贫开发的理性思考》，《调研世界》2010年第6期，第34—36页。

② 邢成举、李小云：《精英俘获与财政扶贫项目目标偏离的研究》，《中国行政管理》2013年第9期，第109—113页。

③ 檀学文、谭清香：《贫困县发展评价与退出策略》，载《中国扶贫开发报告（2016）》，社会科学文献出版社2016年版，第228—251页。

2019年末,全国农村贫困人口从9 899万减少到552万,累计减少超过9 048万。

但是,我国的扶贫任务仍然任重而道远。观察我国历年来贫困人口变化情况,可以发现在一般情况下,贫困人口变化规模呈下降趋势(2001年、2011年贫困人口变化规模的变动与贫困标准大幅度调整有关),但在个别年份贫困人口变化规模出现起伏。如果不考虑我国贫困标准变化所带来的影响,仅按现今的农村贫困标准进行计算,可以发现在2013年底,全国还有8 249万农村贫困人口(见图1-3),根据线性预测指数,我国开发式扶贫的减贫效应是递减的,继续减贫难度加大。①

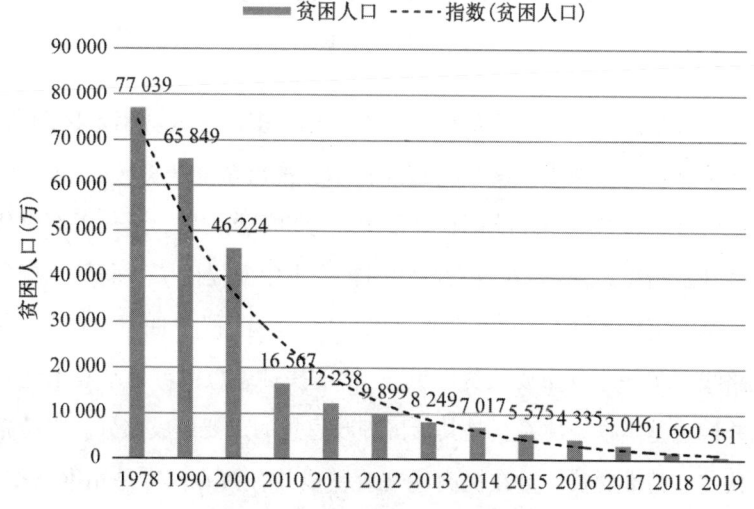

图1-2 我国农村贫困人口总量变化

资料来源:作者根据国家统计局发布数据绘制。

---

① 檀学文、谭清香:《贫困县发展评价与退出策略》,载《中国扶贫开发报告(2016)》,社会科学文献出版社2016年版,第228—251页。

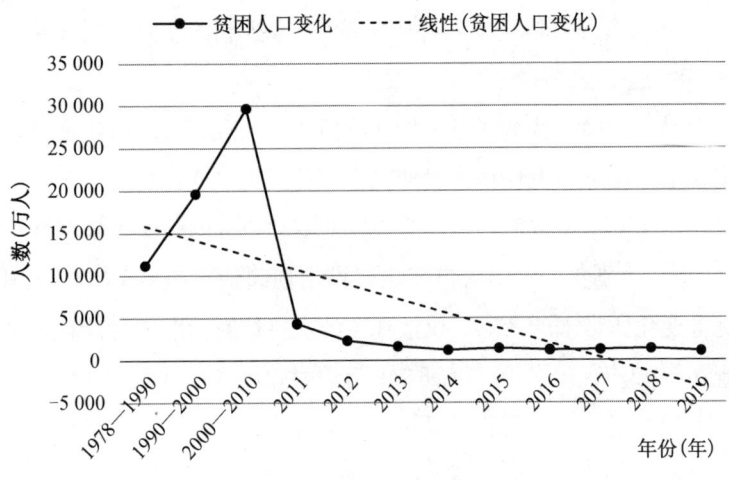

图1-3 1978年—2019年中国贫困人口变化

资料来源：作者根据国家统计局发布数据绘制。

习近平总书记高度重视扶贫开发工作，多次深入贫困地区调研，就扶贫开发工作做出了一系列重要指示，提出精准扶贫、科学扶贫、内源扶贫、扶贫机制改革创新等重大理论和实践问题，形成了新时代扶贫开发新思想。[1] 他在《摆脱贫困》一书中就提出了"弱鸟可望先飞，至贫可能先富""扶贫先要扶志""滴水穿石""四下基层""群众路线"等一系列重要扶贫思想。[2] 精准扶贫思想由习近平总书记首创并构建基本框架体系，是其治国理政思想的重要组成部分。坚持精准扶贫、精准脱贫，重在提高脱贫攻坚成效，核心内容是精准扶贫、精准脱贫、脱贫攻坚和"绣花功夫"抓扶贫。精准扶贫思想已在党内形成共识，同时也在实践检验中不断得到丰富和发展，不仅是经过

---

[1] 王敏、朱俊立：《推广政府向社会力量购买扶贫服务》，《经济研究参考》2015年第64期，第25—30页。

[2] 参见习近平：《摆脱贫困》，福建人民出版社1992年版。

全党和全国人民实践检验的治国理政思想，也是中国特色社会主义理论的一部分。① 习近平精准扶贫思想具有强烈的内生性、现实性、社会性、实践性和时代性。这一创新思想来源于中国对反贫困的探索，形成于中国扶贫开发实践，检验于脱贫攻坚主战场，是马克思主义反贫困理论逻辑与中国特色扶贫实践历史逻辑双向互动的成果，是回应以精准扶贫、精准脱贫为基本方略的脱贫攻坚新阶段现实需求的时代新思想。②

（一）全面建成小康社会宏伟目标对扶贫工作提出了新要求

全面建成小康社会，是中国共产党对人民群众的郑重承诺，是中国政府对全世界的庄严宣誓，是我国经济社会发展方位的历史节点，也是全国各族人民的期待和要求。全面建成小康社会有一系列判定标准和指标体系，其核心内涵体现在两个方面：一是小康社会的建成内容全面，不是单一性经济指标或其他指标，而是由经济、政治、文化、社会、生态文明这五个重要方面组成的统一体、复合体；二是小康社会的享有成员全面，不是发达地区、发达省份单独享有，而是全体社会成员共建共享，特别是对于贫困地区、贫困村、贫困人口，绝对"不能落下一人""不能掉队一人"③。因此，无论从全面建成小康社会的哪个维度来看，扶贫工作都显得尤为特殊和重要。具体来说，

---

① 参见檀学文、谭清香：《贫困县发展评价与退出策略》，载《中国扶贫开发报告（2016）》，社会科学文献出版社2016年版，第228—251页。
② 肖贵清等：《十八大以来中国特色社会主义理论创新研究》，中国人民大学出版社2019年版。
③ 习近平：《中国人民生活一定会一年更比一年好——习近平总书记在十九届中共中央政治局常委同中外记者见面时的讲话》，《人民论坛》2017年第S2期，第12—13页。

能否如期实现以"两不愁、三保障"为判定标准的"消除绝对贫困、解决区域性整体贫困"精准扶贫、精准脱贫的目标，直接关系到全面建成小康社会的可信度、满意度和认可度，必须作为全面建成小康社会的底线任务予以完成，必须放到经济社会发展的优先位置，必须集全党、全国、全社会之力予以落实。

（二）传统扶贫模式难以适应新形势下扶贫工作面临的新挑战

自新中国成立以来，开展扶贫工作、解决贫困问题、改善人民群众生产生活条件，始终是党和国家的重要工作内容。在长期扶贫实践中，我国取得了减贫脱贫的巨大成就，积累了一系列反贫困的重要经验，形成了一系列扶贫模式，走出了一条具有中国特色的扶贫开发道路。中国特色扶贫开发道路的时代内涵是随现实国情、时代特征的动态发展而变化的。因此，不同时期、不同阶段的扶贫开发工作，要根据当时国家经济社会发展条件、贫困地区自身条件、扶贫对象主要特点等现实特征，及时调整思路理念，创新工作方式方法，采取针对性举措，进而取得最大工作成效。针对现阶段我国贫困地区、贫困村、贫困人口呈现相对集中、总体分散的新情况、新特点，单单依靠传统的"大水漫灌""集中浇灌""撒胡椒面"等扶贫模式，已经难以完成脱贫攻坚目标任务要求。必须把"精准"贯穿到新阶段扶贫工作的全过程、各领域、各方面，做到"精准滴灌""织女绣花""磨杵成针"，形成精准识别、精准帮扶、精准管理、精准考核等精准扶贫运行机制，提高扶贫开发工作的针对性、适用性和有效性，实现更加有效、更加彻底、更可持续的稳定脱贫、发展致富。

（三）我国经济社会发展新常态对扶贫工作提出了新标准

党的十八大以来，我国经济社会发展进入了新常态，呈现出新的阶段性特征，这对我国经济社会发展方向、发展目标、发展要求、发展标准既提出了新挑战，又提供了新机遇。把握新常态、适应新常态、引领新常态，是当前和今后一段时期我国经济社会发展的首要原则、基本逻辑和主要基调。无论是全面建成小康社会的目标要求，还是建设社会主义现代化强国的重要使命，或是实现中华民族伟大复兴的历史担当，都要以新常态作为谋划事情、思考问题、落实工作的逻辑出发点，创新发展理念、发展思路、发展举措、发展模式。开展以精准扶贫、精准脱贫为基本方略的脱贫攻坚工作，同样要从把握新常态、适应新常态、引领新常态的高度和视角来系统谋划、深入落实和全面推动，积极确立精准扶贫、精准脱贫工作新标准。比如，产业扶贫是实现贫困地区、贫困村、贫困人口稳定脱贫与发展致富的关键，是实现根本性脱贫的治本之策。这就要求各级政府、扶贫工作部门在确立精准扶贫产业方向、谋划精准扶贫产业规划、落实精准扶贫产业项目的过程中，主动对接、精准对接区域性支柱产业、战略性新兴产业、现代服务业等新产业、新业态，既解决贫困地区、贫困村、贫困人口如期脱贫等眼前问题，又打下贫困地区、贫困村、贫困人口长远发展的良好基础，为贫困地区稳定脱贫、发展致富培植发展基因，蓄积发展动能，积累发展条件。①

---

① 夏海军、范明英：《社会主义主要矛盾视域下的精准扶贫方略研究》，《青海师范大学学报（哲学社会科学版）》2019年第5期，第42—47页。

（四）人民美好生活需要对扶贫工作提出了新期待

党的十九大做出"中国特色社会主义进入新时代"的重大政治判断，并指出新时代我国社会主要矛盾已经由"人民日益增长的物质文化需要同落后的社会生产之间的矛盾"转变为"人民日益增长的美好生活需要和不平衡不充分的发展之间的矛盾"。这是对我国新的历史发展方向的科学定位，也是我国在新起点上推进社会主义现代化建设的现实依据，意味着今后党和国家的一切工作都要围绕解决新的社会主要矛盾，实现更高质量发展，更好满足人民群众的美好生活需要，而不仅仅是物质文化需要。① 从现实来看，人民群众的美好生活需要内涵丰富、内容全面、内质多元，涉及经济、政治、文化、社会、生态文明等主要方面，要花更大力气、下更大功夫、做更多工作才能满足。这个社会主要矛盾的转变，同样对扶贫工作提出了新要求、新标准、新期待，意味着党和国家不仅要使贫困地区、贫困村、贫困人口如期实现脱贫，解决其基本生产生活问题，更要让贫困地区人民群众同样享有内涵丰富、多姿多彩的美好生活，在国家不断发展进步中增强他们的获得感、幸福感和安全感。因此，在新时代，扶贫开发工作的内涵和外延都发生了重要变化，对扶贫开发工作的具体标准提出了新要求。进行扶贫开发工作不能原地止步，也不能慢步缓行，必须与人民美好生活期待相契合，与现实经济社会发展水平相协调，与贫困地区、贫困群众的现实需求相匹配。

---

① 霍强：《新时代世界经济形势的演进逻辑与中国方位》，《经济研究参考》2018年第1期，第10—18页。

(五）推进国家治理体系和治理能力现代化对扶贫工作提出了新任务

建设社会主义现代化强国，一个根本标志就是国家治理体系和治理能力现代化。推进国家治理体系和治理能力现代化，既是建设社会主义现代化强国的重要内容，又是实现社会主义现代化和中华民族伟大复兴的重要保障。国家治理体系和治理能力现代化，体现在党和国家治国理政、服务人民、管理社会、履行对内对外职能的方方面面，是建设法治政府、服务型政府的重要方式，是实现政治清明、政府清廉、干部清正的重要途径。扶贫工作作为当前和今后一段时期党和国家的重大政治工作、重点实施工作和优先推动工作，必须按照国家治理体系和治理能力现代化的要求和安排，进一步完善扶贫工作体制机制，深入推进国家反贫困治理体系建设，不断提升国家贫困治理能力和水平。因此，扶贫开发工作不能只满足于一般意义上的物质给予、条件帮扶、资源配置、政策倾斜，而要在现代化国家的基本特征、运行规律、表现形式、发展要求等更高层次、更高维度、更高水平上思考谋划、运行实践和深化拓展。

二、新时代精准扶贫的内涵

（一）精准扶贫的目标任务

2011 年中共中央、国务院发布的《中国农村扶贫开发纲要（2011—2020 年）》，是新阶段指导我国扶贫开发工作的纲领性文件。在总结我国前期扶贫开发工作成功经验的基础上，《中国农村扶贫开发纲要（2011—2020年）》做出"我国扶贫开发已经从以解决温饱为主要任务的阶段转入巩固温饱成果、加快脱贫致富、改善生态环境、提高发展能力、缩小发展差距的新阶段"的重大历史判断。基于此判断，《中国农村扶贫开发纲要（2011—2020年）》将扶贫开发工作的目标任务确定为"到2020年，稳定实现扶贫对象不愁吃、不愁穿，保障其义务教育、基本医疗和住房。贫困地区农民人均纯收入增长幅度高于全国平均水平，基本公共服务主要领域指标接近全国平均水平，扭转发展差距扩大趋势"。简言之，就是"两不愁、三保障，一高于、一接近、一扭转"。这个具有中国特色的扶贫开发工作目标任务，既有针对贫困人口现实生活需求的具体考量，也有针对贫困地区今后发展的相应安排，统筹考虑了贫困地区、贫困人口脱贫攻坚和发展致富的综合现实需求，具有很强的针对性、可行性和适用性。

2015年11月，中共中央、国务院发布的《关于打赢脱贫攻坚战的决定》进一步明确精准扶贫的目标任务为："到2020年，稳定实现农村贫困人口不愁吃、不愁穿，义务教育、基本医疗和住房安全有保障。实现贫困地区农民人均可支配收入增长幅度高于全国平均水平，基本公共服务主要领域指标接近全国平均水平。确保我国现行标准下农村贫困人口实现脱贫，贫困县全部摘帽，解决区域性整体贫困。"这个目标在借鉴《中国农村扶贫开发纲要（2011—2020年）》目标任务的基础上，增加了"确保我国现行标准下农村贫困人口实现脱贫，贫困县全部摘帽，解决区域性整体贫困"的内容，简称为"村出列、户脱贫、县摘帽"。相较前面的目标任务，这一目标更具体、更实化、更精细，强调落脚点是"确保我国现行标准下农村贫困人口实现脱贫，贫困县全部摘帽，解决区域性整体贫困"。2020年，中国如期完成了新时代脱贫攻坚目标任务，意味着中国在几千年历史上首次解决了绝对贫困问题，首次解决了区域性整体贫困问题，用实干铸就了中国反贫困历史上、中华民族发展史上、人类反贫困历史上的盛世华章。

（二）精准扶贫的基本原则

一是坚持党的领导，提供组织保障。充分发挥各级党组织总揽全局、协调各方的领导核心作用，完善"五级书记抓扶贫"领导体制，健全组织体系，充分发挥党组织在脱贫攻坚中的战斗堡垒作用和党员干部的先锋模范作用。二是坚持政府主导，发挥整体合力。明确各级政府在精准扶贫工作中的主导作用、主体责任，引导、鼓励和支持市场、社会投身于扶贫开发，推动形成专项扶贫、行业扶贫、社会扶贫协同联动机制，发挥脱贫攻坚整体合力作用。三是坚持精准扶贫，注重扶贫实效。按照扶贫对象识别精准、致贫原因查找精准、脱贫需求分析精准的要求，因地制宜确定扶贫路径，分类指导配套帮扶措施，切实做到因人施策、个性帮扶，扶真贫、真扶贫、真脱贫。四是坚持"志智"双扶，激发内生动力。充分发挥贫困群众脱贫致富的主体作用，注重扶贫先扶"志"，指导贫困地区把外部帮扶与激发贫困群众内生动力结合起来，组织贫困群众全程参与扶贫项目的选择、设计、实施、验收，增强其脱贫致富的积极性、主动性、创造性。五是坚持保护生态，实现绿色发展。按照扶贫开发与生态保护有机统一、协调互促的要求，注重发挥贫困地区的生态资源优势，让贫困人口在生态资源建设与保护中多得实惠，实现生态脱贫、自然脱贫。六是坚持改革创新，完善体制机制。主动适应扶贫开发工作新形势与新要求，牢固树立问题意识，加大改革创新力度，实现扶贫开发工作由粗放向精准转变、由分散多元向集中统一转变、由简单"输血"向增强"造血"转变,不断完善扶贫开发体制机制。

三、新时代精准扶贫的路径机制

(一)精准扶贫的思路与方法

新时代中国脱贫攻坚的基本方略需要做到四个"坚持"。一是坚持开发式扶贫与兜底式保障相协调的方针。实现扶贫开发和农村最低生活保障制度有效衔接,逐步完善社会保障体系。二是坚持精准脱贫与遏制返贫并举的方针。明确脱贫时限,保证脱贫质量,实现稳定脱贫,确保规范有序、如期脱贫,并有效遏制返贫。三是坚持"输血"式扶贫与"造血"式扶贫相结合的方针。采取有效手段帮助有劳动能力的扶贫对象通过自身努力摆脱贫困。四是坚持短期脱贫与长期致富相统一的方针。把扶贫开发作为脱贫致富的主要途径,在脱贫中致富,在致富中脱贫。

新时代中国脱贫攻坚的主要路径为五个"一批"。一是发展生产脱贫一批。引导和支持有劳动能力的贫困户、贫困人口,立足贫困地区实际,发挥自身资源优势,通过辛勤劳动、发展生产,实现就地脱贫。二是易地搬迁脱贫一批。对于"一方水土难养一方人"的贫困地区,按规划、分年度、有计划地组织实施易地搬迁,确保搬得出、稳得住、能致富。三是生态补偿脱贫一批。牢固树立"绿水青山就是金山银山"的绿色发展理念,加大贫困地区生态保护修复力度,改善贫困地区生产生活环境,使贫困户、贫困人口获得相应的生态补偿收益。四是发展教育脱贫一批。通过教育、科技、文化等智力扶贫，提高贫困户、贫困人口的自我发展能力和自身综合素质，阻断贫困代际传递。五是社会保障兜底一批。统筹协调农村扶贫标准和农村低保标准，完善农村最低生活保障和贫困户危房改造等相关政策，健全"三留守"人员和残疾人关爱服务体系，切实做到"应保尽保"。

（二）精准扶贫的运行机制

扶贫开发是一项系统性、体系性、综合性的重大工程，涉及经济、政治、文化、社会、生态文明等各个方面，贯穿于经济社会发展各个领域。在现行体制下，理顺参与各方关系，协调各方行动，实现优势互补与资源集聚，充分发挥整体合力，实现最大效能，关系到精准扶贫工作的实际成效。因此，需要完善组织管理体系，整合各类资源，协调各方行动，形成共同合力，发挥联合机制优势。从精准扶贫实践来看，既需要党和政府主动担当、积极作为，发挥政治优势，体现主导作用，也需要全社会广泛参与、共同应对，发挥制度性优势，集聚社会力量，构建多方协调联动扶贫开发格局。在总结我国扶贫工作长期实践经验和成熟做法的基础上，构建"三位一体"（专项扶贫、行业扶贫、社会扶贫）大扶贫格局，健全东西部协作扶贫和党政机关企事业单位定点扶贫机制，完善社会扶贫相应制度安排，有力支撑了精准扶贫工作的深入推进和全面见效。

（三）精准扶贫的组织保障

目前，我国主要采用的是以政府为主导的开发式扶贫，包含不同层级的多个参与主体（见图1-4）。我国的扶贫开发工作主要采用"以省为主、分级负责"的行政主导的扶贫责任制，党中央高度重视对精准扶贫的组织保障，围绕大局、聚焦人才，从各级政府职能部门、扶贫机构、其他机构的实际出发,提出精准扶贫的要求,为坚决打赢科学治贫、精准扶贫、有效脱贫的攻坚战提供坚强的组织保障。

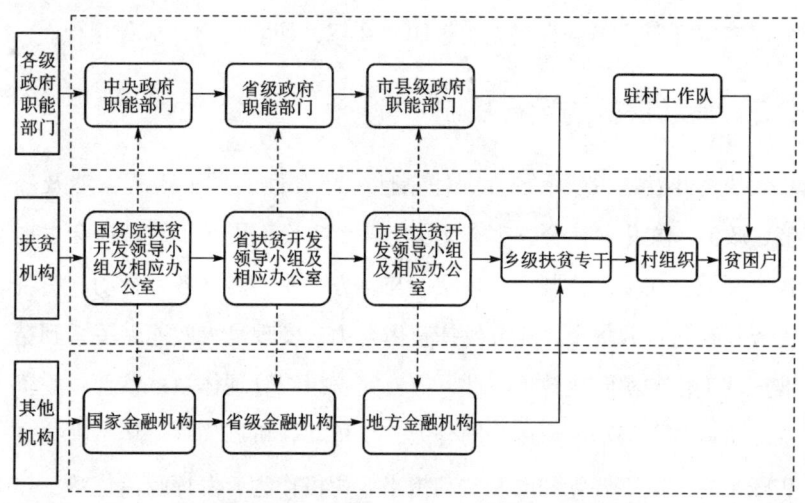

图1-4 以政府为主导的开发式扶贫体系框架

资料来源:作者梳理绘制。

1. 构建领导和主体保障体系

一是强化扶贫开发领导责任制。严格"落实五级书记抓扶贫"和"党政一把手负总责"的扶贫工作责任制,完善"片为重点、工作到村、扶贫到户、具体到人"的工作机制,确保扶贫政策、扶贫项目、扶贫资金等全面落实、深入实施和精准配置。二是切实加强基层组织建设。注重发挥基层党组织特别是村级党组织的战斗堡垒作用,将基层党建与精准扶贫相结合,将党建成效融入扶贫开发实践,实现基层党建"全覆盖"与脱贫攻坚"无遗漏"高度统一。三是切实发挥党员干部的核心引领作用。按照精准扶贫工作任务要求,选优配强基层党组织特别是村级党组织班子成员,从选派单位精心挑选政治过硬、能力过硬、作风过硬的干部到贫困村党组织担任第一书记，全面落实向贫困村选派扶贫工作队制度，切实发挥基层党组织党员干部在落实政策、落实部署、落实任务、落实要求等方面的核心引领作用。① 四是切实做到靶向治贫。扶贫工作人员要切实摸清贫困底数，找准致贫"穷根"，明确扶贫重点，细化帮扶安排，因地制宜、因人而异，有的放矢、对症下药，不落一户、不少一人，精准施策、靶向治贫，早见成效、尽快脱贫。五是切实加强监测评估。扶贫工作人员要在一定时间内运用适当方法跟踪贫困状况的变化，根据贫困标准对贫困规模、程度、分布情况和发展变化等进行监测评估，不断规范相关信息采集、整理、反馈和发布工作，更加及时客观地反映贫困变化趋势和扶贫开发工作成效，为科学决策提供依据。

2. 财政和金融资本投入市场运行体系

资本匮乏是制约农村经济发展的主要因素，而财政和金融支农政策对改造传统农业、帮助农村减贫具有显著的作用。不完善的农村金融体系也将严重制约金融支农政策效应的发挥。② 在顶层设计上，各项财政扶持和金融扶贫政策同时还需要进一步向各个革命老区和贫困地区倾斜，形成有利于贫困地区和扶贫对象加快发展的扶贫战略与政策体系。习近平指出，要做好金融扶贫工作，"根本上要靠改革"，"要加快农村金融改革创新步伐，提高贫困地区和贫困人口金融服务水平。要通过完善激励和约束机制，推动各类金融机构实施特惠金融政策，加大对脱贫攻坚的金融支持力度，特别是要重视发挥好政策性金融和开发性金融在脱贫攻坚中的作用。要鼓励和支持

---

① 檀学文、李静：《习近平精准扶贫思想的实践深化研究》，《中国农村经济》2017年第9期，第2—16页。

② 姚树洁、王洁菲、汪锋：《新时代习近平关于扶贫工作重要论述的学理机制及文献分析》，《当代经济科学》2019年第1期，第7—19页。

社会资本在贫困县发起成立村镇银行、小额贷款公司等小微型金融机构，增加农村金融产品和服务"①。"增加金融资金对脱贫攻坚的投放，发挥资本市场支持贫困地区发展作用，吸引社会资金广泛参与脱贫攻坚，形成脱贫攻坚资金多渠道、多样化投入。"②"要发挥财政资金'四两拨千斤'的导向作用，支持成立政府出资的担保机构，扩大扶贫贴息贷款规模，撬动更多信贷资金支持贫困户发展生产和就业创业"③，从而构筑起有力的市场化运作的资金保障体系。

3. 切实加强监测评估，健全责任制度

各级党委政府分工负责，层层签订责任书，层层落实责任制，把扶贫开发工作实绩作为选拔、任用干部的重要依据，建立扶贫考核督查和社会监督机制。积极利用大数据信息技术，充分发挥信息化平台的作用，完善精准扶贫信息系统，加强实时动态监测，强化扶贫成效评估，切实做到扶贫开发工作客观、科学、高效、精准。

四、新时代精准扶贫的鲜明特征

习近平精准扶贫思想内涵丰富、逻辑严密、体系完整、思想深刻，具有鲜明特征：以坚守以人民为中心的价值取向而彰显人民性，以回应精准扶贫、精准脱贫现实问题而注重现实性，以蕴含深刻系统思维而体现全面性，以精于实化细化而强化精准性，以勇于突破创造

---

① 习近平：《在中央扶贫开发工作会议上的讲话》，载《十八大以来重要文献选编》（下），中央文献出版社2018年版，第49页。

② 习近平：《在打好精准脱贫攻坚战座谈会上的讲话》，《奋斗》2020年第9期，第4—15页。

③ 习近平：《在中央扶贫开发工作会议上的讲话》，载《十八大以来重要文献选编》（下），中央文献出版社2018年版，第49页。

而富有创新性。

（一）彰显人民性

马克思和恩格斯在《共产党宣言》中指出，共产党所领导的"无产阶级运动是绝大多数人的、为绝大多数人谋利益的运动"。这是对无产阶级政党阶级属性和历史使命的最本质概括，也是对无产阶级政党政治本色和价值取向的最鲜明昭示。党的十八大以来，以习近平总书记为核心的党中央坚持立党为公、执政为民的执政理念，坚持以民为本、以人为本的价值取向，把人民群众的利益放在治国理政的突出位置，把增进民生福祉作为一切工作的出发点和落脚点，把激发全体社会成员的活力动力当成全面深化改革的关键环节，推动改革发展成果更多更公平惠及全体人民，深刻体现了人民利益至上的马克思主义根本立场，集中体现了无产阶级政党鲜明的人民性内在本质。[1]

对于任何一个政党而言，为谁发展、靠谁发展、怎样发展是一个全局性、方向性的重大问题，关乎政党前途和历史命运。习近平精准扶贫思想始终坚持以人民为中心的发展理念，直面中国贫困地区、贫困群众存在的现实贫困问题，直面全面建成小康社会的底线、短板、弱项，想贫困群众之所想、急贫困群众之所急、为贫困群众之所盼、解贫困群众之所难，时刻挂念贫困群众的安危冷暖、甜酸苦辣，时刻把贫困群众的大事小事记在脑子里、扛在肩膀上、落在手心里，时刻牢记中国共产党的初心，既做大社会财富"蛋糕"，又分好共享发展"蛋糕"，[2] 不断增强贫困群众的获得感、幸福感和安全感，深刻彰显

---

[1] 燕连福、马亚军：《习近平扶贫重要论述的理论渊源、精神实质及时代意义》，《马克思主义与现实》2019年第1期，第92—98页。

[2] 张文彪：《从〈摆脱贫困〉中学习和领会习近平"行动至上"思想》，《福建论坛（人文社会科学版）》2015年第12期，第50—60页。

习近平精准扶贫思想的人民性。① 在习近平精准扶贫思想指引下,把贫困群众脱贫致富作为使命要求,把服务贫困群众作为使命担当,着力在发展中保障和改善民生,切实维护和扩大民利,确保党永远立于时代潮头,永远是包括贫困群众在内的最广大人民群众的"主心骨"。②

(二) 注重现实性

习近平精准扶贫思想立足于解决贫困地区和贫困群众最关心、最直接、最现实问题的长期探索实践,扎根于具有中国特色的扶贫开发道路模式,来自扶贫一线实际工作经验积累,发展于脱贫攻坚主战场淬火历练,具有强烈的现实性特征。

1. 扶贫理念具象化

针对贫困地区、贫困村、贫困人口的突出困难和问题,按照"什么问题集中就集中解决什么问题"的思路,把好贫困地区、贫困村、贫困人口的"穷脉",用好贫困地区、贫困村、贫困人口的"药方",治好贫困地区、贫困村、贫困人口的"穷病"。比如,针对贫困地区、贫困村普遍遇到的基础设施落后、基本公共服务不足、生产生活条件较差等共性问题,加大基础设施和公共服务能力建设力度,改善生产生活条件,打通脱贫攻坚政策的执行渠道,落实精准扶贫部署安排"最后一公里"工作。

2. 扶贫方式生活化

精准扶贫的主要目标可集中概况为"两不愁、三保障",即不愁

---

① 于德:《习近平精准扶贫思想研究》,中共中央党校 2019 年博士学位论文。
② 易棉阳:《论习近平的精准扶贫战略思想》,《贵州社会科学》2016 年第 5 期,第 139—144 页。

吃、不愁穿,义务教育、基本医疗、住房安全有保障。从"两不愁"来看,就是从贫困群众最基本、最关注、最现实的生活生计问题入手,首先改变贫困人口的贫困生活状况,解决最基础的生活生计问题,在此基础上确立稳脱贫后致富的发展目标。从"三保障"来看,就是集中关注和大力解决涉及民生领域的教育、医疗、住房等三个关键问题,深度聚焦贫困群众的所难、所急、所盼和所愿,切实降低和解决贫困户教育、医疗、住房等支出费用,想方设法减轻贫困家庭各项生活负担。①

3. 扶贫重点清晰化

贫困地区资源禀赋各有特点,发展条件各有不同,致贫原因千差万别,因此,扶贫重点要找得准,扶贫举措要用得准,而不能千篇一律、大而化之、照猫画虎、简单应对。精准扶贫、精准脱贫既有对贫困人口脱贫的具体标准要求,也有对贫困村出列的考核指标体系,既注重从单个贫困户、贫困人口入手,也注重组织实施贫困村整体提升工程,培育壮大集体经济,为贫困地区和贫困人口夯实发展致富基础、规划长远发展大计。②

4. 扶贫内容项目化

扶贫开发工作由"输血"转向"造血"的重要途径之一就是将各类扶贫资源转化成产业项目形式,吸收有意愿的贫困人口,使其参与其中、受益其中,将贫困人口稳定脱贫与增加收入结合起来、近期脱贫与长期致富结合起来,实现内生性、根源性脱贫。同时,扶贫项目安排因地制宜、因人而异,紧密结合当地资源环境禀赋和经济社会

---

① 张琦:《巩固拓展脱贫攻坚成果同乡村振兴有效衔接:基于贫困治理绩效评估的视角》,《贵州社会科学》2021年第1期,第144—151页。

② 李静、王月金、檀学文:《习总书记扶贫论述铸就当代中国脱贫攻坚的伟大实践》,《中国农村观察》2020年第6期,第2—17页。

发展条件，按照"一村一品"标准，精准选择特色产业项目，精准安排到每一户贫困家庭、每一个贫困人口。①

5. 扶贫考核标准化

扶贫工作开展得怎么样，扶贫工作措施落实得怎么样，必须通过相应考核监督机制的检验与评判。因此，客观、科学、完善、有效的精准扶贫考核监督机制，是确保精准扶贫工作成效、实现贫困人口如期脱贫的重要保障。② 精准扶贫考核监督机制主要涉及三个方面的内容：一是评价主体全面，包括帮扶对象、地方政府、业内专家等；二是考核内容全面，包括贫困人口经济收入水平、贫困人口教育培训力度、贫困人口稳定脱贫能力等；三是考核评价制度全面，包括财政投入扶贫绩效考核、扶贫工作落实情况考核、扶贫工作创新情况考核等。

6. 扶贫成效规范化

扶贫成效的最终落脚点是贫困县摘帽、贫困村出列、贫困人口脱贫，如期实现脱贫攻坚目标任务。③ 因此，建立完善相应的退出机制，严格规范退出程序和标准，固化实化扶贫工作成效，是非常关键和必要的。从现实来看，扶贫成效规范化主要涉及两个方面的内容：一方面，对于符合退出条件的贫困县、贫困村、贫困人口，要按照时间节点及时"摘帽""出列""脱贫"，以最大程度优化扶贫资源配置，集中力量攻克"贫中之贫、困中之困、难中之难、坚中之坚"；另一方面，对于不符合退出标准的贫困县、贫困村、贫困人口，相关

---

① 张琦、史志乐：《我国教育扶贫政策创新及实践研究》，《贵州社会科学》2017年第4期，第154—160页。

② 万君、张琦：《制度设计及影响：贫困县考核机制效果评估——基于贵州省的实证研究》，《贵州社会科学》2016年第2期，第5—10页。

③ 王慧博：《精准扶贫中存在的形式主义及其整治路径》，《江西社会科学》2019年第6期，第237—245页。

地方和工作部门要加大扶贫开发力度,在兼顾脱贫攻坚目标任务的同时,实事求是地规划工作节奏,循序渐进地落实部署安排,不能为了赶进度搞"应急性脱贫""形式上脱贫",造成一旦失去扶贫政策支持就很快返贫的新问题。[①] 有鉴于此,精准扶贫应更加注重对扶贫工作的评估、检查、督查和问责,以有效防止相关部门及地方政府的扶贫工作流于表面化、形式化和简单化。[②]

(三)体现全面性

习近平精准扶贫思想立足于新时代、新阶段我国扶贫开发工作的新形势、新任务、新要求,提出包括指导思想、基本原则、目标任务、路径方法、政策措施、保障机制等诸多方面的综合性、系统性、整体性的中国特色反贫困理论,没有就贫困言贫困、就扶贫言扶贫,而是在深刻分析中国贫困地区、贫困人口复杂致贫因素的基础上,从全局着眼、从整体着手、从系统着力,统筹协调扶贫开发各种重大关系和各方面工作内容,将宏观政策措施与微观制度安排相结合、外部力量帮扶与激发内生动力相结合、实施扶贫开发与推动经济社会发展相结合、精准识别扶贫对象与完善动态退出机制相结合、政府主导力量与社会共同发力相结合,深刻体现出全面性的重要特征。比如,在精准扶贫过程中,各级政府将扶贫工作安排与国家宏观规划、地区经济社会发展规划对接起来,既按照扶贫工作目标任务、时间节点要求如期完成脱贫攻坚任务,又为后期实现稳定脱贫、全面振兴打下坚实基础。

另外,精准扶贫工作是涉及多个领域、多个方面、多个因素的综

[①] 陈辉、陈晓军:《内容形式化与形式内容化:精准扶贫工作形式主义的生成机制与深层根源》,《中国农村观察》2019年第3期,第52—63页。
[②] 于德:《习近平精准扶贫思想研究》,中共中央党校2019年博士学位论文。

合性、系统性、整体性的重大工程，因此既要重点关注扶贫工作中的短板、弱项，也要切实关照到产业转型升级的迫切需求，在扶贫开发过程中提升地方经济社会发展能力和发展水平，在实现地方经济社会发展整体转型升级过程中增强地方脱贫致富能力。①

此外，精准扶贫按照全社会共同关注、共同参与的基本原则，在强化政府主导作用、主体责任的同时，注重提高社会关注度、参与度，政府、社会共同发力，全体社会成员积极参与，集聚各方力量，最大程度实现资源整合，形成打赢脱贫攻坚战的整体最大合力。

（四）强化精准性

精准性是习近平精准扶贫思想的核心特征和内在本质，贯穿于习近平精准扶贫思想产生、形成、发展与完善的全过程，体现在我国脱贫攻坚目标任务安排部署的各方面，落实到精准到人、精准到户、精准到村、精准项目、精准识别、精准施策等全方位精准化的各个环节，成为新时代中国特色扶贫开发工作最鲜明特色和最主要特征。②

1. 扶贫对象识别精准

"谁贫困、谁真贫"是精准扶贫思想的逻辑起点，也是精准扶贫实践的基本前提。③ 就个体而言，只有扶持对象识别精准，扶贫工作才能有的放矢、有据可依，做到"共享全面小康社会"不落一人；就群体和地区而言，"老、少、边、山、岛"等群体和地区是精准扶贫的重点，需要加大帮扶和支持力度，做到"进入全面小康社会"

---

① 饶卫、黄云平：《工匠精神驱动精准扶贫：融合共生的视角》，《经济问题探索》2017年第5页，第45—50页。
② 刘解龙：《经济新常态中的精准扶贫理论与机制创新》，《湖南社会科学》2015年第4期，第156—159页。
③ 宫留记：《政府主导下市场化扶贫机制的构建与创新模式研究——基于精准扶贫视角》，《中国软科学》2016年第5期，第154—162页。

不少一地。①

2. 扶贫思路分析精准

思路决定出路，扶贫思路直接影响扶贫工作成效和脱贫攻坚目标能否如期实现。在扶贫开发实践中，各级政府和相关部门采取了一系列扶贫政策措施，对贫困地区、贫困村、贫困人口进行针对性扶持和一对一帮扶，有的是综合施策、整体推进、稳扎稳打，有的却是急功近利、"头痛医头，脚痛医脚"、疲于应对。精准扶贫的首要出发点和落脚点是"人"，必须坚持以人为本的扶贫工作理念，只有时刻把贫困群众、贫困人口的现实要求和长远需求作为谋划安排扶贫工作的着力点，扶贫开发思路举措才能真正来源于贫困群众、服务于贫困群众、显效于贫困群众。

3. 扶贫措施实施精准

在扶贫工作实践中，融入贫困村、深入贫困户、走近贫困人口，细致了解贫困村、贫困户、贫困人口的致贫原因，根据贫困村实际情况、贫困户贫困特点、贫困人口个人能力，针对性制定配套扶贫措施，做到"一村一品、一户一计、一人一策"，确保扶贫措施与贫困地区发展相协调、与贫困户现有条件相契合、与贫困人口实际能力相匹配，有效改善贫困地区生产生活条件，帮助贫困户、贫困人口发展生产、增加收入，加快脱贫致富步伐。②

4. 扶贫资源投入精准

扶贫资源是确保扶贫成效的物质基础和现实保障，没有大量扶

---

① 王爱云：《1978—1985年的农村扶贫开发》，《当代中国史研究》2017年第3期，第36—50页。

② 廖彩荣、郭如良、尹琴、胡春晓：《协同推进脱贫攻坚与乡村振兴：保障措施与实施路径》，《农林经济管理学报》2019年第2期，第273—282页。

资源的投入配置和高效使用，扶贫开发工作就会成为无源之水、无本之木。因此，在精准扶贫过程中，既需要大量投入、有效投入、综合投入扶贫资源，又必须精准使用这些资源，把钱花在该花的地方，把好钢用在刀刃上，把资源投到关键领域。① 在投入形式上，既采用将专项资金折合为农户入股股金的模式，也采用现金、实物直补到户等方式；在投入方向上，既着力解决贫困地区、贫困人口的现实生活需求，也注重专业技能、文化教育的培训培养；在投入管理上，按照"项目跟着规划走，资金跟着项目走，监督跟着资金走"的原则，建立扶贫项目立项、审批、实施、验收、评估等各环节相关制度，确保了项目资金管理安全、使用规范有效。

5. 扶贫主体明确精准

"谁来扶"是精准扶贫工作重点解决的关键问题。各级党组织和政府部门必须义不容辞、责无旁贷地担负起扶贫主体责任的使命担当。村级党组织是与贫困群众联系最紧密、协调最有效、保障最关键的基层组织，开展扶贫工作离不开基层党组织特别是农村党组织的主动担当、高效配合和全力支持。② 实践中，各地纷纷从各级机关优秀年轻干部、后备干部和国有企事业单位优秀员工中选派第一书记或驻村工作队队长，把村级党组织打造成脱贫攻坚的坚强堡垒和阵地前哨，把第一书记或驻村工作队队长历练成带领贫困村、贫困群众脱贫致富的"领头雁""排头兵"。③ 同时，有的地方还积极探索"驻村

---

① 郑宝华、蒋京梅：《建立需求响应机制 提高扶贫的精准度》，《云南社会科学》2015年第6期，第90—96页。
② 邓燕华、王颖异、刘伟：《扶贫新机制：驻村帮扶工作队的组织、运作与功能》，《社会学研究》2020年第6期，第44—66、242—243页。
③ 张登国：《第一书记"嵌入式"乡村治理的行动范式与优化策略》，《山东社会科学》2020年第11期，第74—79页。

干部互评"工作机制,评选优秀驻村干部并将此作为评选先进个人、提拔任用的重要依据,激发驻村干部干事创业的活力动力。

6. 扶贫管理实时精准

扶贫管理实时精准是精准扶贫的重要特征和内在要求,因为在国家和社会投入大量扶贫资源后,贫困地区经济社会发展情况会变化,贫困村经济收入水平会变化,贫困群众自身发展能力会变化。如果不能实时、及时、准时掌握各项指标和数据的变化情况,就会影响扶贫工作计划安排和政策措施配套,影响脱贫攻坚的成效和质量。实现扶贫管理实时精准主要应做到两个方面:一是健全贫困户的动态管理机制,实时掌握贫困户收入、支出、消费等各种数据信息,科学、客观、准确地评价帮扶成效和脱贫进展;二是完善扶贫工作动态管理机制,实时了解扶贫工作进展情况,针对性进行介入和管理,优化工作流程,固化工作标准,实化工作安排,提升工作效果。

(五)富有创新性

习近平精准扶贫思想创造性继承和创新性发展了马克思主义反贫困理论,是对长期以来中国扶贫开发工作实践的经验总结和理论创新,具有强烈的时代特征和创新特色。①

1. 创新了扶贫理念

做扶贫开发工作,说到底是做"人"的工作,这个"人"就是贫困地区的贫困人口。② 贫困人口的如期脱贫,不仅要在物质上实现,也要在精神上实现。脱贫不是个别指标、单一维度的单项脱贫,

---

① 莫光辉:《精准扶贫:中国扶贫开发模式的内生变革与治理突破》,《中国特色社会主义研究》2016年第2期,第73—77、94页。
② 张永亮、程杰建:《简论新时期湘西州推进扶贫开发思路创新》,《陕西行政学院学报》2009年第4期,第104—106页。

而是整体性、系统性指标的全面脱贫，因此需要"志智"双扶。在传统扶贫理念下，扶贫主体很大程度上"见物不见人"，把扶贫物资、救济资金直接发放到贫困人口手中就算完成任务了。在单一维度扶贫模式的影响下，扶贫对象"等、靠、要"思想严重，宁愿"绕着墙根晒太阳，也不愿放下身来奔希望"。精准扶贫是双向维度的扶贫开发，既积极组织外部力量投身扶贫开发，也积极激发贫困人口脱贫的内生动力，内外结合，上下结合，实现"人"的全面脱贫。

2. 创新了扶贫模式

贫困是个历史性难题，即使在一定时期、一定空间范围内消除了绝对贫困，由于各种复杂原因，相对贫困仍将长期存在。因此，对于以往扶贫开发实践和经验来说，能够通过大规模扶贫开发消除比较大规模的贫困地区和贫困人口已属不易，实现贫困地区全面发展和贫困人口全面脱贫更是难上加难。面对这些难题，精准扶贫通过实施"精准滴灌""内生造血""生态保护脱贫""易地搬迁脱贫""产业扶贫"等多种扶贫模式，主动探索既能让贫困地区、贫困村、贫困人口在当前如期脱贫，又能为以后贫困地区、贫困村、贫困人口实现全面发展、全面振兴、全面致富打下良好基础的有效办法，做到脱贫中致富、致富中脱贫。①

3. 创新了扶贫手段

扶贫开发是全社会的共同责任，需要全社会共同关注、共同参与、共同实施、共同推动。首先，在精准扶贫中，专项扶贫、行业扶贫与社会扶贫应协调联动、有机统一、相互配合，而不是"各喊各的号、各吹各的调"，导致宝贵的扶贫资源不能发挥集聚优势，不能

---

① 吴晓燕：《精细化治理：从扶贫破局到治理模式的创新》，《华中师范大学学报（人文社会科学版）》2016年第6期，第8—15页。

实现最大效用；其次，扶贫开发工作千头万绪，贫困地区、贫困人口千差万别，精准扶贫按照强基固本的总体思路，既授"鱼"更授"渔"，增强了贫困地区和贫困人口的自我发展能力、自我脱贫能力、自我致富能力；再次，精准扶贫树立了"全国一盘棋""全局一张网"思想，充分发挥体制机制优势，根据东中西部协调发展战略全局谋划推动扶贫开发工作，根据城乡一体融合发展时代要求组织实施扶贫开发工作，增强了扶贫开发工作的针对性、有效性和系统性；最后，充分利用大数据、金融科技等新兴前沿手段，精准刻画贫困人口的致贫原因，包括因病、因残、因学、因灾、缺土地、缺水、缺技术、缺劳力、缺资金、交通条件落后、自身发展动力不足等。① 通过多维度致贫原因分析，协助制定精准的扶贫措施，并利用科技手段动态准确掌握扶贫项目的效益和作用发挥情况，以便及时调整政策，避免项目失误和资金浪费。②

4. 创新了扶贫体制机制

建立健全扶贫体制机制，对于实现有效脱贫、稳定脱贫具有十分重要的作用。③ 从需求来看，构建系统完备、科学规范、运行顺畅的扶贫开发工作体制机制，对于有效整合全社会扶贫资源、形成各方参与精准扶贫工作合力、提升精准扶贫工作成效、打赢脱贫攻坚战具有十分重要的保障作用。④ 因此，精准扶贫思想实现了扶贫体制机制大

---

① 唐丽霞、罗江月、李小云：《精准扶贫机制实施的政策和实践困境》，《贵州社会科学》2015 年第 5 期，第 151—156 页。
② 陈升、刘泽：《大数据驱动下的政府治理机制研究：以精准扶贫为例》，《重庆大学学报（社会科学版）》2019 年第 6 期，第 1—11 页。
③ 张俊良、刘巳筠、段成荣：《习近平"精准扶贫"理论研究》，《经济学家》2020 年第 2 期，第 25—32 页。
④ 温涛、刘达：《农村金融扶贫：逻辑、实践与机制创新》，《社会科学战线》2019 年第 2 期，第 65—71 页。

变革、大调整和大创新,着力构建了贫困群体识别机制,优化了工作管理机制,强化了考核监督机制,从体制机制上确保精准扶贫各项目标任务能够如期完成、高质量完成,使脱贫攻坚成效得到贫困群众认可、经得起实践检验、受到外界力量肯定。[①]

---

① 汪三贵、郭子豪:《论中国的精准扶贫》,《贵州社会科学》2015年第5期,第147—150页。

第二章
金融扶贫理论与路径机制

  金融是货币流通和信用活动以及与之相联系的经济活动的总称，是伴随着人类社会的发展逐渐成长起来的。金融作为市场经济的产物，涉及社会经济生活的方方面面，金融领域中的银行、证券、基金、保险、信托等行业在当代经济社会中发挥着举足轻重的作用。金融作为一种资金配置机制，已经成为了整个经济的"血脉"，渗透到经济社会的方方面面。但是货币经济在给人类带来空前经济自由的同时，也给人类带来了诸多麻烦和问题。其潜在的破坏性源自金融资本的过度贪婪、金融杠杆的无限放大、金融资金的高速空转。然而，随着对金融相关功能了解的日益深入，越来越多的人认识到金融除了具有经济属性和功能之外，其同时具有的社会属性和功能对于经济社会的发展也产生了巨大的影响。释放金融的社会功能，不仅可以削弱金融带来的"掠夺"和"贪婪"问题，而且可以有效地调节收入分配、消除贫困、环境保护等方面，从而影响人类社会的生存和发展。[①] 本质上，金融社会功能的彰显通常通过社会金融化和金融社会化。前者是指社会行为遵循金融方式和规则的过程；后者是指金融机构和社会成员双向互动，形成了一系列影响经济社会发展的金融环境和金融行

---

  ① 参见丁瑞莲：《现代金融的伦理维度》，人民出版社2009年版。

为。① 金融与社会深度地交织和融合。一方面，金融发挥其最直接的作用，即配置经济社会发展过程中的资源要素，实现社会资源和生产要素的有效融通。金融渗透到社会经济生活的各个环节，提升资本分配效率，成为社会发展的重要依托和助力。另一方面，金融不再是少数富人的"游戏""专利"，金融并非"为赚钱而赚钱"。发展到更高阶段的金融应当服务于让全社会每一个成员平等享受社会发展红利，实现社会整体福利的最大化，创造更多的人类福祉。换言之，金融不仅应当发挥经济功能，而且应当发挥社会功能。

"与天下同利者，天下持之；擅天下之利者，天下谋之。"假如新时代的金融一味强调逐利，片面追逐资本回报最大化，甚至是与民争利，那么最终必然走向不归路。② 2008 年次贷危机之后，西方有识之士也开始对"华尔街模式"进行深刻反思：以资本为中心攫取最大利益，必然导致贫富悬殊不断被放大，社会公平不断被侵蚀。换言之，金融的存在应当是为了构建一个更加美好的社会。金融是世界各国解决贫困问题的重要武器，不同于单一财政"输血"式扶贫，金融扶贫应始终秉持"以天下苍生为念""与天下同利"的原则，以义驭利、义利兼顾，引导金融扶持有发展意愿、具有生产能力的贫困群体，从根本上解决贫困问题，将贫困"断根"，实现"天下持之"，海纳百川，社会和经济的发展之路才能越走越宽。历史赋予了金融在新时代形成新的价值观和方法论的百年难遇的机会。新时代金融扶贫理论的形成有利于触及贫困的根源，破解致贫的痛点病灶，培育脱贫

---

① 参见袁康：《金融福利法：金融法学研究的新领域》，《武汉科技大学学报（社会科学版）》2016 年第 6 期，第 665—673 页。

② 李燕、吴敏：《乡村治理中的金融路径再认知》，《中国行政管理》2021 年第 1 期，第 66—72 页。

的长效机制，绘就新时代金融的壮美画卷。学术界应致力于建立新时代金融扶贫理论的框架体系，构筑一套可复制、可持续的金融扶贫体系，有效供给适应发展需求的多种金融工具组合，创新精准服务贫困户等社会弱势群体的脱贫模式，做好金融扶贫工作的价值观引领，使金融在面对复杂变局时能够一以贯之地坚守价值，形成具有划时代意义的新突破。

第一节　金融扶贫的界定

消除贫困是社会主义的本质要求，也是新时代赋予金融的重要使命。金融作为"国之重器"必当"人民至上"，坚持"人民至上"是检验金融服务中国特色社会主义发展质效的价值标尺。脱贫攻坚是实践新时代金融的最好试验田，是检验新时代金融工作、保持初心使命的最好试金石。"金融扶贫"作为扶贫开发战略的一个重要组成部分，对扶贫开发项目的营利性有一定的内在要求。这决定了金融扶贫既不是慈善救济，也不是纯粹的商业行为。作为中国特色社会主义制度下的新金融，必须摒弃资本至上，旗帜鲜明地倡导"人民至上"，以义驭利，义利兼顾，引导金融向善。金融只有始终秉持"以天下苍生为念""与天下同利"的初心，才能实现"天下持之"，才能成为人类健康发展的推动力量。金融扶贫在保持资金安全的前提下，通过信贷投放，启动示范和带动效应明显的扶贫项目，激发贫困人群的内生发展动力，从而实现可持续的脱贫和发展。金融扶贫应是我国重要的脱贫攻坚手段。

实际上，金融扶贫贯穿于我国整个扶贫开发工作中，在提高贫困群体的能力和贫困地区内生动力等方面扮演着重要角色。金融扶贫是从多方面、多角度展开的，研究视角的不同造成了金融扶贫内涵的多样性。从资金来源的视角看，金融扶贫是相对于财政扶贫而言的，指通过信贷、保险等形式，重点满足贫困地区、贫困人口的生产型金融需求，推动"造血"式扶贫模式的发展，以缓解长期困扰农户的资金投入问题，通过为贫困人口创造更多的谋生机会来提升贫困人群的自我发展能力，从根本上改变贫困地区的面貌。① 从扶贫发展实践的视角来看，金融扶贫的本质是福利金融理念的实践，利用市场化手段推进扶贫，着重提高被扶贫对象的主观能动性，金融扶贫以"造血"的形式改变了以往财政支农的"输血"形式，体现了"授之以渔"的观念，也促使金融机构更加注重自身的可持续发展性。

概括来讲，本书认为，金融扶贫是指在秉持"人民至上"理念的基础上，政府运用法律、货币政策、财政政策等机制或手段，调动金融机构增加对贫困地区信贷资金的供给，为那些长期遭受金融排斥的贫困地区中小企业和贫困群体提供均等的金融服务机会；银行、保险、证券等金融机构通过创新金融产品和服务，为贫困地区的基础设施、产业发展、中小企业、贫困人口或者家庭提供资金支持，最终带动有自主发展能力的贫困人口脱贫致富。

---

① 应习文、孔雯、龚道琳：《我国扶贫工作历程、国内外主要扶贫模式经验借鉴及金融扶贫的政策建议》，《开发性金融研究》2020年第1期，第67—78页。

第二节　金融扶贫的目标

贫困人口的产生多是因为资源匮乏、环境恶劣，或缺乏与经济增长相适应的人力资本和制度保障，因此，提升贫困人口的资源获取和运用能力是金融扶贫的基础。只有当脱贫能力与脱贫机会有效结合时，金融扶贫才能真正发挥作用。① 在宏观层面，世界各国在反贫困的系统工程中至少有三个层次的目标：一是帮助贫困人口解决生存问题，缓解社会矛盾；二是缩小贫富差距，提高社会平等程度；三是实现可持续的经济增长。在微观层面，贫困个人或家庭至少有三个层次的目标：一是生存能力，即满足家庭成员包括食物、住宿和衣物等基本生存需求的能力；二是经济安全，即保护家庭的财产和收入不会受到不确定性因素的影响；三是代际相传，即更高生活水平以及长期的经济安全的代际相传。可以说，良好的金融服务有利于从宏观层面实现国家经济增长，从微观层面实现个体收入增长。但金融服务供给是有条件的，并非所有人都能获得金融服务。与非贫困人口相比，贫困人口和金融机构之间存在更为严重的信息不对称，并且贫困人口往往不能提供合格的抵押品，导致他们被排斥在

---

① 周孟亮、罗荷花：《双重目标下金融扶贫的实践偏差与模式创新》，《郑州大学学报（哲学社会科学版）》2019 年第 2 期，第 46—50 页。

一般的金融服务之外。① 为贫困群体提供合适的金融产品和服务，是金融扶贫最基本的工作目标。具体而言，金融扶贫可以在消除绝对贫困、增加投资、提高消费水平以及降低不确定性突发事件等方面发挥作用。

一、构建金融扶贫体系

构建多层次、广覆盖和可持续的金融扶贫体系，为扶贫提供科学合理的金融政策、多元的金融工具、创新的金融服务，促使"金融下沉"，把金融资源引入贫困地区或家庭，通过推动"金融机构融入""金融产品融通""资本要素融汇"，使得农村尤其是贫困地区的经济发展活跃起来，实现扶贫目标，促进经济持续发展。

二、满足投资需求

贫困家庭通常会面临对健康和教育等的投资，因此可以通过金融手段促使其获得更多能带来经济收益的机会。金融扶贫的目的就是更好地为农村经济发展提供金融服务，着重解决低收入群体融资难和融资贵问题，提高金融服务的可获得性，从而推动贫困地区或家庭对新技术、新设备以及其他方面的投资，使其获得更多提高收入的机会。同时，金融扶贫还可通过释放宽松的货币政策和财政政策的政策效应，加大对贫困地区医疗、教育、交通等方面基础设施建设的投入，

---

① 王宏杰、宋景鑫：《金融扶贫的内涵、实践偏差及修正建议》，《青海金融》2019年第10期，第30—33页。

从而加快其摆脱贫困的步伐。

三、提高消费质量

由于受到收入的限制，大多数的贫困家庭处于较低消费水平，容易出现入不敷出的情况。贫困家庭为了维持家庭及其成员的基本开销，通常会向亲戚朋友进行内部借贷的金融行为。金融扶贫通过科学的设计，采用低利或微利的市场定价，帮助贫困家庭能够支付起其对住房、农具、生活用品的消费，满足贫困家庭或个人的短期消费需求，促进消费升级，从而形成经济长期增长的动力。

四、提升突发事件应对能力

贫困家庭通常面临"因病致贫""因灾致贫"等问题，即贫困家庭在面临如疾病、死亡、意外事故、自然灾害等不确定性风险并需要筹集大量资金的时候，由于其本身抗风险能力较弱，很难筹集到资金，增加了其贫困脆弱性。金融扶贫通过社会保障资金、商业保险、短期低息信贷等手段，降低突发事件对于贫困家庭的负面影响，利用金融政策、工具、服务为贫困家庭提供社会福利保障功能，促进社会发展。

第三节　金融扶贫的本质特征

金融扶贫是"金融"与"扶贫"的结合，其一方面关系着农村金融发展，另一方面关系着扶贫开发。金融扶贫逻辑也必须体现市场化原则，坚持农村金融发展的基本原则和要求，而扶贫逻辑体现的是公平正义，更加关注贫困人口的收入增长。金融扶贫被称为"造血"式扶贫，它是各金融扶贫主体通过相互协作，借助于金融手段，通过市场化机制来实现的。归纳而言，金融扶贫主要呈现如下几个特征。

一、政府与市场协同的特征

金融扶贫应该有效处理好市场机制与政府行为的关系。世界各国的经验多次证明，金融扶贫不能简单依靠政府来完成。金融机构在服务贫困人口、履行社会责任时面临更高的交易成本，导致社会绩效与财务绩效之间存在矛盾，因此金融扶贫也不能仅仅依靠市场来完成。[①] 制度创新和技术创新是解决这一矛盾的关键。对此，政府和金融机构应该协同发力。一方面，政府主要在政策激励和市场引导方面

---

① 周孟亮、罗荷花：《双重目标下金融扶贫的实践偏差与模式创新》，《郑州大学学报（哲学社会科学版）》2019年第2期，第46—50页。

发挥作用,全程促进各项金融扶贫举措精准直达,降低金融机构在服务贫困人口过程中的交易成本;另一方面,金融机构依据自身的目标定位为贫困群体提供金融产品和服务。金融机构积极探索下沉乡村的方法,创新精准滴灌的内生扶贫模式,聚焦"三农"领域痛点和内循环堵点,"织网络、搭平台、建场景、育生态",打通金融资源和服务下乡的"最后一公里",把原先"阳春白雪"的金融产品送到田间地头,真正使得金融机构成为农村居民身边"带着泥土气息"的金融扶贫推动者。

二、金融扶贫体系系统化发展的特征

金融扶贫不是中央银行、金融监管机构或者某一个金融机构等金融市场参与主体各自为战、单打独斗,而是需要各级政府及各类、各级金融机构相互协作,建立起一套比较完善的金融扶贫组织体系,需要银行、保险、证券、信托、担保等金融机构明确各自的职能,发挥各自的比较优势,形成金融扶贫合力,从而保证金融扶贫可持续发展。以新理念、新技术推动金融扶贫体系构建,通过"新基建"促进同业"共建基础设施、共享数据、共担风险",构建系统的金融精准扶贫体系。

三、运用多元金融工具的特征

金融扶贫需要借助多种金融手段共同实现扶贫目标。与各级政府通过行政手段分配财政资金的财政扶贫不同,金融扶贫需要依靠银行、担保公司、保险公司以及小额贷款公司等金融企业为贫困地区的贫困人口、小微企业、农村新型经营主体等提供储蓄、信贷、保险、担保等各种各样的金融服务和产品，以在生存、生产、发展等方面满足贫困群体从事生产劳动、改善家庭消费、获取信贷、应对突发事件等各种需求，为他们创造发展机会，帮助他们摆脱贫困。

四、坚持市场机制的特征

金融扶贫坚持市场机制是长效扶贫工作的关键。财政扶贫主要依靠各级政府行政命令层层推进，相比较而言，金融扶贫更多的是国家通过降低准备金率和利息、给予税收优惠和财政贴息等措施，调动各金融机构支持扶贫开发的积极性。金融机构以市场化的方式向贫困地区和人口提供信贷支持，并能够实现保本微利。金融根植于广大的农村地区，将精准扶贫与金融实践有机结合，举金融市场化之力打通梗阻，把金融源头活水引到阡陌田间，畅通城乡各类生产要素流动，通过强化贫困地区和广大农村的金融基础设施的建设，主动疏导、科学调剂"金融活水"的流向和流量，修复金融最本源的撮合中介功能，促进城乡要素在市场中双向流动、供需高效精准匹配，使农村的要素市场活跃起来，把要素的价值激发出来。

五、坚持能力与机会组合的特征

注重贫困人口的能力培养，通过创新金融工具和服务，改变贫困人口面临的金融排斥问题。要想帮助贫困人口缓解或者摆脱贫困，单纯地依靠国家公共财政"输血"是不够的，"授之以鱼不如授之以渔"，因此，必须强化金融扶贫的"造血"功能。金融扶贫的对象可以是那些具有一定自主发展能力但缺乏资金和有效抵押物的贫困人口[①]，也可以是那些能够带动贫困人口脱贫致富的微企业主和个体业主。要提高贫困地区金融服务的可获得性，为贫困人口提供投资、生产从而改变贫困面貌的机会。另外，对于那些丧失劳动能力的贫困人口，则需要社会保障政策兜底。总体而言，金融扶贫有别于"输血"式的财政拨款扶贫模式，不是一次性的救急，而是持续性的"造血"式扶贫，更能体现了"授人以渔"的扶贫思想。[②]

第四节　金融扶贫的体系构成

在世界各国的金融扶贫的发展历程中，根据政治经济结构、发展所处阶段的不同，各国都形成了各具特色的金融扶贫体系或模式，如美国多元复合农村金融体系、日本农协金融扶贫模式、德国农村金融体系、法国农业保险扶贫模式，以及孟加拉国格莱珉银行模式、玻利维亚阳光银行模式、印度尼西亚人民银行模式等。近年来，中国政府也不断优化和完善金融扶贫的政策体系和组织体系，逐步形成了一套具有中国特色的金融精准扶贫体系。将这些经验进行总结和归纳，可以发现金融扶贫体系是一个由各级政府、中央银行、金融监管部门（例如，银行业监管部门、保险业监管部门、证券业监管部门等）、

[①] 郭利华：《以金融扶贫推动贫困人口的能力建设》，《光明日报》2016年11月16日第15版。
[②] 孔凡斌、陆雨、许正松：《农村金融发展的减贫效应及其影响机理——基于江西省1990—2016年统计数据的分析》，《企业经济》2019年第3期，第154—160页。

政策性金融机构、商业性金融中介机构（例如，商业银行、保险公司、证券机构等）、社会金融团体和协会等一系列组织和机构共同组成的为贫困人口和群体提供金融产品和服务的体系。该体系以农村商业性金融机构为基础，以农村政策性金融机构为辅助，以农村合作性金融机构为主导。

一、政府

一个国家的各地区之间贫富差距越大，就越需要通过国家干预来平衡地区间经济发展差异。因此，政府是扶贫开发的主导者和决定者，其在扶贫开发等工作中扮演着非常重要的角色。政府主要可以采取以下四种措施：顶层设计反贫困计划和政策，提供反贫困公共服务和产品，直接援助落后地区，配套反贫困基础设施和保障体系。① 例如，美国政府针对扶贫工作建立了包括医疗保险、社会保障、失业救济等福利制度在内的联邦政府安全网体系。在这一体系的系统作用下，美国政府推动了针对低收入家庭的负所得税计划、补充营养援助计划、住房援助计划、补充保障收入计划、佩尔助学金计划、贫困家庭临时救助计划、儿童营养计划、启蒙计划、工作培训计划、低收入家庭能源援助计划、医疗补助计划等 14 个计划项目，旨在发挥政府在降低贫困发生方面的作用。② 在不少发展中国家，政府主要通过一系列改革措施调整农民手中的土地资源，对土地进行综合利用，以提高农作物的产量；实施市场改革，鼓励农产品出口；增加经费解决儿

---

① 王俊文：《国外反贫困经验对我国反贫困的当代启示——以西方发达国家美国为例》，《社会科学家》2008 年第 3 期，第 104—107 页。
② 邓大松、仙蜜花：《美国反贫困政策及对中国扶贫工作的借鉴和启示——基于美国福利政策的分析》，《江淮论坛》2017 年第 4 期，第 124—128 页。

童营养不良问题；加大对人力资本的投资；实施很多大规模的针对营养、健康、计划生育等的社会项目。中国政府在反贫工作方面秉持"人民至上"的理念，设立专门机构进行管理，在各级政府中都设置了扶贫开发领导小组办公室，积极实行跨部门合作的系统性精准扶贫工作。这种合作是政府与非政府之间、政府部门之间、中央与地方之间、公私部门之间的全面合作，表现为整体性治理视角下的跨部门协同，是一个从上到下、由内而外互动的管理过程，政府主要通过行政强制、合作、协商、伙伴关系等方式在自己内部或是其他部门形成共同的精准扶贫目标。

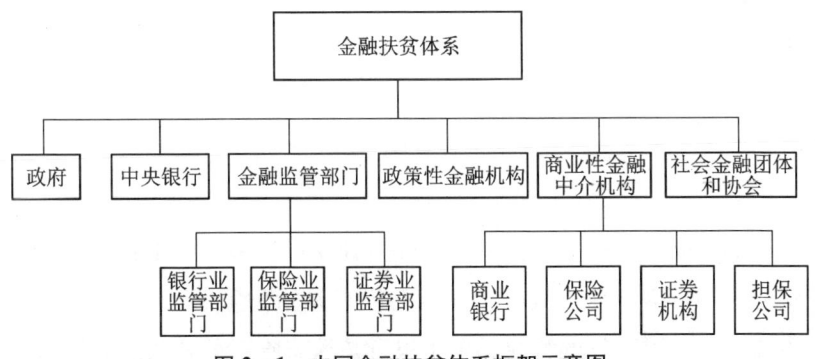

图 2-1　中国金融扶贫体系框架示意图

资料来源：作者整理绘制。

在农村和贫困地区开展扶贫工作，还离不开政府通过立法和监管为其提供必要的保障。尽管各国政府构建的扶贫体系和经济基础存在一定的差异，但各国都普遍意识到了法律制度在金融扶贫中的重要作用。[①] 完善的法律制度不仅有助于保障扶贫政策的执行，而且有助于保障贫困人口和群体获取金融资源的基本权利，在一定程度上还可以

---

① 温涛、王汉杰、王小华、韩佳丽：《"一带一路"沿线国家的金融扶贫：模式比较、经验共享与中国选择》，《农业经济问题》2018年第5期，第114—129页。

防范金融风险的产生。① 例如，英国颁布了《国民救济法》，并废除济贫制度，实行国民救助制度，其所实施的济贫或救助制度对贫困者进行群体分类或贫困等级对待，对于公平高效地帮助贫困人口摆脱贫困起到了积极作用。不少发展中国家为了使得金融更好地服务于贫困人口和群体，实现金融扶贫模式的长效培育，也在不断健全法律制度作为支撑。例如，吉尔吉斯斯坦制定了《共和国银行和银行活动法》及《微型金融组织法》，这两部法律规定了微型金融的种类（商业性、非商业性）及能够从事的银行业务；孟加拉国也制定了《乡村银行法》；印度尼西亚针对小额信贷机构制定了《小额信贷法》；泰国则制定了《农业与农村合作社银行法》。②

二、中央银行

中央银行在一个主权国家中扮演着发行的银行、银行的银行、政府的银行等角色。其中，发行的银行是指国家赋予中央银行集中与垄断货币发行的特权，中央银行是国家唯一的货币发行机构；银行的银行是指作为国家的金融管理机构，中央银行在整个金融体系中居于领导地位，并与商业银行和其他金融机构在存、放、汇等业务上进行合作；政府的银行是指中央银行代表国家贯彻执行货币金融政策，代为管理政府财政收支以及为政府提供各种金融服务。

中央银行作为金融体系的主管银行，在金融扶贫体系构建中的作

---

① 王煜宇：《农村金融法制化的他国镜鉴》，《改革》2017年第4期，第150—159页。
② 温涛、王汉杰、王小华、韩佳丽：《"一带一路"沿线国家的金融扶贫：模式比较、经验共享与中国选择》，《农业经济问题（月刊）》2018年第5期，第114—129页。

用十分重要。中央银行通过发展普惠金融、福利金融、农村金融等，使得全社会中的每一个人以合理的成本获得金融服务，人们对金融产品的合理需求都能够得到满足，低收入人群能够以合理的成本获取应得的金融服务。中央银行通过政策手段制订金融助推脱贫扶贫工作的实施方案：一是与各种金融机构建立信息沟通联席会议机制，督促、统筹、协调金融扶贫工作。二是落实金融主办行制度，发挥金融机构优势，促使其加大在农村和贫困地区投放信贷的力度。例如，印度中央银行将金融服务从支持生产性行业扩展至医疗保险、教育贷款、信用卡业务、气候保险、住房贷款、耐用消费品贷款等领域，并规定"只要私人银行能够将其四分之一的分支机构设立在农村或者偏远地区，就允许其开业"[①]。三是建立政府、银行、担保机构"三位一体"风险分担和熔断机制，为符合标准的贫困人口群体、带贫企业提供贷款优惠。四是健全信息信用机制，搭建扶贫服务平台和信息沟通平台，梳理金融需求并列出清单，制订融资需求对接方案，对有金融需求意愿的贫困人口和群体进行精准的信贷投放。五是完善信用体系建设，优化基础服务，提升农村金融环境，推进家庭和个人、小微企业、新型农业经营主体信用评价，大力推广"免抵押、免担保"的扶贫小额信贷，实现"信用+信贷"联动。六是加大货币政策工具运用力度，通过定向降准，运用扶贫再贷款、支农支小再贷款再贴现等货币政策工具，引导金融机构持续加大对贫困人口和群体的支持力度。

---

① 刘志洋：《印度金融扶贫的实践经验及教训——普惠金融视角》，《西部经济管理论坛》2020年第1期，第13—20页。

三、政策性金融机构

政策性银行是国家金融体系的重要组成部分。① 政策性银行天生执行政府的意志，发挥政策性金融机构在金融扶贫中的作用不仅是增进社会福利和维护公众安全的要求，也是构建多层次金融扶贫组织体系的要求。政策性金融与其他金融机构合力参与扶贫，根据自身的优势八仙过海、各美其美。增强政策性金融机构的政策性特征，使之区别于其他金融机构，有利于它在扶贫中有效地发挥特殊的作用，充分地体现金融扶贫的性质。② 在金融扶贫方面，政策性金融机构的特有功能是可以在区域扶贫、产业扶贫等方面落实国家宏观经济政策，补充商业性金融机构资金配置的不足。

金融扶贫特有的政策性功能可以概括为倡导性功能、选择性功能、服务性功能三个方面。首先，所谓倡导性功能，是指政策性金融机构一旦决定向某些产业部门提供资金，则表明政府对这些部门有扶持意向，通过政策性金融行为为商业性金融机构的参与注入足够的信心。反之，当某一个产业或区域的投资热情过于高涨，可能诱发区域性或系统性金融风险时，政策性金融就会通过降低投资份额，或者提高资本供给的成本，引导商业性金融理性削弱投资或退出。简言之，政策性金融机构通过政策性金融工具产生对商业性金融机构随之投资的"引导与跟进效应"。其次，所谓选择性功能，是指政府金融对融资领域或部门是有选择的，通常选择那些如果仅依靠市场机制作用则难以

---

① 李广子、陈醒：《政策性银行贷款合约的决定》，《金融评论》2020年第4期，第16—28页。

② 蔡友才、陆娟：《我国农村政策性金融的国际借鉴与改革思路》，《当代财经》2005年第4期，第44—48页。

得到充分发展的产业和领域。政策金融的主要活动领域，如农业、进出口、基础设施建设、落后地区以及中小企业等，正是商业金融不愿选择的领域，其融资活动对这些领域的发展起到了明显的积极作用，从而优化了区域产业结构和地区经济结构。随着时间的推移，政策金融的投资方向和活动领域也不断变化和调整。最后，所谓服务性功能，是指政策性金融机构在其服务领域聚集了一批精通业务的人才，可为企业提供各方面金融服务，如分析财务结构、诊断经营情况、提供经济信息、沟通外部联系等。①

以德国为例，德国的政策性银行包括德国农业经济银行和德国复兴信贷银行，这两家银行都是在"二战"后为满足德国紧急重建需求建立的金融机构，采取单一银行组织，不设立分支机构。每年德国政府会将部分预算资金拨入政策性银行，作为政策性银行运作委托交易贷款或预算资金贷款的资金来源。政府豁免政策性银行的收入所得税和交易税。其中，德国农业经济银行主要服务于德国农业企业和农村地区，支持领域主要包括农业、水产和养殖、可再生能源、农村发展等；而德国复兴信贷银行的服务范围相对较广，主要为德国以及发展中国家和新兴经济体的长期投资提供融资服务，重点关注基础设施、社会发展治理、金融体系开发、农村发展、自然资源保护、和平与安全。除此之外，二者在多个方面具有相似之处。德国政策性银行按照《德国农业经济银行法》《德国复兴信贷银行法》依法运营。其特殊性在于政策性银行由国家为其信用背书，受法律保护不会破产，政府还对其债务提供再融资担保，获得了3A级信用评级。政策性银行采取转贷运营模式，经由本地银行向"三农"最终借款方提供贷

---

① 吕德宏：《借鉴美国经验建立我国西部区域金融政策》，《开发研究》2003年第3期，第38—39页。

款,从而避免承担最终借款方风险。

美国农业部下设直属的农贷机构农民家计局、商品信贷公司、农村电气化管理局、小企业管理局等。其中,农民家计局开展的信贷活动旨在帮助那些不能从商业银行或其他农业信贷机构借到资金的农村贫困地区的农民,对他们进行扶持和救助。目前,农民家计局的信贷领域已经扩展到为改良乡村社区、促进乡村建设和保护乡村环境提供资金支持,对于一些公益性项目则给予无偿拨款。其资金主要来源有:由家计局承保发行债券;用所筹集的资金发放贷款;由农民家计局为农业生产者进行担保,动员商业银行等金融机构向农民发放贷款。① 除此之外,美国政府还建立了农村电气化管理局,其参与信贷活动的目的在于促进并改善农村地区的公共设施和环境建设,主要对农村非营利性的电业合作组织和农场等提供资金支持,用于架设电线、购买农村通信设备设施、组建农村电网等,从而提高农村地区的电气化水平,发展农村电力事业,便捷农村通讯,缩小城乡差距。

在新兴国家中,秘鲁农牧业开发银行收购农产品,并为本国发展农牧业提供技术援助。② 印度尼西亚人民银行最早以发放贴息贷款为主,之后逐步被改造成按照商业规则运行的小额信贷业务,形成了一套不仅能够有效地向低收入人群提供信贷服务,同时也能获得巨大的商业成功的体系。

中国在几十年的反贫进程中,建立了国开行、农发行等政策性金融机构,相关政策性金融机构主动寻找市场,改变传统的"政府挖

---

① 龚映梅、张蕾:《多元复合型美国农村金融体系发展综述及对我国农村金融改革的启示》,《江苏商论》2017年第1期,第62—65页。

② 郭金金:《我国农村金融体制的现状及未来改革发展趋势》,《中国市场》2010年第52期,第155—156页。

坑，金融种树"的被动模式，转而充分发挥政策性金融机构的作用，并使之不断参与脱贫攻坚工作。近年来，随着中国扶贫进程的推进，国家开发银行和农业发展银行等政策性银行还进一步设立了"扶贫金融事业部"，并将政策性金融工具用于易地扶贫搬迁；与国有商业银行、城商行等大型商业性金融机构合作，通过延伸服务网络、创新金融产品，把支持基础设施领域的成功经验拓展到贫困地区的资金需求新领域，寻求政策性金融机构的新利润增长点。[1] 可见，政策性银行正在逐渐增强经济主体参与经济发展的内在动力，构筑贫困地区政府力量与市场机制之间的有效沟通桥梁，将融资优势与政府组织优势有效结合，高效率地发挥政策性金融机构在扶贫工作中的作用。[2]

四、商业性金融中介机构

商业性金融始终是金融扶贫体系的重要组成部分。商业性金融机构是按照现代企业制度改造和组建起来的、以营利为目的的银行和非银行金融机构，它们承担了全部商业性金融业务。商业性金融机构除了以营利为目的之外，也必须充分履行社会责任。这是实务界和学术界的共识。商业性金融中介机构包括商业银行、证券公司、担保公司和保险公司等。对于金融扶贫而言，商业性金融中介机构在细分市场中分别形成了商业银行金融扶贫支持体系、证券业金融扶贫支持体系、担保业金融扶贫支持体系和保险业金融扶贫支持体系（见图 2-2）。

---

[1] 曾康霖：《再论扶贫性金融》，《金融研究》2007 年第 3 期，第 1—9 页。
[2] 杜金富、张红地：《关于进一步加大我国金融支持精准扶贫力度的研究》，《上海金融》2019 年第 5 期，第 71—77 页。

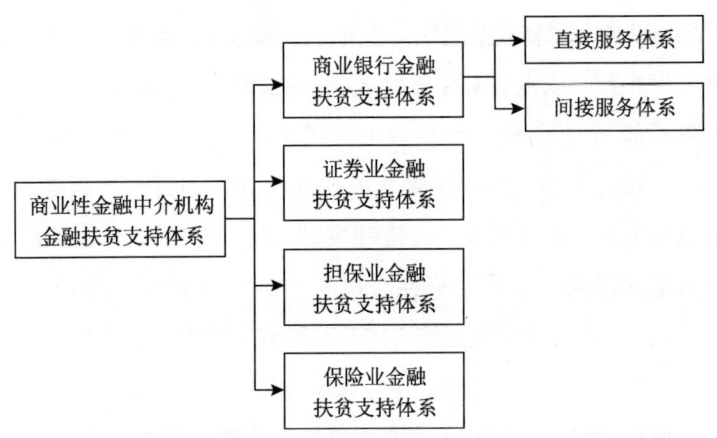

图 2-2　商业性金融中介机构金融扶贫支持体系

资料来源：作者整理绘制。

依据各国金融结构的差异，不同商业性金融机构在金融扶贫中"八仙过海，各显神通"。现对一些典型国家的商业银行金融扶贫做一个简单的介绍。

（一）商业银行

商业银行参与金融扶贫、提供金融支持主要表现为两个层次。第一个层次：利用低利或微利的金融工具，直接服务于农村贫困家庭和小微企业等经营主体，主要包括三大支柱，即储蓄银行、合作银行和商业银行。以美国为例，由于家庭农场是美国农业生产的主要存在方式，农场主具有较充足的抵押物，基本可满足商业银行的贷款要求，申请贷款较容易，所以美国 90% 以上的商业银行都有涉农贷款业务，尤其是分布在小城镇的独立经营的商业银行，涉农贷款金额占到贷款总额的一半以上，其实质就是农业信贷服务站或乡村银行。① 第二个层次：通过向储蓄银行、商业银行和合作银行等金融机构提供融资，间接服务于农村贫困家庭和小微企业等经营主体。商业银行通常可以优化网点布局，加快发展普惠性银行业务，建设移动互联网平台，进而构建起由物理网点、自助渠道、手机银行、网上银行、电话银行等线上、线下相结合的全功能网络体系，扩大贫困地区的金融服务覆盖面。② 中国的商业银行还常常立足于贫困地区的产业规划，实施"一县一业、一村一品"发展战略，重点围绕生态种养殖业、经济林木业、休闲观光业、农产品加工业、民俗旅游业等开发设计金融产品，打造起"公司+农户""龙头企业+农户""专业合作社+农户"等新型"三农"产业链金融模式，不断提高金融服务的渗透性和匹配性。金融机构可以根据农户特点和资源禀赋，开发出精准化小额信贷产品，在现有五权（农村土地承包经营权、集体林地承包经营权、水域滩涂养殖权、集体建设用地使用权、农村房屋所有权）抵押融资试点的基础上③，不断推进抵押担保方式创新，有效激发农村和农户脱贫致富的内生动力。④

（二）证券业金融机构

证券业是专门为证券投资活动服务的行业，证券业的准入门槛一般较高，但是证券业在金融扶贫中同样可以发挥重要的作用。证券业

---

① 龚映梅、张蕾：《多元复合型美国农村金融体系发展综述及对我国农村金融改革的启示》，《江苏商论》2017年第1期，第62—65页。
② 洪晓成：《普惠金融理论与我国农村金融扶贫问题调适》，《山东社会科学》2016年第12期，第83—87页。
③ 闫雷：《中原经济区农区三化协调发展体制机制创新探索》，《经济研究导刊》2011年第27期，第145—146页。
④ 杜金富、张红地：《关于进一步加大我国金融支持精准扶贫力度的研究》，《上海金融》2019年第5期，第71—77页。

可以向企业、项目、基金、金融机构提供资金和咨询服务，向涉农企业提供的上市和债券发行等服务。资源整合、打通供应链是证券业金融机构的"拿手好戏"，将此运用到金融扶贫工作中，也能有"他山之石，可以攻玉"的效果。证券业金融机构参与到金融扶贫工作之中，有利于支持贫困地区的企业利用多层次资本市场进行融资，拓宽深度贫困地区的直接融资渠道。

（三）担保业金融机构

农业生产领域缺乏有效抵押物是贫困地区融资难、农村金融发展缓慢的重要原因。担保业金融机构可与商业银行合作开发创新型金融产品，建立金融扶贫融资担保平台，由平台进行风险兜底。发挥银政合作的桥梁、项目融资的重要手段以及扶贫资金和信贷资金有机结合的抓手的作用，着力解决产业化扶贫项目信用能力弱的问题。以创新型金融产品形式向贫困区域的中小企业、贫困农户发放贷款，以贴息资源进行贴息。[1] 担保平台可与风险投资、信托投资基金等金融机构合作，吸引更多的社会资金投资在贫困区域有发展前途的产业，实现跨空间的价值交换。[2] 一些国家还尝试设立产业发展基金和产业担保基金，改变扶贫贷款和小额信贷财政贴息方式，采用财政扶贫贴息作为资本金，吸引企业和社会资本入股，组建扶贫产业担保基金，按担保总额放大倍数，调动金融资本，实现扶贫资金滚动发展，发挥扶贫资金自我"造血"功能，从根本上解决贫困企业与农户贷款中的担保难问题。

---

[1] 吴义能、叶永刚、吴凤：《我国金融扶贫的困境与对策》，《统计与决策》2016年第9期，第176—178页。

[2] 周双、刘鹏：《我国贫困地区金融精准扶贫创新研究》，《上海金融》2017年第1期，第17—22页。

德国中小企业担保银行体系是欧洲最大的信用担保体系。该体系基于互助和自助的非营利协会风险补偿方案。在担保银行的支持下，德国广大中小涉农企业有效解决了由于缺少担保品而无法融资的问题，以较少的资金撬动了大量银行贷款投放，不仅促进了农村相关产业发展，也对德国经济产生了积极的作用。印度尼西亚人民银行采用的担保模式较为典型。印度尼西亚人民银行在贷款担保和抵押方面非常灵活，针对低于 300 美元的小额信用贷款，农户不需要提交任何抵质押物；如果是 300 美元以上的贷款，则需要向银行提交合适的抵质押物，但在具体操作层面，银行对抵质押物的要求相对宽松，担保条件非常灵活，如车辆、房产或固定资产等均可作为担保条件。同时，该银行还创新了更为便利的抵质押物，对于那些不完全的所有权证明，如税务收据、税票、固定收入工资和银行存单等均可作为担保物。① 贷款批准程序也比较简单快捷，印度尼西亚人民银行营业所地处农村地区，所以对农户信息比较了解，多数情况下可以由营业所自己进行审批。此外，孟加拉国格莱珉银行通过创造灵活的担保模式和还款模式以及多种激励会员还款的制度来预防信贷违约，旨在通过激励措施而非惩罚措施来防范风险的发生。这一担保模式的成功充分证明了在具有良好制度的情况下，穷人是讲信誉的。

（四）保险业金融机构

保险业金融扶贫支持体系作为金融精准扶贫模式的一个分支，蕴含着其特有的精准指向性。保险和扶贫具有天然的联系，贫困家庭在缺乏保险的情况下面临着很大的财务不确定性。保险不仅是风险管理

---

① 曹俊勇、张乐柱：《基于国际普惠金融发展经验的模式设计与案例实践》，《西南金融》2020 年第 9 期，第 49—59 页。

的有效手段，也是一个重要的扶贫工具。直接面向最广大的贫困群体，发展针对贫困家庭的保险，有助于提升其管理风险和抵御风险的能力，从而降低贫困家庭面对不确定风险时陷入深度贫困的可能性。① 同时，由保险业参与的金融扶贫可以精准对接脱贫攻坚的多元需求，为信贷增信，进一步发挥扶贫作用。自然灾害是影响农村和贫困地区的主要灾害类型，如干旱、洪水、冰冻和暴风雨，对发展中国家的数十亿贫困群体，特别是那些依靠农业为生的贫困群体来说，是普遍存在的风险。② 无论是社会保险还是商业保险，均可以为这些以农业为生的贫困家庭提高收入提供支撑，并且通过金融手段构筑起转移风险的堡垒。③

保险在金融扶贫方面的作用不是孤立的，农业保险和农业信贷是农村金融市场不可或缺的部分，农业保险为农业信贷的发展承担了风险，应该建立起农业信贷与农业保险之间的良性循环机制。④ 通过采用"保险+信贷"的模式，保险金融扶贫体系提供的保险产品和服务可以把农业信贷和农业保险相互捆绑起来，改善农户的信贷配给，显著提高农户的农业收入水平，⑤ 并且降低农业保费补贴的财政压力。⑥

---

① 廖朴、吕劲、贺晔平：《信贷、保险、"信贷+保险"的扶贫效果比较研究》，《保险研究》2019年第2期，第64—78页。

② S. Coate, M. Ravallion, "Reciprocity without Commitment-Characterization and Performance of Informal Insurance Arrangements", *Journal of Development Economics*, 1993, Vol. 40, No. 1, pp. 1–24.

③ Frederick Zimmerman, Michael R. Carter, "Asset Smoothing, Consumption Smoothing and the Reproduction of Inequality under Risk and Subsistence Constraints", *Journal of Development Economics*, 2003, Vol. 71, No. 2, pp. 233–260.

④ 祝国平、常燕：《农业保险对农业信贷的促进作用研究》，《财经纵横》2014年第7期，第32—35页。

⑤ 孙江超：《我国农业高质量发展导向及政策建议》，《管理学刊》2019年第6期，第28—35页。

⑥ 张建军、许承明：《农业信贷与保险互联影响农户收入研究——基于苏鄂两省调研数据》，《财贸研究》2013年第5期，第55—61页。

安联保险集团是欧洲最大的保险公司、全球最大的保险和资产管理集团之一，旗下全资子公司 MMA 专门面向"三农"提供保险服务，几乎涵盖所有种类的农作物、蔬菜和畜牧业，广泛地开展对农村地区的商业性保险。法国在农业保险金融扶贫方面的成效较为显著。法国政府注重农业保险法律体系建设，先后颁布了《农业互助保险法》《农业指导法》《农业损害保证制度》《农业保险法》，明确了农险的项目、保险责任、再保险、保险费率、理赔计算及具体做法等。为了确保农业的快速发展，法国政府对农业保险实行了低费率和高补贴的政策，对农民所交保险费的补贴比例在 50%—80%。[①] 法国农业保险经营不以营利为目的，政府通过立法保障对经办机构实行资本、存款、收入和财产免征一切赋税的政策，鼓励农户参保；在发展策略上不断加强风险管理，提高管理水平，降低成本，进一步完善保险金融扶贫体系的长效发展机制。

第五节　金融扶贫的主要产品与服务种类

无论是富裕人群还是贫困人群，在生活中都可能会面临由于教育、婚丧、健康以及不确定的突发事件等问题而产生的投资机会与消费需求，继而产生相应的金融需求。贫困人口对金融服务的需求，有时候甚至表现得比富人更加迫切。通常认为，贫困个体和家庭的金融需求主要体现在投资、消费以及应对不确定性突发事件等方面。实际

[①] 庞艳梅、李茂松、王道龙、王春艳：《国外农业保险模式概述》，《自然灾害学报》2006 年第 S1 期，第 308—311 页。

上,金融服务是金融扶贫的重要渠道,金融机构为贫困人群提供其所需的金融服务对缓解贫困具有重要意义。金融投资服务主要包括由银行金融机构以及非银行金融机构提供的信贷、储蓄、保险、转移支付、综合培训等(见图2-3)。贫困群体参与这类金融服务是金融发展直接缓解贫困的一个重要渠道。

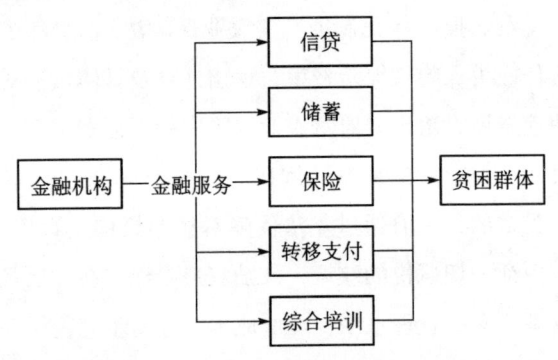

图2-3 金融直接作用于贫困的机制

资料来源:作者整理绘制。

一、储蓄

储蓄服务是金融服务的重要组成部分。金融机构可以通过为低收入家庭或收入不稳定的贫困家庭提供储蓄服务,帮助其积累资金、平滑消费,增强抵御风险冲击的能力,促进家庭财富的合理规划和使用,缓解其贫困状况。因此,储蓄服务是金融扶贫的一种重要工具。一方面,储蓄服务可以为贫困家庭提供安全的资金积累方式,使其获得一定的利息收入,降低了资金闲置的机会成本。另一方面,储蓄可以提高贫困家庭抵御不确定性风险的能力,帮助贫困家庭平滑必要性的消费,降低其贫困脆弱性。

储蓄的种类大致有如下几类：一是活期储蓄存款。这类储蓄不仅存取自由，存取金额也无限制。用户不仅可以办理存折，也可以办理银行卡；既可通过存折到商业银行等金融机构办理存取业务，也可凭银行卡到附近柜员机办理存取业务。二是定期储蓄存款。定期存款分为半年、一年、两年、三年、五年以及更长的期限，是一种按规定期限提款的存款形式，其利率以存入日市场利率为准。这种存款形式存期长、稳定性强，因此是农协金融业务的重要资金来源。三是结算存款。多用于对农户的生产活动进行账务结算业务处理，包括农户农产品销售收入的入账、农业生产资料购买的支出等。农产品以完全委托方式售出后，销售收入首先转入该账户，农协金融机构扣除有关费用后，其余额为农户实际收入。当结算账户余额不足而出现亏损时，对亏损部分则计算利息，并由农户实际负担，有点类似于我国商业银行的贷记卡。四是专项存款。这是为满足农户专项需要而开设的存款形式，主要包括子女教育存款、医疗专项存款、购置住宅专项存款等。五是综合存款。这是一种集活期、定期、结算、专项等存款功能于一体的多功能存款方式，其目的是方便用户，简化业务手续，提高农村金融业务效率。①

二、信贷

信贷服务是金融服务的基本组成部分之一，也是最传统的金融服务之一。贫困家庭要想摆脱贫困，最需要的就是资金。资金能够使贫困家庭有机会进行项目投资，可以缓解甚至改变贫困家庭的贫困状

---

① 刘多田：《日本农协的金融事业》，《合作经济与科技》2002年第1期，第28—29页。

况。因此，为贫困家庭提供信贷服务对减缓贫困具有最直接的作用。一方面，信贷服务可以增加贫困人群的生产性资产等投资机会，提高贫困人群收入。另一方面，信贷服务可以帮助贫困人群提高抵御风险的能力，降低其贫困脆弱性。具体途径大致分为三类：

第一类是以小额信贷解决融资难问题。银行通常给予建档立卡的贫困户3万—5万元贷款。各地政策也引导信贷投放向贫困群众和贫困地区倾斜。例如，人民银行各省分行在本辖区再贷款范围内拿出10%的额度，专项用于支持困难地区的小微企业和贫困农牧民；新设扶贫再贷款，利率较支农再贷款利率低1%。

第二类是加强对贫困地区的金融支持。金融扶贫的一项重要任务在于建立高效的金融扶贫机制。从基础网点服务到线上资源整合，从信用评级到风险防控，不断完善落后地区的金融支持，促进资金自由流动，提高资金流动安全。政府在货币、信贷、金融扶贫开发等方面给予差异化政策支持，在有效控制风险的前提下鼓励开展各类服务创新。从县到乡再到村，纵向形成三级联动，协同办公，各司其职，为辖区精准扶贫提供优质的金融服务。

第三类是金融机构牵手当地中小企业或行业龙头企业。通过"支农扶贫再贷款+龙头企业+贫困户"的模式，引导金融机构加大信贷支持，培育一批龙头企业，通过企业的带动，让农业产业做大，让农民增收致富。

另外，贷款的种类大致有如下几类：一是票证性贷款，通常以支票、期票、汇票等非现金支付方式贷款。这种贷款方式可避免现金交易的不安全性，有利于迅速、简便结算，可提高资金管理效率，因此多用于各种短期贷款，主要贷款对象是农户、涉农企业、农村新型经营主体。二是抵押性贷款，又称担保性贷款，是一种通过债务者承诺以一定财产或土地作为担保条件而提供的农村信贷。该贷款方式一般用于长期贷款，还款时可采用分期付款方法。中国农村金融抵押贷款已逐步将抵押条件拓展到农村土地承包经营权、集体林地承包经营权、水域滩涂养殖权、集体建设用地使用权和房屋所有权等五权。三是结算性贷款，是指农户在购买农业生产资料（如农机、化肥、农药、饲料等）时，在收到东西后还没有来得及付款转账，进而在账户上暂时出现的一种挂户现象。

三、保险

保险服务是贫困家庭最需要的一种金融服务。保险的基本功能是保障，即保险是贫困家庭抵御风险的重要保障。贫困家庭由于收入较低，在面临不确定性风险冲击时表现出更大的脆弱性。保险作为一种互动发展式的社会资金，能够提高贫困者在面临突发事件时寻求外界支持与服务的能力，比如保险服务对财产损失的补偿和对人身危害的给付，能够降低贫困者在生产和生活中因突发事件带来的损失，进而提高贫困户个人或家庭对因病致贫、因故致贫等情况的抵御能力，削弱贫困导致的家庭脆弱性。因此，贫困家庭最需要金融机构向其提供保险服务，在某种程度上贫困家庭对保险的需求就如同对储蓄和贷款的需求一样。

四、转移支付

转移支付服务也是贫困家庭最需要的金融服务之一。通常而言，贫困家庭主要的收入来源是外出打工人员给家人的汇款，同时也可以被视为是帮助贫困户个人和家庭抵抗风险的一种额外方式,因此汇款是否安全关系到贫困家庭的生计问题。金融机构能够供给相应的金融服务,为贫困家庭提供成本更低、更安全快捷的转移支付服务,来完成贫困家庭主要财产的异地转移支付活动,保证贫困家庭主要财产的安全性。

五、综合培训

金融扶贫的作用表现在其不仅可以为贫困人群提供必要的金融服务,还可以为贫困人群提供教育、交流、咨询等综合培训服务。通过这些服务,贫困人群不但能够获得相关的技能、经验,增强信心,提升自我能力,而且能通过相互学习、交流,获得更广泛的社会关系以及经济能力,从而推动贫困家庭经济状况的改善,达到金融服务的减贫作用。

综上所述,不同的金融工具和服务都能以各自的方式缓解贫困家庭的贫困状况。对于贫困家庭来说,金融机构提供的储蓄、信贷、保险、转移支付和综合培训服务等金融服务,都可以提高贫困家庭的收入水平,增强贫困家庭的抗风险能力,保证其生活福利。因此,金融服务的供给对于缓减贫困有着重要的现实意义。

第六节 金融扶贫的作用机制

金融发展主要通过两种作用机制间接影响贫困家庭:一是金融发

展的经济增长效应；二是金融发展的收入分配效应（见图2-4）。金融发展的经济增长效应是指金融发展促进经济增长，进而使得贫困地区的生产要素条件能够得到相应的改善，生产力水平得到提升，惠及贫困群体，从而达到减贫的作用。[①] 金融发展的收入分配效应是指在金融发展初期，社会上的财富主要聚集在富裕群体手中，收入分配差距较大；随着金融发展的深化，收益增长的机会以及财政资源会重新进行分配，而这种重新分配会惠及更多的贫困群体，从而缓解贫困群体的贫困状况。

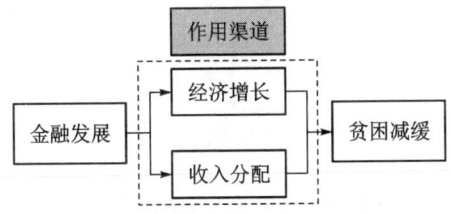

图 2-4 金融间接作用于贫困的机制

资料来源：作者整理绘制。

一、金融通过经济增长减缓贫困

金融通过经济增长减缓贫困主要取决于两个环节：一是金融发展对经济增长的作用；二是经济增长对贫困减缓的作用。

（一）金融发展与经济增长

金融功能是金融发展影响经济增长的重要保障。根据经济学理

[①] 孔凡斌、陆雨、许正松：《农村金融发展的减贫效应及其影响机理——基于江西省1990—2016年统计数据的分析》，《企业经济》2019年第3期，第154—160页。

论，经济增长主要取决于资本、劳动力、土地和技术等生产要素。金融体系通过储蓄投资、资源的有效配置等功能促进经济增长，进而改善贫困群体的贫困状况。金融发展影响经济增长的方式可以从家庭、政府、企业三个部门的角度加以阐释。

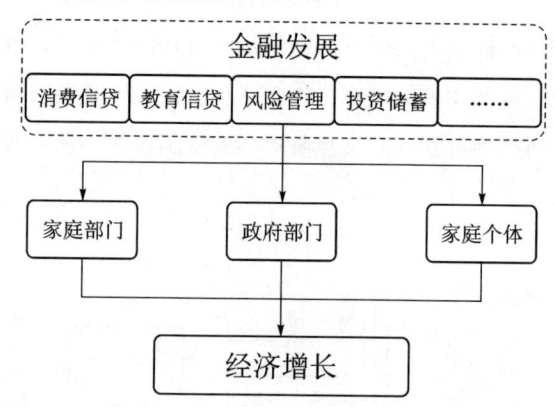

图 2-5　金融发展促进经济增长

资料来源：作者整理绘制。

1. 家庭

在金融部门中，家庭既是储蓄者也是贷款者。随着金融市场的不断完善，金融机构的储蓄产品日趋丰富，在一定程度上为居民提供了资金保值增值的多样化选择，同时还为家庭的资金安全提供了一定的保障，从而增强居民的储蓄愿望。家庭部门作为贷款者，可以从金融机构获得消费信贷、教育信贷等。通过消费信贷，家庭部门可以增加对商品和服务的消费，进而刺激农产品、工业品的生产，促进经济增长。而教育信贷可以促使教育率的提升，促进人力资本的积累，提高潜在的生产效率，从而对经济增长形成正向促进作用。

2. 政府

政府在国民经济中的作用主要是消费和投资。政府可以增加消费支出以促进经济增长，也可以对包括道路、机场、港口、电信等基础设施建设进行大规模投资，拉动就业和对工业品的消费以促进经济增长。政府部门的投资同时也为私人部门的发展提供了有利的条件，同样可以促进经济增长。政府投资的资金除了来源于财政预算外，很大一部分也可以通过金融市场进行债券融资。灵活的债券筹资离不开发达的金融市场，金融的发展使得政府部门的筹资渠道更加完善，从而间接地推动经济的增长。

3. 企业

金融发展有效地促进了储蓄向投资的转化。企业部门是资金的主要需求者，金融机构作为特定的中介服务机构，能够将投资主体和储蓄主体有机地联系在一起，避免了资金供给者与需求者之间的信息不对称问题，为资金从家庭部门流向企业部门提供了便利，实现储蓄向投资的转化。发达的金融市场通过提高储蓄率及鼓励技术创新来促进资本积累，提高企业部门生产效率和竞争力，扩大对社会就业的容纳，从而促进经济增长。[1]

（二）经济增长与贫困减缓

经济增长促进贫困减缓主要通过两条途径实现：一是涓滴效应。经济增长过程中产生的涓滴效应是指经济增长的收益即使不能直接使得最贫穷的人受益，也能通过中间阶层最终使穷人受益，即经济增长的整体财富会像涓滴一样惠及穷人，实现减贫。一方面，经济增长使得富裕家庭可能由于收入的增加而进行更多的消费，贫困群体作为一些消费品的提供者也会由此获得收益。另一方面，经济社会的高速发

---

[1] 李宝礼、胡雪萍：《金融发展、技术创新与经济增长——基于结构面板自回归模型的实证分析》，《贵州财经大学学报》2013年第5期，第1—6页。

展可能会促进企业扩大生产，增加贫困人群运用自身劳动力参与经济增长的机会。涓滴效应的这两个方面存在相互作用关系，能够极大地改善贫困地区的贫困状况。二是亲贫困增长。亲贫困增长实质就是使得经济发展成果能够直接惠及贫困群体，使得贫困群体有机会分享经济增长的福利，从而促进贫困的减缓。一方面，经济增长可以增加政府的税收收入，从而增强政府提供公共产品和公共服务的能力，为贫困地区基础设施、医疗卫生服务和教育等领域提供更多的建设资金，使贫困群体享受到更多经济增长的福利，从而达到减贫的效果。另一方面，在经济增长未能通过自发的市场作用来实现贫困群体的收入增长时，政府可以采取相应的宏观调控措施，如出台一系列扶贫政策、增加财政对扶贫工作的资金支持等，促进贫困的减缓。

二、金融通过收入分配减缓贫困

一般来说，经济增长能够在一定程度上促进贫困减缓，但是收入分配差距的存在会对贫困减少产生延缓性的影响。金融发展减缓贫困的收入分配作用同样取决于两个环节：一是金融发展对收入分配的作用机制；二是收入分配对贫困减缓的作用机制。

(一) 金融发展与收入分配

由于金融发展自身的功能特点，它将通过促进经济增长、企业融资以及人力资本积累等提高收入水平，从而影响收入分配。一方面，金融发展可以通过提升家庭、政府和企业等部门将资金投向实体经济的能力来促进经济增长，而经济增长带来的整体经济水平的提高会以再分配的方式影响收入分配状况。另一方面，金融发展投资转化功能可以为小微企业提供融资服务，帮助其改善融资环境、扩大企业规模。金融发展为贫困人口提供教育信贷，可以促进人力资本积累，从而有利于收入分配的改善。由此可见，金融服务的获得同样也能改善收入分配状况。

（二）收入分配与贫困减缓

收入分配对贫困减缓有着重要影响。收入差距的扩大会对经济增长的涓滴效应产生阻碍，从而造成收入分配过程中"马太效应"的出现。换言之，富裕人群将享有更多的社会财富，而贫困人群占有的财富会更少。贫困人群由于无法获得经济增长带来的收益，很难改善其贫困状况。与此同时，收入分配差距的进一步扩大可能会造成贫困人口进一步丧失生产资料，导致其收入水平降低，从而陷入低收入—贫困的恶性循环中，阻碍整个社会经济的发展，对减贫产生不利的影响。因此，缩小收入分配差距意味着增加贫困人群对社会财富的占有，提高其收入水平，从而促进贫困减缓。

第三章
重庆市精准扶贫的探索与成效

　　重庆市地处中国西南部、长江上游地区，面积8.24万平方千米，常住人口3 124万人。重庆虽为直辖市，但与京津沪三个直辖市不同，重庆属于西部欠发达地区，集大城市、大农村、大山区、大库区于一体，是全国脱贫攻坚的重要战场。被设为直辖市时，重庆市有12个区县位于武陵山区、秦巴山区等集中连片特困地区，区域性贫困与"插花"式贫困并存，脱贫攻坚任务不轻。1997年，党中央交办给重庆市委、市政府的"四件大事"之一就是扶贫。① 2010年，重庆二元结构突出，农村贫困发生率高达15.1%。② 2014年，重庆有14个国家扶贫开发工作重点区县、4个市级扶贫开发工作重点县；全市33个区县具有扶贫开发工作任务，共有1 919个贫困村，占全市行政村总数的22.6%；涉及贫困人口约165.9万，占农村总人口的13.4%，占全市总人口的5.54%，贫困发生率高达7.1%。无论在广度上还是深度上，重庆市的贫困问题都较为严重。③

---

　　① 王胜、屈阳、王琳、余娜、何佳晓：《集中连片贫困山区电商扶贫的探索及启示——以重庆秦巴山区、武陵山区国家级贫困区县为例》，《管理世界》2021年第2期，第95—106页。
　　② 《搭上信息网打开致富门（决战决胜脱贫攻坚·大数据观察）》，《人民日报》2020年6月18日第7版。
　　③ 康庄：《重庆决战脱贫攻坚成效与探索》，《新西部》2021年第Z1期，第53—57页。

党的十八大以来，以习近平同志为核心的党中央把脱贫攻坚摆在治国理政的突出位置，组织开展了脱贫攻坚人民战争，攻克了一个又一个贫中之贫、坚中之坚，脱贫攻坚取得了重大历史性成就。重庆市全面实施精准扶贫的方略，是全国脱贫攻坚的生动缩影，是中国减贫奇迹的实际体现。[①] 习近平总书记高度重视重庆脱贫攻坚工作，亲临重庆考察指导，亲切看望贫困地区干部群众，给予重庆巨大关怀、强大动力。重庆全市上下时刻牢记总书记殷殷嘱托，对"国之大者"心中有数、肩上有责，全面落实党中央决策部署，感恩奋进、众志成城、埋头苦干、攻坚克难。在这场波澜壮阔、气壮山河的脱贫攻坚战中，重庆交出了一份硬核答卷：2017年底，开州区、云阳县、巫山县3个区县整体摘帽；2018年底，石柱县、奉节县2个县整体摘帽；2019年底，城口县、彭水县、酉阳县、巫溪县4个县整体摘帽。截至2020年底，重庆市的18个贫困区县全部脱贫摘帽，1 919个贫困村全部脱贫出列，动态识别的190.6万建档立卡贫困人口全部脱贫，贫困人口全部实现"两不愁、三保障"，与全国人民一道告别了延续千年的绝对贫困，奏响了壮怀激烈的奋斗之歌，书写了山城巨变的人间奇迹。农村贫困人口全部实现脱贫，贫困地区发展步伐显著加快，脱贫地区整体面貌发生历史性变化，脱贫群众精神风貌焕然一新，许多人的命运因此而改变，许多人的梦想因此而实现，许多人的幸福因此而成就。

在脱贫攻坚中，重庆积累了重要经验，收获了深刻启示：打赢脱贫攻坚战，最根本的是始终坚持以习近平同志为核心的党中央的集中统一领导。只要坚决做到"两个维护"，坚决听从习近平总书记指

---

① 《重庆市脱贫攻坚总结表彰大会隆重举行》，《重庆日报》2021年4月16日第1版。

挥,坚决贯彻党中央决策部署,工作就有底气,发展就有希望,事业就能顺利,就一定能够战胜前进道路上的任何艰难险阻。打赢脱贫攻坚战,最本质的是自觉践行以人民为中心的发展思想。只要我们始终坚持人民至上,千方百计解决人民群众最关心、最直接、最现实的利益问题,一件事情接着一件事情办,一年接着一年干,就一定能够推动共同富裕取得更为明显的实质性进展。打赢脱贫攻坚战,最关键的是充分发挥社会主义制度集中力量办大事的政治优势。只要始终坚持党的领导,坚定不移走中国特色社会主义道路,就一定能够办成更多像脱贫攻坚这样的大事、难事,不断从胜利走向新的胜利。打赢脱贫攻坚战,最管用的是坚定贯彻精准扶贫方略。只要坚持精准的科学方法,落实精准的工作要求,坚持用发展的办法解决发展不平衡不充分问题,就一定能够为经济社会发展和民生改善提供科学路径和持久动力。打赢脱贫攻坚战,最有效的是不断激发贫困群众的内生动力。只要始终坚持一切为了人民、一切依靠人民,把人民群众中蕴藏着的智慧和力量充分激发出来,就一定能够不断创造出更多令人刮目相看的人间奇迹。打赢脱贫攻坚战,最可贵的是大力弘扬和衷共济、团结互助的传统美德。只要坚定文化自信,坚守道德追求,深入践行社会主义核心价值观,不断激发全社会向上向善的正能量,就一定能够为各项事业的新发展提供不竭的精神力量。打赢脱贫攻坚战,最重要的是着力锤炼过硬作风。只要坚持实干兴邦、实干惠民,就一定能够把社会主义现代化建设的蓝图一步步变成现实。①

---

① 习近平:《在全国脱贫攻坚总结表彰大会上的讲话》,《人民日报》2021年2月26日第2版。

第一节 重庆市经济社会基本情况

重庆市辖38个区县（26个区、8个县、4个自治县），常住人口3 124万，城镇化率达66.8%。人口以汉族为主，少数民族主要有土家族、苗族等。重庆是一座独具特色的"山城、江城"，地貌以丘陵、山地为主，其中山地占76%；长江横贯全境，流程691千米，与嘉陵江、乌江等河流交汇。重庆旅游资源丰富，有长江三峡、世界文化遗产大足石刻、世界自然遗产武隆喀斯特旅游区和南川金佛山等壮丽景观。重庆是中国著名历史文化名城，有文字记载的历史就达3 000多年，是巴渝文化的发祥地。因嘉陵江古称"渝水"，故重庆又简称"渝"。北宋崇宁元年（1102年），改渝州为恭州。南宋淳熙十六年（1189年），宋光宗赵惇先封恭王再即帝位，称为"双重喜庆"，遂升恭州为重庆府，重庆由此而得名。1891年，重庆成为中国最早对外开埠的内陆通商口岸。1929年，重庆正式建市。抗日战争时期，重庆是国民政府战时首都和世界反法西斯战争远东指挥中心。抗日战争时期和解放战争初期，以周恩来同志为代表的中共中央南方局在重庆负责领导国统区、港澳及海外地区的党组织和统一战线工作，这一时期在重庆形成的"红岩精神"是我们国家和民族的宝贵精神财富。

重庆是中国中西部地区唯一的直辖市。新中国成立初期，重庆为中央直辖市，是中共中央西南局、西南军政委员会驻地和西南地区政治、经济、文化中心。1954年，西南大区撤销后改为四川省辖市。

1983年，重庆成为全国第一个经济体制综合改革试点城市，实行计划单列。为带动西部地区及长江上游地区经济社会发展，国家统一规划实施三峡百万移民工程。1997年3月，八届全国人大五次会议批准设立重庆直辖市。直辖以来，重庆发展取得显著成就。重庆紧紧围绕国家重要中心城市、长江上游地区经济中心、国家重要先进制造业中心、西部金融中心、西部国际综合交通枢纽和国际门户枢纽等国家赋予的定位，充分发挥区位优势、生态优势、产业优势、体制优势，谋划和推动经济社会发展，努力建设国际化、绿色化、智能化、人文化的现代城市。重庆经济结构加快转型升级，老工业基地焕发生机活力，形成全球重要电子信息产业集群和国内重要汽车产业集群，战略性新兴产业蓬勃发展，大数据智能化创新驱动深入推进，两江新区、西部（重庆）科学城建设高标准实施，经济高质量发展的引擎动力更加强劲。三峡百万移民搬迁安置任务圆满完成，各项社会事业全面进步，脱贫攻坚取得决定性成就，群众的获得感、幸福感、安全感持续提升。基础设施建设明显提速，高速公路通车里程3 235千米，"四小时重庆"全面实现，"一枢纽十干线"铁路网建成，"米"字形高铁网加快建设，港口年货运吞吐量达2.1亿吨，江北国际机场年旅客吞吐量达4 478万人次。以长江黄金水道、中欧班列等为支撑的开放通道全面形成，中新（中国和新加坡）第三个政府间合作项目以重庆为中心运营，对接"一带一路"的国际陆海贸易新通道建设上升为国家战略，中国（重庆）自由贸易试验区建设务实推进，内陆国际物流枢纽和口岸高地正在形成。乡村振兴和城市提升统筹推进，"两江四岸"国际山水都市风貌日益彰显。长江上游重要生态屏障建设加快，长江、嘉陵江、乌江干流水质总体为优，空气质量优良天数达316天，全市森林覆盖率达50.1%。

重庆以汉族为主，此外有土家族、苗族、回族、满族、彝族、壮族、布依族、蒙古族、藏族、白族、侗族、维吾尔族、拉祜族、佤族、水族等54个民族。少数民族总人口近210.3万人，占全市人口的6.5%。主要为土家族（约142.3万人，占全市人口的5%，占少数民族人口的72.2%）、苗族（约50.2万人，占全市人口的2%，占少数民族人口的25.4%）。少数民族人口占多数的乡镇有45个。市辖内有8个民族乡，主要分布在黔江、彭水、酉阳、秀山、石柱等区县。

一、重庆市的地理环境

重庆别称山城、雾都、桥都，坐落在中国内陆西南部、长江上游。地跨东经105°11′到110°11′、北纬20°10′到32°13′之间的青藏高原与长江中下游平原的过渡地带，东临湖北省和湖南省，南接贵州省，西依四川省，北部与陕西省相连。辖区东西长470千米，南北宽450千米，辖区总面积8.24万平方千米，其面积为北京、天津、上海三个直辖市面积总和的2.39倍，是中国面积最大的城市，其中主城区面积为647.78平方千米。

重庆得名"山城"归因于其多山的地形特征。重庆境内多山，北有大巴山、秦岭，东有巫山，东南有武陵山，南有大娄山。地貌以丘陵、山地为主，坡地面积较大。重庆最突出的特点是地形起伏有致，立体感强，平均海拔在400米左右。地势起伏较大，从南北两面向长江河谷倾斜，多呈现"一山一岭""一山一槽二岭"的形貌，且多为喀斯特地貌构造，因而辖区内溶洞、温泉、峡谷、关隘多。重庆市区位于长江和嘉陵江两江交汇之处，四面环山、江水回环，城市依山傍水、层叠而上。

重庆气候属亚热带季风性湿润气候，冬暖夏热，无霜期长，雨量充沛，常年降雨量为1 000毫米—1 450毫米，春夏之交夜雨尤甚，因此有"巴山夜雨"之说。年均温度在18 ℃左右，夏季温度较高，7月至8月气温最高，多在27 ℃—38 ℃，最高气温可达到43.8 ℃。因此，重庆与武汉、南京并称长江流域的"三大火炉"。重庆年均日照1 259.5 小时，7月至8月日照时间略长，月均日照230 小时，其他月份均在150小时以下。重庆土壤主要为紫色土，除此之外还有黄褐土、水稻土、石灰岩土等其他类型土壤，主要城区的东西两面多为水稻土，石灰岩土和黄褐土主要分布在地势比较高的地区，而紫色土主要分布在城区的南面、西面以及北面部分地区。流经重庆的两条主要河流是长江和嘉陵江，其余的还有乌江、涪江、綦江、大宁河等。长江干流自西向东贯穿全境，总长691千米，横贯巫山的三个背斜，形成著名的瞿塘峡、巫峡、西陵峡，即长江三峡。嘉陵江自西北而来，三折入长江，有沥鼻峡、温塘峡、观音峡，即嘉陵江小三峡。

二、重庆市的自然资源

（一）矿产资源

重庆市拥有丰富的矿产资源，黑色金属、有色金属、稀有金属、稀散元素、冶金辅助原料、石油、天然气、化工原料非金属矿产、建筑材料及非金属矿产等均有发现。其中，天然气探明储量约占我国陆上天然气储量的27%；锶矿得天独厚，探明储量在全国名列前茅；钡矿独具特色，矿床规模属全国同类矿产之冠。依据开发利用程度和地质研究程度，除石油、天然气之外，市内锰、汞、煤、锶、钡等具有现实资源优势；铝、铅锌、硫铁矿等具潜在资源优势。重庆市矿产资源独具特色。在重庆市已发现的 68 种矿产中，查明资源储量排全国前 10 位的矿产有 17 种；重要矿产有天然气、煤、地热、铁、锰、铝、锶、钡、岩盐、粉石英、汞等 10 余种。其中天然气、岩盐分布范围广、资源丰富，锶矿和毒重石为特色优势矿产，锰矿保有资源储量居全国第 5 位，汞矿为全国罕见的特大型矿床。重庆市已发现的矿产有 68 种（含亚矿种），占全国（171 种）的 40%；查明储量的矿产资源有 55 种，占全国（159 种）的 35%。已发现各类矿产地 1 222 处，其中金属矿产地 408 处，非金属矿产地 476 处，煤炭产地 338 处；大型矿床 29 处，中型矿床 100 处。①

（二）林业资源

重庆市的土地总面积为 8.24 万平方千米，2019 年森林覆盖率为 50.1%，人均森林面积 0.12 公顷，其中活立木蓄积量为 19 772.6 万立方米；2014 年全市植树造林面积 19.10 万公顷，其中人工造林面积 13.88 万公顷，无林地和疏林地新封山育林 5.22 万公顷。此外，自然保护区 58 个，自然保护区面积 85.68 万公顷，森林公园 464 个，森林公园面积 1.32 万公顷，且全市生态建设力度逐年加强。由于地理和气候条件的天然优越性，生物多样性丰富，高等植物大约有 5 000 种，重点保护野生动物有 62 种。2018 年林业产业总产值达到 1 200 亿元，同比增长 22% 左右，相关产业规模再上新台阶。

（三）土地资源

重庆市总面积 82 402 平方千米，土地总面积 12 350.9 万亩，

---

① 程军、张丽红、刘梓萱：《重庆市主要矿产资源分布及赋存特征》，《中国西部科技》2011 年第 8 期，第 3—5 页。

其中农用地 9 245.1 万亩，占土地总面积的 74.85%。耕地 3 834.6 万亩，园地 243.97 万亩，林地 4 511.7 万亩，牧草地 308.83 万亩，水面 346.7 万亩，分别占土地总面积的 31.05%、1.98%、36.53%、2.5%和2.97%。重庆市建设用地 792.98 万亩，占土地总面积的 6.42%，其中城镇村及工矿用地 644.94 万亩，交通用地 115.02 万亩，水利设施用地 33.02 万亩，分别占土地总面积的 5.22%、0.93%、0.27%。未利用地 2 312.89 万亩，占土地总面积的 18.73%。

（四）水资源

重庆市水资源量多年均值为 567.8 亿立方米。受降水特征的影响，地区分布不均匀，呈现由东到西逐渐减少的趋势，渝西地区普遍偏低。年内降水多集中在 4—9 月，对水资源的利用不利，而且易发生洪涝灾害。年际变化较大。境内河流纵横，长江自西南向东北横贯市境，北有嘉陵江汇入，南有乌江汇入，形成向心的、不对称的网状水系。境内流域面积大于 100 平方千米的河流有 274 条，流域面积大于 1 000 平方千米的河流有 42 条。全市地表水资源量为 656.146 4 亿立方米，大中型水库年末总蓄水量 59.78 亿立方米，全市总供用水量为 77.440 8 亿立方米。近年全市人均综合用水量为 252 立方米，单位国内生产总值用水量为 40 立方米。万元工业增加值用水量为 46 立方米，居民生活人均日用水量为 136 升，城镇公共人均日用水量 73 升，农田灌溉亩均用水量为 330 立方米，农田灌溉水有效利用系数0.489 4。此外，主要江河如长江、嘉陵江、乌江、涪江等重庆境内河段长共计 1 227 公里。重庆市多年平均入境水量为 3 837 亿立方米，出境水量为 4 386 亿立方米，对外来水源的依赖程度较低。

第二节　重庆市贫困区县(户)分布概况

一、重庆市农村的特征

重庆全市人口共 3 124 万，其中城镇人口占常住人口的比重（常住人口城镇化率）为 65.50%，农村人口占常住人口的比重为 34.50%。党的十八大以来，重庆市委、市政府全面贯彻落实中央部署，将解决"三农"问题作为重中之重，全力推进统筹城乡综合配套改革，使农村地区的经济发展和乡村建设取得了较为明显的进步。

(一) 农村居民生活水平日益提高

2014—2019 年，全年农村居民人均纯收入也呈稳步上升趋势。农村居民人均纯收入从 2014 年的 9 490 元增加到 2019 年的 15 133 元，年均增速为 9.8%，总体呈稳步上升趋势。农村居民年人均消费支出从 2014 年的 7 983 元增加到 2019 年的 13 112 元，年均增速为 10.4%，总体呈稳步上升趋势。2014—2019 年农村居民恩格尔系数从 2014 年的 40.5% 下降到 2019 年的 34.9%，下降了 5.6 个百分点。可见，重庆市农村居民生活水平日益提高。

(二) 农村人居环境大幅改善

农村人居环境整治是乡村振兴战略的一项重要任务，也是实现全面建成小康社会战略目标的根本要求。重庆市贯彻落实《中共中央办公厅　国务院办公厅关于印发〈农村人居环境整治三年行动方案〉的通知》（中办发〔2018〕5号）精神，加快推进农村人居环境整治，进一步提升农村人居环境水平，建设宜居宜游美丽乡村，促进乡村振兴。重庆市结合自身实际，在分区县落实整治目标的基础上，根据各行政村的地域条件、经济发展水平等，在全国创新性提出了分村整治思路，有序推进农村人居环境分档整治。按照"6+3"任务框架，实施了农村厕所革命、生活垃圾治理、生活污水治理、村容村貌提升、农业生产废弃物资源化利用、加强村规划编制引领等6项重点任务，以及引导良好卫生习惯、完善建管机制、强化政策支持等3项保障性措施。截至2020年11月，重庆市农村生活垃圾有效治理比例达95%以上；累计改建农村户厕8.95万户、公厕213座；完成4 994千米污水管网建设，累计建成农村集中污水处理设施1 409座；完成农村危房改造9 169户，全市人居环境明显改善，村民环境卫生意识普遍增强，部分地区成为宜居、宜业、宜游的美丽乡村。此外，重庆还根据"千村宜居"计划，建成了453个美丽宜居乡村，下一步将以这些示范镇、示范村为基点，逐步扩大整治范围，确保整治一片、规范一片、提升一片；打破行政藩篱，推动成渝双城合作，建设巴蜀美丽宜居乡村示范带；在巩固村庄清洁行动成果的基础上，丰富整治内容，引导村民美化房前屋后环境，赋予乡村更多文化内涵。

（三）农业区域布局和产业结构不断优化

重庆市粮食总产量从2014年开始持续增长，从2014年的1 043.89万吨增加到2019年的1 075.15万吨，粮食产量连续5年保持在1 000万吨以上。其中粮食产量最高的 5 类作物按产量由高到低依次为稻谷、红苕、玉米、小麦、豆类。近年来，重庆市根据不同区县的自然资源禀赋状况，实行区域差异化发展，不断优化农业区域布局和产业结构，引导各区县打造优势农产品产业带，实现农业规模化，比如涪陵榨菜、城口县黑木耳、忠县柑橘等。重庆市农业商品产值不断提升。此外，重庆市还积极落实各项涉农补贴政策，农林水事务支出连年增长，有力地支持了农业生产，推进了农村综合改革、扶贫和综合开发以及农业水利设施建设等，使农业发展基础设施建设日益健全。

表 3-1　重庆市 2011—2015 年脱贫情况

年份	贫困县数（个）	全市人口数（万）	贫困人口数（万）	减贫人口数（万）	贫困发生率（%）
2011	14	3 329.81	146.20	33.00	4.39
2012	14	3 343.44	202.00	34.90	6.04
2013	14	3 358.42	165.30	36.70	4.92
2014	14	3 375.20	165.90	36.00	4.91
2015	14	3 371.84	70.60	95.30	2.09

资料来源：重庆市统计信息网。

二、重庆市贫困区县概况

重庆集大城市、大农村、大山区、大库区和少数民族地区于一体，扶贫开发是直辖之初中央交给重庆的"四件大事"之一。2014 年底，全市有国家扶贫开发工作重点区县 14 个、市级扶贫开发工作重点区县 4 个，有扶贫开发工作任务的非重点区县 15 个，贫困村

1919个,建档立卡贫困人口165.9万人,贫困发生率7.1%。其中,14个国家扶贫开发工作重点区县分别为万州区、黔江区、城口县、武隆区(县)、丰都县、开县(开州区)①、云阳县、奉节县、巫山县、巫溪县、石柱土家族自治县、秀山土家族苗族自治县、酉阳土家族苗族自治县、彭水苗族土家族自治县;4个市级扶贫开发工作重点区县分别为涪陵区、南川区、潼南区(县)和忠县。

表3-2 重庆市贫困区县概况

重庆市辖区县	国家扶贫开发工作重点区县	市级扶贫开发工作重点区县	贫困村数量(个)	2014年贫困发生率(%)	2020年贫困发生率(%)
涪陵区		√	53	6.50	0.01
南川区		√	40	18.24	0.04
潼南区(县)		√	50	6.10	0.06
万州区	√		140	11.00	0.21
黔江区	√		65	13.00	0.05
城口县	√		94	15.60	0.42
武隆区(县)	√		15	14.80	0.03
忠县		√	68	8.82	0.0
开州区(开县)	√		135	10.3	0.21
云阳县	√		162	13.90	1.42
奉节县	√		135	13.50	0.36
巫山县	√		120	13.70	1.55

---

① 2016年6月,国务院批复同意撤销开县,设立重庆市开州区;7月,开州区正式挂牌成立。本书中根据语境,有时称开县,有时称开州区。

续表

重庆市辖区县	国家扶贫开发工作重点区县	市级扶贫开发工作重点区县	贫困村数量（个）	2014年贫困发生率（％）	2020年贫困发生率（％）
巫溪县	√		150	18.00	0.65
丰都县	√		95	12.20	0.02
石柱土家族自治县	√		85	12.70	0.2
秀山土家族苗族自治县	√		85	14.5	1.2
酉阳土家族苗族自治县	√		130	17.40	0.50
彭水苗族土家族自治县	√		115	19.80	0.49

资料来源：国家扶贫办网站。

（一）国家扶贫开发工作重点区县概况

万州区位于重庆东北部、三峡库区腹心，为渝东北、川东、鄂西、陕南、黔东、湘西的物资集散地，是成渝城市群沿江城市带区域中心城市、成渝经济区的东向开放门户，是"一带一路"和长江经济带重要节点城市。万州区下辖29个镇、12个乡、11个街道、448个村，面积3457平方千米，城区面积100平方千米，城区人口约为102万。万州区户籍总人口约为175.77万人，常住人口约为160.46万人。全区森林覆盖率达53.5%。2014年，万州区被认定为国家扶贫开发工作重点区县，下辖有140个贫困村，其中建档立卡贫困户34 623户106 461人，贫困发生率11.0%。城镇居民年人均可支配收入25 919元，农村居民年人均收入9 562元，城乡居民收入差距达1.71倍。农村居民年人均消费支出 8 437 元，占其年收入的 88.2%。2014 年，万州区 GDP 总量为 771.2 亿元，而从产业结构来看，第一产业 GDP 为 54.8 亿元，占 GDP 总量的 7.1%；第二产业 GDP 为 392.0 亿元，占 GDP 总量的 50.8%；第三产业 GDP 为 324.4 亿元，占 GDP 总量的 42.1%。总体而言，在万州区的第一、二、三产业中，第二产业对经济贡献最大。

黔江区位于重庆市东南部，地处武陵山区腹地，素有"渝鄂咽喉"之称，集革命老区、民族地区、边远山区和国家扶贫开发工作重点县于一体。黔江区下辖 12 个镇、12 个乡、6 个街道、138 个村，辖区面积 2 402 平方千米。2014 年，黔江区常住人口为 45.66 万人，户籍人口为 53.6 万人。2014 年，黔江区被认定为国家扶贫开发工作重点区县，下辖有 65 个贫困村，其中建档立卡贫困户 11 580 户 44 683 人，贫困发生率 13.0%。城镇居民年人均可支配收入 22 388 元，农村居民年人均收入 7 878 元，城乡居民收入差距达 1.84 倍。农村居民年人均消费支出 6 617 元，占年收入的 84.0%。2014 年，黔江区 GDP 总量为 186.31 亿元，而从产业结构来看，第一产业 GDP 为 17.4 亿元，占 GDP 总量的 9.3%；第二产业 GDP 为 105.3 亿元，占 GDP 总量的 56.5%；第三产业 GDP 为 63.7 亿元，占 GDP 总量的 34.2%。总体而言，在黔江区的第一、二、三产业中，第二产业对经济贡献最大。

城口县位于重庆市东北部，地处渝、川、陕三省（市）交界处。南与重庆巫溪县、重庆开州区、四川宣汉县毗邻，东北与陕西镇坪县、平利县、岚皋县、紫阳县接壤，西与四川万源市相连。城口县下辖 10 个镇、13 个乡、2 个街道、176 个村，面积 3 289.1 平方千米，常住人口为 18.8 万人，户籍人口为 25.3 万人。2014 年，城口县被认定为国家扶贫开发工作重点区县，下辖有 94 个贫困村，其中建档立卡贫困户 15 909 户 55 449 人，贫困发生率 15.6%。城镇居民年人均

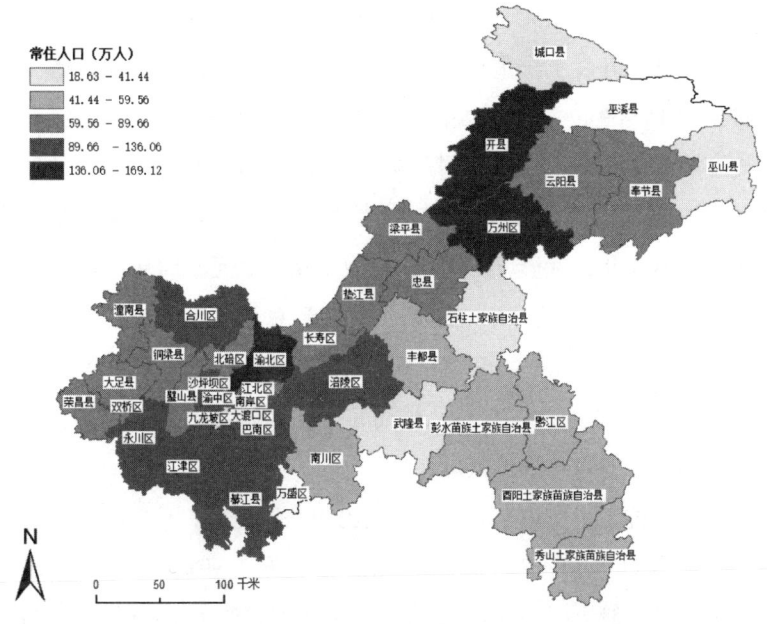

图 3-1 重庆市区县人口分布

资料来源：根据国家扶贫办网站数据绘制。

可支配收入 19 355 元，农村居民年人均收入 6 491 元，城乡居民收入差距达 1.98 倍。农村居民年人均消费支出 6 220 元，占年收入的 95.8%。2014 年，城口县 GDP 总量为 46.0 亿元，而从产业结构来看，第一产业 GDP 为 6.7 亿元，占 GDP 总量的 14.6%；第二产业 GDP 为 26.6 亿元，占 GDP 总量的 57.8%；第三产业 GDP 为 12.7 亿元，占 GDP 总量的 27.6%。总体而言，在城口县的第一、二、三产业中，第二产业对经济贡献最大。

武隆区位于重庆市东南部，地处重庆市东南部乌江下游、武陵山和大娄山峡谷地带。武隆区下辖 12 个镇、14 个乡、186 个村，面积 2 901.3 平方千米。2014 年常住人口 34.8 万人，户籍人口 41.5 万人，有汉族、苗族、土家族、仡佬族等13个民族。2014年，武隆县被认定为国家扶贫开发工作重点区县，下辖有75个贫困村，其中建档立卡贫困户15 909户55 449人，贫困发生率14.8%。城镇居民年人均可支配收入24 526元，农村居民年人均收入8 489元，城乡居民收入差距达1.89倍。农村居民年人均消费支出7 348元，占年收入的86.6%。2014年，武隆县GDP总量为120.0亿元，而从产业结构来看，第一产业GDP为17.1亿元，占GDP总量的14.2%；第二产业GDP为48.1亿元，占GDP总量的40.1%；第三产业GDP为54.8亿元，占GDP总量的45.7%。总体而言，在武隆县的第一、二、三产业中，第三产业对经济贡献最大。

丰都县位于重庆市东北部，处大巴山东段南麓，是典型的山区农业县，下辖21个镇、7个乡、2个街道，面积2 901平方千米。2014年，丰都县户籍人口约为61.2万人，常住人口约为24.9万人。2014年，丰都县被认定为国家级扶贫开发工作重点区县，下辖有95个贫困村，其中贫困发生率12.2%。城镇居民年人均可支配收入21 749元，农村居民年人均收入8 679元，城乡居民收入差距达2.5倍。2014年，丰都县GDP总量为135.4亿元，比上年增长10.8%。而从产业结构来看，第一产业GDP为25.9亿元，占GDP总量的19.1%；第二产业GDP为63.9亿元，占GDP总量的47.2%；第三产业GDP为45.5亿元，占GDP总量的33.6%。总体而言，丰都县的第一、二、三产业中，第二产业对经济贡献最大。

开州区位于重庆市东北部、三峡库区小江支流回水末端，西邻四川省开江县，北依大巴山，接城口县和四川省宣汉县，东毗云阳县和巫溪县，南近长江、邻万州区，下辖26个镇、7个乡、7个街道、430个村，面积3 963平方千米。2014年常住人口116.8万人，户籍人口168.8万。2014年,开县被认定为国家扶贫开发工作重点区县,下辖有135个贫困村,其中建档立卡贫困户35 921户123 665人,贫困发生率10.4%。城镇居民年人均可支配收入21 903元,农村居民年人均收入9 097元,城乡居民收入差距达1.41倍。农村居民年人均消费支出7 984元,占年收入的87.8%。2014年,开县GDP总量300.2亿元,而从产业结构来看,第一产业GDP为48.3亿元,占GDP总量的16.1%;第二产业GDP为154.0亿元,占GDP总量的51.3%;第三产业GDP为97.9亿元,占GDP总量的32.6%。总体而言,在开县的第一、二、三产业中,第二产业对经济贡献最大。

云阳县位于重庆市东北部,是三峡库区生态经济区沿江经济走廊承东启西、南引北联的重要枢纽。云阳县东与奉节县相连,西与万州区相接,南与湖北省恩施州利川市相邻,北与开州区、巫溪县相接,下辖29个镇、11个乡、3个街道、389个村,面积为3 649平方千米。2014年,云阳县常住人口约为89.9万人,户籍人口约为136.0万人。2014年,云阳县被认定为国家扶贫开发工作重点区县,下辖有162个贫困村,其中建档立卡贫困户33 353户124 929人,贫困发生率13.9%。城镇居民年人均可支配收入19 737元,农村居民年人均收入8 084元,城乡居民收入差距达1.44倍。农村居民消费支出5 298元,占年收入的65.5%。2014年,云阳县GDP总量为170.2亿元,而从产业结构来看,第一产业GDP为36.7亿元,占GDP总量的21.6%;第二产业GDP为73.6亿元,占GDP总量的43.2%;第三产业GDP为59.8亿元,占GDP总量的35.1%。总体而言,在云阳县的第一、二、三产业中,第二产业对经济贡献最大。

奉节县位于重庆市东部,属长江三峡库区腹心。奉节县东邻巫山县，南接湖北省恩施市，西连云阳县，北接巫溪县，下辖18个镇、11个乡、3个街道、332个村，面积4 098平方千米。2014年，奉节县户籍人口约为107.5万人，常住人口约为77.4万人。2014年，奉节县被认定为国家扶贫开发工作重点区县，下辖有135个贫困村，其中建档立卡贫困户34 983户133 653人，贫困发生率13.5%。城镇居民年人均可支配收入19 792元，农村居民年人均收入7 513元，城乡居民收入差距达1.63倍。农村居民年人均消费支出5 634元，占年收入的75.0%。2014年，奉节县GDP总量为181.41亿元，而从产业结构来看，第一产业GDP为33.0亿元，占GDP总量的18.2%；第二产业GDP为71.1亿元，占GDP总量的39.2%；第三产业GDP为77.3亿元，占GDP总量的42.6%。总体而言，在奉节县的第一、二、三产业中，第三产业对经济贡献最大。

巫山县位于重庆市东部，处三峡库区腹心，素有"渝东北门户"之称。地跨长江巫峡两岸，东邻湖北省巴东县，南连湖北省建始县，西抵奉节县，北依巫溪县。巫山县下辖11个镇、13个乡、2个街道、307个村，面积2 958平方千米。2014年，巫山县户籍人口约为64.6万人，常住人口46.6万人。2014年，巫山县被认定为国家扶贫开发工作重点区县，下辖有120个贫困村，其中建档立卡贫困户24 620户90 642人，贫困发生率13.7%。城镇居民年人均可支配收入21 351元，农村居民年人均收入6 935元，城乡居民收入差距达2.08倍。农村居民年人均消费支出6 612元，占年收入的95.3%。2014年，巫山县GDP总量为81.3亿元，而从产业结构来看，第一产业GDP为17.7亿元，占GDP总量的21.8%；第二产业GDP为26.1亿元，占GDP总量的32.1%；第三产业GDP为37.4亿元，占GDP总量的46.0%。总体而言，在巫山县的第一、二、三产业中，第三产业对经济贡献最大。

巫溪县位于重庆市东北部、大巴山东段南麓,是典型的山区农业县;地处渝陕鄂三省交界,东连湖北省神农架林区、竹溪县,南接奉节县、巫山县,西临开州区、云阳县,北与城口县和陕西省镇坪县接壤。巫溪县下辖15个镇、15个乡、2个街道、289个村和1个乡镇级开发区,面积4 030平方千米。2014年,巫溪县户籍人口约为54.9万人,常住人口39.2万人。2014年,巫溪县被认定为国家扶贫开发工作重点区县,下辖有150个贫困村,其中建档立卡贫困户23 600户105 000人,贫困发生率18.0%。城镇居民年人均可支配收入18 111元,农村居民年人均收入6 392元,城乡居民收入差距达1.83倍。农村居民年人均消费支出6 282元,占年收入的98.3%。2014年,巫溪县GDP总量为66.7亿元,而从产业结构来看,第一产业GDP为13.6亿元,占GDP总量的20.4%;第二产业GDP为25.9亿元,占GDP总量的38.8%;第三产业GDP为27.2亿元,占GDP总量的40.8%。总体而言,在巫溪县的第一、二、三产业中,第三产业对经济贡献最大。

石柱土家族自治县位于重庆东部、三峡库区腹心,是以古代巴人为主体、与其他民族融合而成的土家族栖息地之一。东接湖北省利川市,南临彭水苗族土家族自治县,西南靠丰都县,西北连忠县,北与万州区接壤。其下辖18个镇、14个乡、213个村,面积3 014平方千米。2014年,石柱土家族自治县户籍人口数为55.0万人,常住人口39.2万人,有土家族、汉族、苗族、独龙族等29个民族。2014年,石柱土家族自治县被认定为国家扶贫开发工作重点区县,下辖有85个贫困村,其中建档立卡贫困户17 229户62 391人,贫困发生率12.7%。城镇居民年人均可支配收入22 916元,农村居民年人均收入

8 586元，城乡居民收入差距达1.67倍。农村居民年人均消费支出6 434元，占年收入的74.9%。2014年，石柱土家族自治县GDP总量为120.0亿元，而从产业结构来看，第一产业GDP为21.1亿元，占GDP总量的17.6%；第二产业GDP为60.0亿元，占GDP总量的50.0%；第三产业GDP为38.8亿元，占GDP总量的32.4%。总体而言，在石柱土家族自治县的第一、二、三产业中，第二产业对经济贡献最大。

秀山土家族苗族自治县位于重庆市东南部、武陵山脉中段、四川盆地东南缘外侧，为川渝东南重要门户，东临湖南省龙山县、保靖县、花垣县，西南连贵州省松桃县，北接酉阳县。秀山土家族苗族自治县下辖18个镇、6个乡、2个街道、208个村，面积2 462平方千米。2014年，秀山县常住人口49.1万人，户籍人口66.5万人，以土家族、苗族为主，另有瑶族、侗族、白族、布依族等少数民族，共30个民族，其中少数民族人口占总人口的比例超过50%。2014年，秀山土家族苗族自治县被认定为国家扶贫开发工作重点区县，下辖有85个贫困村，其中建档立卡贫困户15 159户63 591人，贫困发生率14.5%。城镇居民年人均可支配收入22 901元，农村居民年人均收入7 431元，城乡居民收入差距达2.08倍。农村居民年人均消费支出6 607元，占年收入的88.9%。2014年，秀山土家族苗族自治县GDP总量为126.5亿元，而从产业结构来看，第一产业GDP为17.1亿元，占GDP总量的13.5%；第二产业GDP为65.7亿元，占GDP总量的51.9%；第三产业GDP为43.7亿元，占GDP总量的34.5%。总体而言，在秀山土家族苗族自治县的第一、二、三产业中，第二产业对经济贡献最大。

酉阳土家族苗族自治县位于重庆市东南部，地处武陵山区腹地，是出渝达鄂、湘、黔的重要门户，素有"渝东南门户""湘黔咽喉"之称。酉阳县东邻湖南省龙山县，南与重庆市秀山县、贵州省松桃县、贵州省印江县接壤，西与贵州省沿河县隔江相望，西北与彭水县，正北与黔江区和湖北省咸丰、来凤县相连。酉阳县下辖14个镇、23个乡、2个街道、199个村，面积5 173平方千米；以土家族、苗族为主，另有汉族、回族、蒙古族等民族，共18个民族。2014年，酉阳县常住人口56.2万，户籍人口86.0万。2014年，酉阳土家族苗族自治县被认定为国家扶贫开发工作重点区县，下辖有130个贫困村，其中建档立卡贫困户34 000户149 000人，贫困发生率17.4%。城镇居民年人均可支配收入18 607元，农村居民年人均收入6 479元，城乡居民收入差距达1.87倍。农村居民年人均消费支出5 513元，占年收入的85.1%。2014年酉阳土家族苗族自治县GDP总量为110.4亿元，而从产业结构来看，第一产业GDP为21.8亿元，占GDP总量的19.7%；第二产业GDP为51.5亿元，占GDP总量的46.6%；第三产业GDP为37.0亿元，占GDP总量的33.5%。总体而言，在酉阳土家族苗族自治县的第一、二、三产业中，第二产业对经济贡献最大。

彭水苗族土家族自治县位于重庆市东南部、武陵山区、乌江下游。北连石柱土家族自治县，东北接湖北省利川市，东连黔江区，东南接酉阳土家族苗族自治县，南邻贵州省沿河县、务川县，西南连贵州省道真县，西连武隆区，西北与丰都县接壤。彭水县下辖18个镇、18个乡、3个街道、241个村，面积3 903平方千米。2014年，彭水县常住人口51.6万，户籍人口70.3万，有汉族、苗族、土家族、蒙古族、侗族等12个民族，是重庆市唯一以苗族为主的少数民族自治县，也是中国苗族土家族人口最多的区县。2014年，彭水苗族土家族自治县被认定为国家扶贫开发工作重点区县，下辖有115个贫困村，其中建档立卡贫困户27 640户99 123人，贫困发生率19.8%。城镇居民年人均可支配收入20 363元，农村居民年人均收入7 469元，城乡居民收入差距达1.73倍。农村居民年人均消费支出7 081元，占年收入的94.8%。2014年，彭水苗族土家族自治县GDP总量为108.8亿元，而从产业结构来看，第一产业GDP为20.2亿元，占GDP总量的18.6%；第二产业GDP为48.0亿元，占GDP总量的44.1%；第三产业GDP为40.5亿元，占GDP总量的37.2%。总体而言，在彭水苗族土家族自治县的第一、二、三产业中，第二产业对经济贡献最大。

（二）重庆市扶贫开发工作重点区县概况

涪陵区位于重庆市中部，东邻丰都县，南接武隆县、南川区，西连巴南区，北靠长寿区、垫江县。涪陵城区位于乌江与长江汇合处，扼长江、乌江交汇要冲，历来是川东南水上交通枢纽和乌江流域最大的物资集散地。涪陵区下辖12个镇、6个乡、8个街道、308个村，面积2 941.46平方千米。2014年，全县常住人口数为113.6万，户籍人口数为54.3万。2014年，涪陵区被认定为市级扶贫开发工作重点区县，下辖有53个贫困村，其中建档立卡贫困户16 354户52 514人，贫困发生率6.5%。城镇居民年人均可支配收入26 149元，农村居民年人均收入9 963元，城乡居民收入差距达1.62倍。农村居民年人均消费支出8 366元，占年收入的84.0%。2014年，涪陵区GDP总量为757.4亿元，而从产业结构来看，第一产业GDP为47.9亿元，占GDP总量的6.3%；第二产业GDP为466.1亿元，占GDP总量的61.5%；第三产业GDP为243.4亿元，占GDP总量的32.1%。

总体而言，在涪陵区的第一、二、三产业中，第二产业对经济贡献最大。

南川区位于重庆市南部，地处渝、黔两地交汇点，东南与贵州省遵义市道真仡佬族苗族自治县、正安县、桐梓县接壤，东北与武隆区为邻，北接涪陵区，西连巴南区、綦江区。南川区下辖17个镇、14个乡、3个街道、185个村，面积2 602平方千米。2014年，全区户籍人口66.7万人，常住人口55.9万人。2014年，南川区被认定为市级扶贫开发工作重点区县，下辖有40个贫困村，其中建档立卡贫困户6 257户20 761人，贫困发生率18.24%。城镇居民年人均可支配收入24 790元，农村居民年人均收入10 160元，城乡居民收入差距达1.44倍。农村居民年人均消费支出8 245元，占年收入的81.2%。2014年南川区GDP总量为173.2亿元，而从产业结构来看，第一产业GDP为35.2亿元，占GDP总量的20.3%；第二产业GDP为62.9亿元，占GDP总量的36.3%；第三产业GDP为75.1亿元，占GDP总量的43.4%。总体而言，在南川区的第一、二、三产业中，第三产业对经济贡献最大。

潼南区（县）位于重庆市西北部，地处渝蓉地区直线经济走廊，东邻合川区、铜梁区，南接大足区，西连四川省资阳市安岳县、遂宁市安居区、遂宁市船山区，北与遂宁市蓬溪县、广安市武胜县相邻，与四川省南充市嘉陵区相望。潼南区下辖20个镇、2个街道、278个村，面积1 583平方千米。2014年，全区户籍人口数为95.6万，常住人口数为65.8万。2014年，潼南县被认定为市级扶贫开发工作重点区县，下辖有50个贫困村，其中建档立卡贫困户15 326户53 010人，贫困发生率11.0%。城镇居民年人均可支配收入23 791元，农村居民年人均收入10 387元，城乡居民收入差距达 1.29 倍。农村居民年人均消费支出 7 775 元，占年收入的 74.9%。2014 年潼南县 GDP 总量 234.2 亿元，而从产业结构来看，第一产业 GDP 为 43.3 亿元，占 GDP 总量的 18.5%；第二产业 GDP 为 122.2 亿元，占 GDP 总量的 52.2%；第三产业 GDP 为 68.7 亿元，占 GDP 总量的 29.3%。总体而言，在潼南县的第一、二、三产业中，第二产业对经济贡献最大。

忠县位于重庆东部，东北与万州区相邻，西接垫江县，东南与石柱土家族自治县毗邻，西南与丰都县接壤，北与梁平区相连。忠县下辖 21 个镇、6 个乡、2 个街道、309 个村，面积 2 187 平方千米。2014 年，忠县户籍总人口约为 100.9 万人，常住人口约为 72.2 万人。2014 年，忠县被认定为国家扶贫开发工作重点区县，下辖有 68 个贫困村，其中建档立卡贫困户 20 240 户 68 004 人，贫困发生率 8.8%。城镇居民年人均可支配收入 24 455 元，农村居民年人均收入 9 803 元，城乡居民收入差距达 1.49 倍。农村居民年人均消费支出 6 625 元，占年收入的 67.6%。2014 年，忠县 GDP 总量为 208.3 亿元，而从产业结构来看，第一产业 GDP 为 31.3 亿元，占 GDP 总量的 15.0%；第二产业 GDP 为 108.2 亿元，占 GDP 总量的 51.9%；第三产业 GDP 为 68.8 亿元，占 GDP 总量的 33.0%。总体而言，在忠县的第一、二、三产业中，第二产业对经济贡献最大。

三、重庆市贫困问题的主要特征

重庆市下辖 26 个区、12 个县，其中有 14 个国家扶贫开发工作重点县和 4 个市级扶贫开发工作重点县，占重庆区县总数的 44.7%，占 GDP 总量的 26.4%。显然，脱贫攻坚工作的任务十分艰巨。总体而言,重庆贫困问题主要表现为以下六个特征。

(一)贫困问题历史久,贫困人口基数大,贫困程度深,贫困面广

曾几何时,重庆市集大城市、大农村、大库区、大山区和民族地区于一体,城乡二元结构矛盾突出,区域性贫困和"插花"式贫困并存,脱贫攻坚任务不清。[①] 2014年底,14个国家扶贫开发工作重点县和4个市级扶贫开发工作重点县的平均贫困发生率为13.41%。贫困发生率由高到低依次为:彭水苗族土家族自治县(19.80%)、南川区(18.24%)、巫溪县(18.00%)、酉阳土家族苗族自治县(17.40%)、城口县(15.60%)、武隆县(14.80%)、秀山土家族苗族自治县(14.53%)、云阳县(13.90%)、巫山县(13.70%)、奉节县(13.50%)、黔江区(13.00%)、石柱土家族自治县(12.70%)、丰都县(12.20%)、万州区(11.00%)、开县(10.37%)、忠县(8.82%)、涪陵区(6.50%)、潼南县(6.10%)。从片区来看,重庆下辖的贫困县主要集中在秦巴山区(巫溪县、城口县、奉节县、巫山县、云阳县、丰都县、万州区、开县和潼南县)、武陵山区(酉阳县、彭水县、秀山县、武隆区、石柱县、涪陵区)。重庆各区县的贫困程度表现出空间不均衡性,各地贫困程度和减贫速度差异明显,贫困人口分布总体呈现出"广泛分布但局部地区严重"的特点,其中秦巴山区和武陵山区是贫困问题的"重灾区"。

此外,对比区县行政单位的贫困发生率和农村居民年人均可支配收入分布,还可以看出,低收入地区与高贫困发生率地区基本重合。

[①] 姜鑫、罗佳:《我国城乡基本公共服务均等化程度评价与对策》,《经济与管理》2012年第5期,第39—43页。

这反映出农民群众增收困难,其原因主要有:产业结构调整制约因素较多,农业产业化项目发展单一,规模小,对农户的覆盖率不高;产业项目不具备竞争优势,抗市场风险的能力较弱;农产品科技含量低,加工能力弱,效益低下。

(二)贫困人口的集中分布与分散分布并存

秦巴山区和武陵山区几乎覆盖了重庆市辖区内的主要贫困县,而 2014 年秦巴山区的贫困发生率为 12.08%,略低于武陵山区的贫困发生率(13.41%),贫困人口分布呈集中、连片的特点。总体而言,重庆与周边省份接壤的地区的贫困人口较多,这充分说明贫困人口的分布具有典型的地理分布特征。

重庆下辖的贫困区县除了具有典型的"大集中"的特征外,"小分散"特征也很明显。重庆周边地区地质地貌复杂,农户的贫困状况通常与自然和地理条件联系紧密,局部山区地质条件差、交通不便、生存环境恶劣,依然有较多的贫困户。此外,不少区县山高地陡,人均耕地非常少,交通不便,收入低下,生活成本较高,贫困问题依然突出,尤其是生活在高山上的人口,其贫困现象更加明显。此外,贫困地区医疗服务网点不足,农民群众缺医少药的问题十分突出。①

(三)少数民族聚集区县贫困现象普遍

重庆市是我国唯一辖有民族自治地方的直辖市,既辖有民族自治地方,又拥有大量散居少数民族人口。② 现辖 4 个少数民族自治县

---

① 汪章飞:《武陵山集中连片贫困地区旅游扶贫发展分析——以重庆武隆为例》,《重庆与世界(学术版)》2013 年第 3 期,第 12—14 页。
② 向思洁、贾波:《推进重庆少数民族地区旅游产业发展的战略研究》,《世纪桥》2012 年第 11 期,第 136—138 页。

(石柱土家族自治县、彭水苗族土家族自治县、酉阳土家族苗族自治县、秀山土家族苗族自治县)和1个享受民族自治地方优惠政策的区(黔江区)。这些少数民族聚集的贫困村大部分处于大山区、高山区，地势偏远、山高坡陡、土地贫瘠，加之气候环境相对恶劣的限制，多属于生态环境最为脆弱的地区，易破坏、难修复，因此群众生活水平普遍不高。其中，秦巴山区、武陵山区等作为重要的生态功能区，虽然自然景观秀美，森林覆盖率较高，但因为地形和生态保护等因素的限制，不仅经济开发成本高，而且相对现有的经济技术水平而言开发难度大。部分地区还被列为限制开发区域或者禁止开发区域，产业结构调整受生态环境制约大，经济发展与生态保护之间矛盾尖锐。

(四) 农村基础设施落后，生产生活条件难以改善

基础设施具有为地区经济社会发展和居民生产生活等提供生产性服务与公共服务的双重功能，是区域发展和脱贫攻坚的重要支撑力量。对贫困地区而言，薄弱的基础设施直接影响了投资环境、经济活力、公共服务水平和生产要素流入。截至2014年，不少贫困区县仍存在公路不通或已有公路路况差、等级低、晴通雨阻的状况。人畜饮水问题突出，农户用电质量很低，至少30%的贫困户无力改造其居住的危旧房。

表3-3 2013年秦巴山区和武陵山区自然村基础设施情况

片区名	通电自然村比重	通有线电视的自然村比重	通电话的自然村比重	通客运班车的自然村比重	主干道路经过硬化处理的自然村比重
秦巴山区	99.3%	78.4%	94.9%	38.5%	59.8%
武陵山区	99.7%	65.9%	92.4%	38.3%	53.4%

资料来源：王博文：《陕西省秦巴山区精准扶贫项目绩效研究——基于农户参与视角》，西北农林科技大学2020年博士学位论文。

秦巴山区和武陵山区的通电话的自然村比重已经分别达到了99.3%和99.7%，改善较为明显，但是通有线电视的自然村比重分别为78.4%和65.9%，仍处于较低的水平。此外，受自然地理条件和原有基础条件的制约，全部秦巴山区和武陵山区通客运班车的自然村比重、主干道路经过硬化处理的自然村比重这两项交通运输基础设施指标虽有较大改进，但总体水平仍然明显较低。

（五）贫困人口的多维贫困特征明显

重庆市贫困区县的贫困人口的自身发展会受多种因素制约，如贫困人口普遍受教育程度低，老龄化问题也相对突出。相对于其他贫困区县，首先，城口、巫溪、奉节、酉阳等区县在农村居民收入水平、农村居民基尼系数、农村居民恩格尔系数、农村居民人均住房面积、农村居民人均用电量等维度仍处于较低水平；其次，万州、城口、忠县、开县、云阳、奉节、巫山、巫溪、武隆、秀山、石柱、彭水等在农村居民文盲率、高中及以上文化人口占比、义务教育阶段师生比、人均教育经费等方面处于一个较低的水平，其教育维度的贫困比较突出；再次，万州、城口、忠县、开县、云阳、奉节、巫山、巫溪、武隆、秀山、石柱、彭水等在万人医疗卫生机构数、万人医疗卫生床位数、万人职业医生数、人均医疗经费等医疗维度的贫困问题较突出；最后，观察农村居民人均耕地面积、通汽车乡村数占比、农村自来水覆盖率、城镇化率、60岁以上人口比重、乡村就业人员比重等发展维度的贫困识别指标，可以发现万州、城口、忠县、开县、云阳、奉节、巫山、巫溪、武隆、秀山、石柱、彭水也具有较高的发展维度贫困水平。不难看出，重庆贫困县的扶贫问题是多维度的，脱贫攻坚需要更加细致和耐心的系统性工作。多维贫困的特征明显，农民收入有限，贫困发生率较高、返贫现象突出，贫困面广、返贫风险大。一个农户可能刚刚脱贫，但多维贫困造成其抵御风险的能力相当弱，如果再遭遇自然灾害或者生病、意外事件等突发情况，其贫困脆弱性增强，返贫风险变高。

（六）金融供给与发展需求不匹配问题突出

长期以来，贫困区县经济发展长期落后，又处于与其他省份交界地带，不仅难以吸引金融资本的供给，其有限的资本反而被抽向资源聚集的经济较发达区县，造成其所获得的金融资源禀赋长期缺乏。贫困区县城乡居民存贷总额占 GDP 的比重较低就是一个显现出来的结果。同时，贫困区金融发展规模增长有限，金融资源陷入难以大量增长的局面。之所以存在这些问题，原因主要有三。

一是贫困区县金融市场结构单一，金融服务体系不完善。由于长期的城乡二元割裂以及金融机构的营利性，大量的商业性金融机构并不会选择在贫困地区开设网点，贫困区县基本只有当地农村信用社、中国农业银行、中国邮政储蓄银行等政策性金融机构。即使是这些政策性金融机构，也难以在贫困地区实现全面覆盖，证券机构、基金管理机构、信托投资机构和财务公司等商业性金融机构在贫困地区就更为少见了。因此，虽然国家不断加大农贷投放等政策支持力度，但网点少、贷款难、还款难等问题仍较突出。农村金融体系不健全，社会资本参与度不高，缺乏服务"三农"特色的民营金融机构，适应"三农"的多层次、广覆盖、可持续的农村金融服务体系仍需进一步完善。

二是金融服务可得性较差。一方面，作为贫困地区农村金融发展主体的国有银行，为提高效益，合并或撤销很多贫困地区的网点，造成贫困地区金融服务可得性持续恶化。国有金融机构退出后并没有合适的农村金融机构来代替，而非正规金融没有被有效监管，导致贫困地区充斥着高利贷这样的非法民间金融行为，给贫困农户家庭经营行为造成一定的损失。另一方面，农村金融服务效率低。由于服务农村的金融机构普遍处于基层，审批权限受限，因此审批严格、程序繁琐，进而导致贫困地区农户或涉农企业很难获得信贷服务。农业政策性金融机构没有充分发挥作用，尤其是涉及支持农业开发、农业产业化、农村基础设施建设等方面。

三是贫困农户自身金融意识淡薄，且难以获得有效的金融手段。贫困农户意识观念仍然守旧，创业意识和投资意识较差，经济发展水平仍然停滞于满足传统生活需求，建房、教育和婚丧嫁娶这些传统需求挤占了农户大量的资金使用空间，阻碍了农户摆脱贫困的步伐。另一方面，由于贫困地区耕地面积和自然生态环境的限制，以及土地制度的僵化，农户对于农作物种植扩大再生产兴趣不大，更倾向于投资养殖畜牧业，其扩大农业种植经营的意愿不足。2015年之前，不足1/4的贫困农户家庭的贷款需求得到了满足，3/4及以上的农户有信贷需求却受到信贷约束。贫困农户普遍收入较低，收入存在不确定性和较大的波动，且自身抵押品不足，人脉圈以低收入者为主，缺乏社会资本，信贷需求以传统生活需求为主，导致他们难以达到金融机构审批要求。此外，正规金融机构为规避信贷风险和追求商业化收益，将贷款利息设置得较高，导致贫困农户受迫于信贷成本压力，也进一步限制了贫困农户向金融机构申请贷款的意愿。随着贫困农户从主要进行传统农业生产向经营传统农业和兼职外出务工相结合，贫困农户金融需求特征也进一步变化。

第三节 重庆市精准扶贫的措施

一、坚持党的领导

始终把习近平总书记关于扶贫工作重要论述和视察重庆重要讲话精神作为做好脱贫攻坚工作的"源头活水",在学深悟透、贯彻落实上下功夫。重庆市上下围绕高质量打赢打好脱贫攻坚战的总目标,聚焦贫困区县、贫困村和贫困人口,坚持政府、市场、社会共同发力,统筹政策、项目、资金精准投入,狠抓责任、政策、工作全面落实,政治站位持续提高,思想认识高度统一,政策措施精准有力,责任体系压紧压实,社会动员深入广泛,体制机制改革创新,工作措施落细落实,谱写了中国特色扶贫道路的重庆篇章。市委、市政府坚定不移地把习近平总书记关于扶贫工作重要论述和视察重庆重要讲话精神作为根本遵循,研究出台深化脱贫攻坚意见、精准脱贫攻坚战实施方案、打赢打好脱贫攻坚战三年行动方案、解决"两不愁、三保障"突出问题意见等一些系列政策文件。市扶贫开发领导小组及市级相关部门围绕产业扶贫、教育扶贫、健康扶贫、金融扶贫、易地扶贫搬迁、扶贫队伍建设等重点方面,研究制定出台配套政策文件100余个。始终把打赢脱贫攻坚战作为增强"四个意识"、坚定"四个自信"、做到"两个维护"的政治检验标准,切实增强脱贫攻坚紧迫感、责任感和使命感,把脱贫攻坚紧紧抓在手上、具体落实到行动上。

重庆下辖的各区县逐项细化、实化政策措施和工作方案,全面构建系统设计、上下联动、配套完善的脱贫攻坚政策体系。重庆市委、市政府领导带头宣讲,通过"课堂式大集中、互动式小分散"方式开展宣讲活动。据统计,市委和区县党委组建的宣讲团共开展集中宣讲 12 600 余场次。组织驻村工作队、致富带头人、大学生村官、百姓名嘴等,通过"农民夜校""讲习所"等开展"六个一"宣传活动 6 600 余场次,组织开展"榜样面对面"脱贫攻坚先进典型宣讲会、杨骅先进事迹巡回报告会 5 800 余场次,把习近平总书记对贫困群众的关心关怀和党中央精神传递到千家万户。

把脱贫攻坚作为"不忘初心、牢记使命"主题教育的重要内容和实践载体,用脱贫攻坚成果检验集中教育成效。建立落实村干部固定补贴动态增长机制。加强乡村基层党组织建设,选好党组织"领头雁",配强党组织班子,建设过硬党支部,压实基层党组织管党治党政治责任,推动全面从严治党向基层延伸,实现对党的基层组织全覆盖。全面推行"四议两公开",全覆盖设立村务监督委员会,动态排查整顿软弱涣散村党组织 3 320 个。坚持以上率下,持续压紧压实市级总体责任、区县主体责任、乡村两级直接责任。建立市委书记和市长担任市扶贫开发领导小组"双组长"制度,对脱贫攻坚工作直接抓、抓具体、抓到底,全力支持推动脱贫攻坚进程。充分发挥党领导农业农村工作的政治优势、组织优势、作风优势,压实责任、完善机制、强化考核,把党中央关于精准扶贫、精准脱贫、推动实现农业农村全面振兴的部署安排和工作要求落到实处、具体到实践中、强化到行动上,全面实行中央统筹、市负总责、区县抓落实的工作机制。①

---

① 于德:《中国特色社会主义乡村振兴道路的五个重要维度》,《观察与思考》2019 年第 2 期,第 41—47 页。

贫困区县建立落实"双组长制",坚持以脱贫攻坚统揽经济社会发展全局,逐级签订脱贫攻坚责任书,区县党政主要负责人每月至少调研一次脱贫攻坚工作,区县党委常委会会议每月至少研究一次脱贫攻坚工作,区县党委政府每年向市委、市政府专项述职。深入开展书记遍访贫困对象行动,带领各级党员干部进村入户,有力推动各项工作落实。

二、加强法治保障

习近平指出:"依法治国是党领导人民治理国家的基本方略,法治是治国理政的基本方式,要更加注重发挥法治在国家治理和社会管理中的重要作用。"《中共中央　国务院关于实施乡村振兴战略的意见》中首次明确提出"建设法治乡村",强调建设法治乡村是乡村振兴战略的内在要求,是乡村振兴战略不可分割的组成部分。实施乡村振兴战略,推动乡村全面振兴,没有法治思维的有效贯彻,没有法律法规的有效保障,没有制度规则的有力先行,建设成果是难以持久和稳定的。重庆市在全面系统研究和归纳总结"三农"工作成熟做法和可靠经验的基础上,将经过实践检验的一系列适合国情、行之有效的政策措施规范化、制度化,为各级部门制定乡村振兴相关的法律法规提供基本遵循和重要指引。《重庆市农村扶贫开发条例》是重庆市第一部专门针对扶贫开发的地方性法规,对重庆市的扶贫开发工作起到了重要的指导作用。该条例的实施让重庆市的扶贫开发工作有章可循、有法可依,可以说逐渐把重庆市的精准扶贫工作逐渐纳入法治的轨道。出台《重庆市扶贫对象动态管理办法》,制定"四进、七不进"操作细则和"两评议、两公示、一比对、一公告"工作流程,建立扶贫对象精准识别承诺、部门数据比对共享、系统数据定期统计报告及漏评错评错退举报通报等工作机制。一系列法治化的扶贫工作条例和办法的实施,为新时代强化重庆市精准扶贫的法治保障打下了坚实的基础,是新时代精准扶贫的法治基石,对新时代重庆市精准扶贫工作的有序、稳定开展起到了重要的指导作用。

重庆市立足地方经济的实际情况,适应地方实施乡村振兴战略的现实需求,回应广大人民群众的现实诉求,坚持问题导向和目标导引,主动思考,统筹谋划,积极出台相应的地方性乡村振兴法律法规、规章制度,切实为乡村振兴提供法治保障。根据党的十九大报告提出了"以良法促进发展、保障善治"的法治目标要求,反贫困作为系统性、整体性、社会性的重大工程,如果没有法治保障,将难以发挥其保障民生、保护弱势群体利益、维护社会公平正义的作用,也就难以实现体现人民意志、反映客观现实、解决社会问题的善治目标。① 重庆积极探索创新法治服务扶贫工作,不断完善促进法治文化成为扶贫工作的法治保障。统筹由法律服务志愿者、律师、人民调解员等组成的"法治服务乡村振兴"队伍,开展"法治进村居"讲座,以干部带农民、骨干带群众的方式提升干部群众的法治素养,推动形成办事依法、遇事找法、解决问题用法、化解矛盾靠法的良好环境。例如,武隆区开设"问哈村长"热线,由法律援助中心工作人员和值班律师轮流值守,平均每月接线100余次,答疑解惑100余条,发现案例后主动实施法律援助560余件;建设"法润乡村"阵地,武隆区已建成445个农村法治宣传专栏、214个农村法律图书室、428幅乡村法治墙头标语。坚持用身边案、新发案、典型案制作警示教育

---

① 张爱军、秦小琪:《社会主要矛盾转化与网络治理转型》,《求实》2018年第2期,第36—46页。

片,开展警示教育会200余场次,受教育人数达10万余,有效解决了贫困地区农民思想观念守旧和权利义务意识、法治意识淡薄等问题,潜移默化地让老百姓主动通过法律政策来找思路、谋出路,不懂法、不守法等状况大为改善。制定出台《重庆市2018年至2020年开展扶贫领域腐败和作风问题专项治理的工作方案》《坚决纠正形式主义突出问题为基层减负的具体措施》等文件,扎实开展扶贫领域腐败和作风问题专项治理,严肃整治搞花拳绣腿、弄虚作假等形式主义、官僚主义,认真落实基层减负措施。扎实开展扶贫领域"以案四说""以案四改",扶贫领域违法违规案件呈逐年下降趋势,达到查处一案、警示一批、规范一片的目的。

积极推进自治、法治、德治三治融合发展,推动贫困地区形成文明乡风、良好家风、淳朴民风。推行村级重大事项决策"四议两公开"制度,健全群众说事、干部问事、集中议事、合力办事、民主评事的"五事工作法"协商制度。加强"法治大院"建设,抓小院治大村,以自治促进基层善治,化解矛盾于局部,解决问题在基层。积极推进平安乡镇(街道)、平安村(社区)建设,开展突出治安问题专项整治,引导广大农民群众自觉守法用法,用法律维护自身权益。深入开展法治示范创建,创建全国民主法治示范村2个、市级民主法治示范村(社区)48个、区县民主法治示范村(社区)162个、区级模范守法农户50户。落实贫困村法律顾问制度,深入开展"法律顾问进乡村"活动,积极为贫困乡村经济社会发展和贫困群众提供全方位、多层次的法律服务。探索成立"让一让"调解工作室、"易法院"扶贫工作室。积极推进以"孝贤洁序"为重点的公序良俗工程建设,发挥身边榜样的示范带动作用,发挥乡贤道德感召力量,促进农村地区社会和谐稳定,涵养守望相助、崇德向善的文明乡风。

依法治贫，循法反贫困，国家富强、民族复兴、人民幸福就有了重要保障。为此，重庆还建立了最严格的考核评估和督查巡查工作，完善区县党委和政府扶贫开发工作成效考核办法，提高脱贫攻坚工作在区县经济社会发展实绩考核中的比重，邀请党代表、人大代表、政协委员、群众代表、民主党派和专家、记者全程监督，确保考核评估较真逗硬、公平公正。充分发挥市扶贫开发领导小组与市委巡视组、市委督查办、市政府督查办的联动作用，健全专项巡视、集中督查、专项督查、专项巡查、暗访随访等多方式的督查督导体系。在全国率先开展脱贫攻坚巡视（察），市委分两轮对46个单位脱贫攻坚工作进行专项巡视，及时开展专项巡视"回头看"。组建16个由正厅局级干部任组长的督查巡查组，对33个有扶贫开发任务的区县和成员单位开展常态化督导。针对工作滞后、问题较多的区县，由市扶贫开发领导小组成员单位主要负责同志带队开展专项巡查。通过开展法治化的工作，把发现问题、解决问题贯穿始终，落实"领导小组+专项小组+定点包干"领导责任制。科学地建立问题、任务、责任"三个清单"，做到定人、定责、定目标、定时间、定任务、定标准，将中央脱贫攻坚专项巡视指出的多项问题整改任务和巡视"回头看"指出的各方面问题相关整改任务全部完成。坚持举一反三、标本兼治，聚焦薄弱环节，既解决具体问题，又注重建立长效机制。

三、完善社会保障

增加社会公共服务供给，健全完善社会保障体系，是维护社会公平正义的有效举措，是治理贫困、遏制返贫的重要手段，也是中国几十年反贫工作所形成的重要经验。重庆在精准扶贫、精准脱贫、消除绝对贫困阶段，充分意识到社会保障是扶贫开发的兜底之举，扶贫开发能够更加完善社会保障，二者相互协调、相互促进、协同发展，是保障相对贫困弱势群体的"安全网"、维护社会稳定的"安全阀"，对于重庆的脱贫攻坚具有极其重要的社会治理作用。各级政府根据地方经济社会发展水平科学合理地确定最低生活保障标准，对各种致贫原因导致的相对贫困个体实行最低生活保障，切实做到"应保尽保"，不使任何一个相对贫困个体"衣食无着""流离失所"。

（一）着眼于贫困群众"看病难、看病贵"难题

重庆市区县各级政府着力加大医疗保障投入，提高医疗设施水准，实现大病、重病、慢性病保险全覆盖，大幅度减轻包括贫困群体在内的社会全体成员的医疗费用支出，从而最大程度减少因病致贫人数。聚焦医疗健康扶贫，实现所有贫困人口有地方看病、有医生看病、看得起病。重庆在脱贫攻坚阶段建立起"三保险""两救助""两基金"多重医疗保障体系，贫困人口基本参保率、大病救治率、家庭医生慢性病签约服务管理率、重病兜底保障率均达100%。

重庆市率先在贫困区县实行分级诊疗、"一站式"结算和"先诊疗后付费"制度，贫困人口县域内就诊率达96.96%，住院自付费用控制在10%左右，门诊自付费用在20%以内，实现贫困居民得了大病、重病但基本生活不受影响。坚持把兜底保障作为打赢脱贫攻坚战的底线制度安排，将符合条件的25万贫困人口纳入低保，落实"低保渐退""单人户入保"等制度，实现应保尽保。以巫山县为例，巫山县积极发挥保险的保障性作用，一方面，帮扶"边缘户"购买城乡居民合作医疗保险，参照建卡贫困户"精准脱贫保"模式；另一方面，由县财政统一为"边缘户"购买"边贫保险"，使其享受相应

的商业保险赔付政策，达到多维度的医疗扶贫效果。巫溪县针对全县因病致贫较多的实际，积极发挥"精准信息"的作用，为贫困户免费体检及提供健康咨询。建立医疗救助台账，实施医疗服务"全覆盖"。建立贫困患者家庭健康档案2.5万份，建档率达98%。为1 000户重大疾病患者配备"家庭医生"，开展签约服务医疗下乡专场活动，惠及贫困患者万余人次。推行医疗"一站式"结算，在提高贫困户医疗报销比例的基础上，实行阶梯补助，减轻贫困患者负担。建立社会救助标准自然增长和物价上涨联动机制，提高农村低保标准和特困人员供养标准。推行农村失能半失能特困人员相对集中供养，已供养特困人员1.26万人。对符合条件的贫困人口代缴城乡居民养老保险费，全市131万应参保贫困人员养老保险实现"应保尽保"。例如，奉节县构建了城乡居民合作医疗保险、城乡居民大病补充保险、民政大病医疗救助、精准脱贫保险、贫困户医疗"五张网"，建立3 000万元医疗救助基金，实行"一站式"结算，建卡贫困患者平均自付8%。

此外，奉节县还不断创新工作机制，全面落实惠残政策，积极营造扶残氛围，切实提高残疾人收入水平，精准帮扶残疾人，具体措施包括：其一是建立由县民政实施、县残联审核、县财政支持的工作机制，开展残疾人等级鉴定"送鉴下乡"工作，精准识别残疾人建档"不漏户、不漏人"，消除疑似残疾人"盲点"，确保残疾人两项补贴、医疗救助、康复服务等民生项目"应享尽享"；其二是实施医疗救助，县残联实施持证残疾人资助全覆盖，其中2018年资助标准为130元/人；其三是全面实施《奉节县贫困家庭失能人员集中供养救助办法》，合理整合民政、残联、卫计等部门职能，采取"试点先行、规范管理、财政托底、购买服务、整体带动"的工作方式，实现政府兜底保障"应养尽养";其四是结合深度贫困乡镇发展策略,有效承接重庆市残联的残疾人专项扶贫项目,帮助残疾人家庭进行住房改造、种养业扶持、农村实用技术培训、居家托养资助等。

(二)聚焦教育扶贫,实现学有所教

对于贫困家庭、贫困人口而言,教育是挖"穷根"、阻断贫困代际传递的最有效、最根本、最重要途径。因此,重庆一直很重视教育扶贫。教育公平是最基础的公平。教育能为个体提供上升的通道,但教育恰恰是贫困地区的短板,导致其陷入"越穷越不要教育,越不要教育越穷"的恶性循环。对此,重庆出台了《关于实施教育扶贫攻坚三年行动的意见》,提出以补齐教育短板为突破口,以建档立卡贫困家庭学生资助工作为重点,构建全方位的教育精准扶贫体系;先后出台一系列教育扶贫政策,例如对城乡低保和特困学生免收高中教材费,为非寄宿贫困生免费提供午餐,健全困难学生资助兜底保障机制,等等。

坚持把教育作为阻断贫困代际传递的治本之策,全面实施农村义务教育薄弱环节改善和能力提升工作,投入资金53.4亿元。强化义务教育保障,让所有贫困家庭义务教育阶段的孩子不失学辍学。颁布《关于精准开展义务教育控辍保学工作的通知》《关于进一步做好劝返复学学生教育教学管理工作的通知》等文件,强化政府法定职责,创新"1+N"联控联保责任体系,研发市级控辍保学动态管理平台,严格按照"全覆盖"要求,实施"一县一策""一人一案",分类开展控辍保学工作。截至2020年,全市义务教育巩固率达到95%以上,实现贫困家庭子女义务教育阶段无因贫失学辍学现象。建立从学前到研究生各个教育阶段全覆盖、公办民办学校全覆盖、家庭经济困难学生全覆盖的资助政策体系,实施资助项目 30 多项,每年投入中央和市级资金逾 50 亿元,惠及贫困家庭学生 400 多万人次。定向招聘"特岗教师"6 164 名,培养"全科教师"7 290 名,培训乡村教师10.6 万余人次。其中,巫溪县 14 651 名贫困学生、2 823 名低保户学生、2 116 名其他类学生建立了贫困学生救助档案和贫困学生信息库,实行动态跟踪、分类管理,分别落实救助政策;不断完善贫困地区教学条件,在海拔 800 米以上地区的 101 所学校实施"暖冬工程",维修 87 所边远学校的学生课桌、寝室等,完成 619 个班的"班班通"建设。

此外奉节县开展建卡贫困户、低保户、孤儿、残疾"四类学生"教育资助行动,实现从幼儿学前教育到大学全覆盖,并且对县内 111 名因重度残疾无法随班就读的学生,就近安排教师一对一"送教上门"。落实"教管中心、学校、教师"三级责任体系,确保扶贫路上学生都有学可上。此外,在贫困地区,乡村教师流失的情况屡见不鲜。师资跟不上,硬件再好,教育质量也上不去。因此,改善教学环境,打造一支稳定的高素质农村教师队伍,是贫困地区亟待解决的问题。

西南政法大学、西南大学等高校组织一批又一批优秀大学生志愿者,响应国家号召,到农村、山区等偏远地区支教助学,充实教育力量。推进教育精准扶贫,搞好基础教育,加强对义务教育的支持力度,基本普及高中阶段教育。通过整合优化高校资源,将高校与地方政府及反贫困职能部门、政府公益性组织、社会化服务组织以及新型农业经营主体等紧密联结,形成横向联动、纵向贯通、多方协同的反贫困联合协作机制,学习反贫困工作中的典型案例,进行理论总结和经验提升,做到教学相长。总体而言,通过一系列政策兜底、资源倾斜，有效解决了贫困家庭、贫困人口因贫失学以及部分家庭因学致贫的难题，改善了重庆贫困地区的教育条件，不让贫困地区的孩子们输在起跑线上。

（三）强化住房安全保障，解决贫困家庭住房问题

首先，摸清底数建台账，精确排查不留死角，对建档立卡贫困户、农村低保户、农村分散供养特困人员、贫困残疾人家庭4类重点对象的存量危房开展拉网式摸排工作，做到全面覆盖、一户不漏，完成住房安全等级鉴定84.8万户。其次，分类处置明举措，精准施策不留空当。按照"贫困群体危房应改尽改、无房群体纳入保障、一般农户旧房整治提升"的原则，发布脱贫攻坚危房改造、重点贫困对象无房户住房租赁补贴、边缘农户旧房整治提升等相关的文件，针对不同群体制定住房安全保障措施，有序推进实施。具体的措施有：（1）动态消除贫困群体的存量危房，不落一户。对上级政策不能覆盖的重点贫困群体中的就地农转城危房户、"C变D"危房户，根据各个区县的经济条件和具体情况，由区级财政出资，对建档立卡贫困户、低保户D级危房重建、C级危房改造户给予补助；（2）针对区内无住房的农村重点贫困群体，由区级财政出资，发放租房补贴，保障无房贫困群体就近就地长租安全住房；（3）运用大数据对农户户籍、住房、车辆、收入等情况进行比对，符合条件的，由区财政出资，按照"六改五保障"（改屋面、改墙面、改阳沟、改地坪、改门窗、改厨卫，保障结构安全、室内整洁、设施配套、风雨无忧、外形美观）的要求，对一般农户的旧房进行改造，力争解决"视觉贫困"问题。再次，完善机制抓落实，实现贫困户农村危房动态清零。建立健全农村危旧房改造管理机制，按照"严格确定补助对象、严格执行审批

程序、严格加强资金管理"的原则,在对象认定、危房鉴定、审批程序、过程监督、档案管理及资金管理等方面做出深入细致的要求,确保危旧房改造补助政策和资金执行到位,惠及群众。制定健全农村危旧房改造技术标准,在设计、施工、验收等环节严格执行基本建设要求,管控工程质量,防止群众盲目攀比、超标准建房。

(四)强化饮水安全保障,让所有贫困人口喝上放心水

重庆较早出台了《重庆市村镇供水条例》,为农村供水管理提供了法治保障。为此,重庆累计投入71.24亿元,建成农村供水工程44.9万处,因地制宜解决水量、水质、用水方便程度、供水保证率等问题。此外,重庆还出台了《关于建立健全农村供水工程运行管护长效机制的意见(试行)》,各区县出台了区县级农村供水管理办法,从建立健全农村供水工程运行管护责任、设施建设、水质监管、运营管理、有偿用水、运行管护激励等方面推进长效管护机制建设。目前,重庆市685处万人供水工程已全部实行企业化管理,近3万处万人以下集中供水工程落实了管护责任人,贫困区县共落实公益岗位管水员800余名,全市千人以上工程水费收缴率达91%,千人以下工程水费收缴达80.7%。此外,还加快推进农村有偿供水机制建设,加快推进解决农村集中供水工程"缺制度管""缺人管""缺钱管"等难题。重庆着力实施水利扶贫,按照"确有需要、生态安全、可以持续"的原则,加大水利基础设施投入力度,统筹推进贫困地区水资源开发利用,一批贫困地区重点水利工程加快推进。从2016年至2020年,重庆市新开工大中型水库20座,开工建设小型水源工程54座,对212座病险水库实施除险加固工程。全市已累计建成水库3 076座,总库容约126.1亿立方米。其中,大型水库18座,中型水

库 103 座，小型水库 2 955 座。全市水库年供水能力达到 27 亿立方米。重庆市累计建成农村供水工程 44.9 万处，覆盖农村人口 2 350.6 万人。集中供水率达 88%，自来水普及率达 86%，农村人口供水入户比例达 97.5%，农村供水设施基本实现全覆盖。以武隆区仙女山镇明星村核桃水厂为例，来自 2 千米外核桃水库的原水经过水厂絮凝、沉淀、过滤后，通过自来水管道送入周边 6 个村上万名群众的家中。通水托起了贫困山区乡亲们的致富梦，铺设了山乡振兴路，也绘就了全面小康图景。荣昌区在 21 个镇、街相继建设了 29 座集中式供水工程，不但让老百姓喝上了"平价水""放心水"，也通过规模化管理有效控制了运行成本。

四、提升人才保障

消除绝对贫困，应对相对贫困，不是轻轻松松、敲锣打鼓就能实现的，必须在党的坚强领导下，心往一处想、劲往一处使、力往一处用，凝聚各方共识、集聚各方力量。推进精准扶贫、精准脱贫，推动实现农业农村全面振兴，人才优势是关键，人才资源是支撑。重庆市各级政府在实践中不断加强"三农"工作队伍建设，坚持将选优严管实训驻村干部作为打通脱贫攻坚"最后一公里"的桥梁，出台《关于贫困村驻村工作队选派管理的实施意见》，通过双向式对接、集团式选派，把有担当、有情怀、有本事的精兵强将派到脱贫攻坚一线。采取"自下而上提需求、自上而下派干部、组织部门审核把关"的方式，双向选择、供需对接，"菜单式"精准选派驻村干部，做到精准配对、人岗相宜。

此外，重庆市委、市政府还印发《关于进一步加强扶贫干部队伍建设的通知》，选优配强扶贫工作力量，大胆使用脱贫攻坚一线优秀干部，完善真情关心爱护扶贫干部措施。结合区县机构改革，18个贫困区县全部单设扶贫办，15个非重点区县全部在农业农村部门加挂扶贫办牌子，区县扶贫开发机构人员行政编制增加51%、事业编制增加43%，169个扶贫任务重的乡镇单设扶贫办或扶贫开发服务中心，确保扶贫机构人员配备与工作任务相适应。采取市级示范培训、区县集中轮训、乡镇常态集训，实现在岗驻村干部培训全覆盖。全面实行到岗签到、在岗抽查、工作例会、工作纪实等工作制度，实行与派出单位项目、资金、责任"三个捆绑"，建立双向考勤管理制度，督促驻村干部扎根在基层、沉在村里干。持续优化提升农村带头人，每年组织对村"两委"运行及党组织书记履职情况进行全覆盖研判，调整补充村党组织书记1 427人。每年全覆盖轮训村党组织书记，培养储备村级后备力量2.1万名。发展农村年轻党员1.13万名，招录选调生1 897名到基层一线工作，回引本土人才1.57万名。着力培养和造就一大批"懂农业、爱农村、爱农民"的农业农村工作人才，为实现脱贫致富、农业农村全面振兴提供重要保证和坚实支撑。重庆市通过推行一系列人社相关具体措施，培育新型职业农民，建设区县培育主体、市级示范性培养基地、示范农民田间学校，通过专业培训、岗位锻炼、评价激励、待遇提升等措施，引导青年人才在基层成长锻炼。按照"培训一人，就业一人，脱贫一户"的观念，通过扩大扶贫培训项目，完善补贴标准，实现培训项目、补贴标准、参训人员、承训机构、培训渠道、技能评价6个方面的全覆盖，探索"订单式组织、菜单式教学、工单式就业"的"三单式"培训新模式，帮助贫困劳动力积极参与技能培训，实现以技能促就业、助脱贫。重庆市通过开展"技能脱贫千校行动""贫困区县就业创业扶贫培训全覆盖行动"等活动，帮助贫困家庭的子女进入技工学校学习，让他们用自己的技能实现就业和创业，靠自己的努力实现脱贫和稳定脱贫。据统计，重庆市内有 50 余所技工院校，累计招收 1.2 万多名贫困家庭学生。市人力社保局还与中国铁路成都局公司合作开展"铁路就业脱贫行动"，在渝东南地区每年招录 250 余名贫困家庭学生就读重庆公共运输职业学院，毕业后定向为中国铁路成都局公司输入人才，与该公司签约；与顺丰、滴滴、美团等公司合作开展"数字经济促脱贫行动"，通过数字平台企业，吸纳了 4 000 余名重庆市贫困人员就业。截至 2020 年，重庆市 73.3 万有就业意愿和劳动能力的贫困劳动力实现了就业"应转尽转"，每月都有了千元以上的稳定劳务收入，为数十万个贫困家庭奠定了稳定脱贫的基础。另外，为支持乡村引进专家智力服务，重庆市在农村乡镇、农业园区、大型农业龙头企业等地，设立一批专家服务基地（专家工作站），还组建了 45 个专家服务团，组织了近 400 名高层次人才在乡村规划建设、农旅融合发展、产业技术保障、产品精深加工、市场营销等领域为贫困地区提供有效服务。

五、创新金融机制

重庆优化金融扶贫的顶层设计，建立以人民银行重庆营管部、政策银行、商业银行等银行业金融机构，以及保险业金融机构和证券业金融机构协同发展的金融扶贫创新机制。在支持深度贫困地区、支持产业扶贫、解决"两不愁、三保障"突出问题等方面，创新金融服务，找准扶贫资金需求的重点领域和关键环节，实行精准帮扶，变"大水漫灌"为"精准滴灌"，极大地激发了贫困地区发展的内生动力和活力。

一是强化统筹联动,全市银行业金融机构不断提高政治站位,在落实好各项政策部署的同时,主动作为,积极创新,持续推进金融精准扶贫工作。坚持人民银行主导统筹的金融精准扶贫工作机制,多次牵头组织召开全市金融精准扶贫工作会议,在脱贫攻坚不同阶段陆续印发《关于深化金融精准扶贫支持深度贫困地区脱贫攻坚的实施意见》《关于金融助推打赢脱贫攻坚战三年行动的实施意见》《关于进一步做好金融精准扶贫相关工作的通知》《关于金融支持产业扶贫的指导意见》《保监会关于加强金融精准扶贫信息对接共享工作的指导意见》等系列政策文件,健全农村金融扶贫支农的制度保障,倡导"良治"与"善治"的行政法规体系落地,切实服务于贫困地区的实体经济发展,避免金融机构业务离农、金融扶贫"脱实入虚"。[1]

加强多层次政策引导,建立政府、银行、社会三方合作金融扶贫服务平台,调动多方资本与银行信贷资金协同扶贫。进一步深化金融领域改革,扩大农村金融开放,组合运用银行、保险、担保等金融手段,推动基础金融服务扩面提质,切实增强金融资金的引导和协同作用。[2] 明确扶贫政策性银行和商业银行等金融机构在重大扶贫项目、扶贫小额信贷等方面的职责,示范引领各类金融机构、社会资本进入扶贫领域。[3] 坚持以正向激励为主,完善商业银行考核、差别存款准备金率、再贴现、差异化监管等政策措施,强化金融扶贫监管政策正

---

[1] 温涛、刘达:《农村金融扶贫:逻辑、实践与机制创新》,《社会科学战线》2019年第2期,第65—71页。

[2] 章红:《构建金融扶贫长效机制》,《中国金融》2020年第23期,第61—62页。

[3] 党红斌:《构建金融扶贫长效机制 巩固脱贫攻坚成果——基于陕西渭南的实践》,《当代金融家》2020年第12期,第124—125页。

向激励作用，调动金融机构扶贫积极性。①

二是创新金融产品，优化金融服务，激发商业性金融的资本活力，引导金融机构创新金融产品，提高服务质量，发挥好金融资源的撬动作用。积极推动"金融+财政+贫困户""金融+财政+担保+贫困户""金融+财政+扶贫企业+贫困户"等模式，支持金融机构针对贫困农户的就业、教育、医疗，推出信贷、保险、担保、信托等创新性金融服务，拓展金融机构的业务能力，满足金融扶贫对象的合理金融需求。给予适当的财税支持与政策倾斜，适时推进差别化的存款准备金率、信贷补贴、风险补偿、税收优惠、定向费用补贴、增量奖励等措施，完善治理体系和有问题金融机构的退出机制，引导新型合作金融机构健康成长，实现为农服务的发展目标。完善农村金融扶贫的风险保障体系，加速推进政策性农业担保及保险机构的建设。② 创新银行类金融机构、担保公司、保险公司及政府相互协调配合的工作机制，积极引导社会资本进入农业保险和担保领域，革新担保信贷技术，灵活担保方式和风险分摊模式，提高农村金融机构的可持续发展能力，提升农村贫困地区的金融包容性。

三是落实各项保障措施，提升金融扶贫支撑作用。在推进多维扶贫、基本公共服务均等化、特殊困难群体救助、低收入群体增收等过程中，强化货币政策、财政政策的激励促进作用，激发金融机构参与扶贫的内生动力，加强贫困农户的子女教育，以培育人力资本，斩断贫困的代际传递。根据具备劳动能力的贫困农户的层级，分类施策：

---

① 王兆阳：《金融精准扶贫：实践基础与制度创新建议》，《农村金融研究》2019年第5期，第7—12页。
② 温涛、刘达：《农村金融扶贫：逻辑、实践与机制创新》，《社会科学战线》2019年第2期，第65—71页。

其一，对于具备一定独立发展能力、倾向自主经营的贫困农户，应发挥合作社的指导作用，保证金融扶贫的精准性，提高其生产发展水平和抗市场风险能力；其二，对于独立发展能力偏弱、倾向合作经营的贫困农户，应充分发挥新型农业经营主体和乡村能人的模范带头作用，引导其参加合作经营，并为其提供必要的技术指导；其三，对于缺乏自我发展能力、倾向以集体形式入股分红的贫困农户，应以制度形式规定其必须参与到生产管理当中，逐步培育贫困农户的发展能力。① 此外，加强对相对贫困群体的金融启蒙和教育，定向开展征信、反假币等金融知识宣传和培训，在贫困群体中培养正确的金融新观念，为金融扶贫服务提供基础和保障。

四是构建金融扶贫供求双方的协同发展模式，实现金融脱贫攻坚，离不开金融供求双方的共同成长。"扶贫在于精准，重在靶向明确。"在精准扶贫方面，通过引入或支持扶贫企业、建立贫困村金融扶贫服务站、打造普惠金融基地等方式，切实提高贫困农户的生产能力，形成有效信贷供给，破除主动性信贷约束。金融机构要在激发乡村发展的内在动力上做文章，以充分的产业特惠政策提高贫困农户的发展能力；营造农村信用环境，加强贫困人口的思想教育，防范金融借贷的"道德风险"，密切掌握扶贫贷款的使用方向，保障扶贫贷款的专款专用。在支持产业发展的同时，金融机构通过设置机构网点、便民服务点、流动服务站、助农取款服务点，借助电子机具等终端和移动互联网技术，扩大基础金融服务覆盖面，为撬动和引进外部资源提供支撑。

落实各类机构组织的金融扶贫责任，尤其是对扶贫贴息这类具有

---

① 张琦、樊响、孔梅：《2020年后我国金融扶贫的思考和建议》，《农村金融研究》2020年第2期，第3—10页。

优惠性质的金融资源，应保证对接到户，确保支持对象的精准，并辅之以合理的优惠政策，降低金融机构的交易成本，实现财务上的可持续性。金融机构应积极创新信贷产品与服务，针对新型农业经营主体、小农户等不同主体的资金需求特点，丰富涉农信贷产品种类，满足涉农信贷主体的个性化资金需求，着重加强能够提升农户发展能力的资金需求供给，培育农户的内生发展动力，增加涉农企业的中长期贷款供给，满足企业购置固定资产、产能优化升级等长期投资的资金需求，助推"三农"发展。

五是健全市场化运作机制，推动金融扶贫工作常态化，完善金融扶贫支农的配套措施。首先，完善农户信用评价体系。推动金融机构将金融扶贫嵌入日常经营管理战略，建立以普惠金融为主的服务体系，运用普惠化、常规化的方式，持久、稳定地推进金融扶贫。其次，实现信用评价指标体系与贫困农户信息的紧密结合，建立精准的农户信用评价信息平台，充分利用大数据、人工智能及时更新信息，实现动态化管理，保障金融扶贫的精准、高效。再次，简化贷款流程，提高放贷效率，积极引导扶贫金融机构在农村产权抵押贷款领域提升服务创新能力，加大金融产品研发力度，增强扶贫金融的益贫性和包容性。最后，建立功能完备的村级金融服务体系。加快建立专门服务于"三农"的金融服务办事处，积极发挥政府的公共服务职能，充分调动基层组织力量，安排驻村干部和乡村能人参与服务贫困农户的金融工作。利用基层信息优势与正规金融机构紧密配合，形成"正规金融机构+基层金融服务组织+贫困农户"的联结服务模式创新。

六、健全监督机制

重庆市委、市政府对精准扶贫、精准脱贫以及2020年脱贫攻坚工作进行了科学评估、监督考核。做到"四个坚持"是有效实现贫困治理的重要保障。一是坚持提前预防与精准帮扶相结合。提前把存在返贫致贫风险的人纳入监测范围,并采取针对性的帮扶措施,防止脱贫人口返贫、边缘人口致贫。[①] 一旦出现返贫和新致贫,及时为其建档立卡,实施精准帮扶。二是坚持开发式帮扶与保障性措施相结合。因人因户精准施策,对有劳动能力的监测对象采取开发式帮扶措施,主要通过支持发展产业、帮助转移就业等方式实现稳定脱贫;对无劳动能力的监测对象,进一步强化综合性社会保障措施,以达到脱贫要求。三是坚持政府主导与社会参与相结合。充分发挥政府、市场和社会的作用,强化政府责任,引导市场、社会协同发力,鼓励先富帮后富、守望相助,形成防止致贫返贫的工作合力。四是坚持外部帮扶与群众自我发展相结合。处理好外部帮扶与自身努力的关系,强化勤劳致富导向,注重培养困难群众艰苦奋斗意识,进一步激发内生动力,提升自我发展能力。

在监督工作方面,一是抓好组织实施和监督检查,督促责任落实。区县落实主体责任,负责做好调查核实、规范程序、精准帮扶、动态管理等工作。乡(镇)、村(社区)两级定期走访摸排,做好信息录入,抓好帮扶政策实施。各成员单位要加强数据共享与比对分析,及时通报支出骤增或收入骤减家庭的预警信息,鼓励预警机制创

---

① 蓝红星、庄天慧:《打赢疫情影响下的脱贫攻坚战靠什么》,《人民论坛》2020年第S1期,第106—108页。

新。二是各区县、市级相关行业部门因地制宜、探索创新，及时总结推广好经验、好做法，及时发现和解决防止返贫监测和帮扶机制实施过程中的苗头性、倾向性问题，在实践中不断完善机制、改进工作、提高成效。三是减轻基层负担。依托精准扶贫、精准脱贫现有成果，利用全国扶贫开发信息系统、重庆精准扶贫大数据平台等信息平台，充分发挥村两委、驻村工作队、信息员队伍作用，加强监测对象家庭信息、收入状况等信息共享，不另起炉灶，减少不必要的填表报数，切实减轻基层负担。

此外，在开展扶贫领域腐败和作风问题专项治理"回头看"方面，印发《关于深入开展扶贫领域腐败和作风问题专项治理"回头看"扎实抓好中央脱贫攻坚专项巡视反馈意见整改工作的通知》，通过看思想、看学习、看措施、看整改、看效果、看作风，着力解决建设项目招投标领域乱象丛生、违规使用扶贫资金等问题背后的腐败和作风问题，着力解决一些干部抓脱贫攻坚不在状态、消极厌战、急躁畏难等问题，以精准监督护航精准脱贫。制定《关于进一步强化行业主管部门脱贫攻坚领域监管责任的意见》，紧盯项目招投标、工程质量、资金使用等关键环节，列出责任清单，细化监管要求。市级有关部门落实一把手责任制，建立班子成员"划片包干"工作制度，切实解决行业部门监管缺位的问题。在加强扶贫项目招投标管理方面，印发《关于进一步加强扶贫领域基础设施建设项目招标投标工作的通知》，出台《扶贫领域工程建设项目招标投标管理暂行办法》《扶贫项目违规招标投标整改办法》。建立行业主管部门监管工作机制，完善扶贫工程建设项目信息公开制度，切实解决扶贫工程项目监管不到位问题。不断完善并畅通扶贫领域信访举报渠道，充分发挥微信公众号等"互联网+监督"渠道，对扶贫领域重点疑难问题线索加强督办,提高扶贫领域问题线索处置质量。

第四节 重庆市精准扶贫的成效

习近平总书记十分关心重庆的脱贫攻坚工作,先后于2016年、2019年两次亲临重庆视察指导,为重庆脱贫攻坚把脉问诊、定向导航。2016年1月,习近平总书记视察重庆时指出:"重庆脱贫任务不轻。要真抓实干,成熟一个摘一个,既要防止不思进取、等靠要,又要防止揠苗助长、图虚名;扶贫开发,成败系于精准,要找准'穷根'、明确靶向,量身定做、对症下药,真正扶到点上、扶到根上。"[①] 2019年4月,习近平总书记视察重庆并主持召开解决"两不愁、三保障"突出问题座谈会,对重庆脱贫攻坚工作给予充分肯定。总书记指出:"党的十九大以来,重庆聚焦深度贫困地区脱贫攻坚,脱贫成效是显著的","重庆的脱贫攻坚工作,我心里是托底的"。重庆市上下牢记嘱托、感恩奋进,坚定信心、顽强作战,高质量完成脱贫攻坚各项目标任务。经过国家"八七"扶贫攻坚和两个十年扶贫开发纲要的实施,特别是"8年精准扶贫、5年脱贫攻坚",重庆市党员干部脱贫攻坚的政治意识、责任意识、担当意识前所未有,对脱贫攻坚投入的资金和精力前所未有,全市发生的变化、取得的成效、老百姓的获得感前所未有,彻底改变了贫困地区的面貌,改善了生产生活条件,提高了群众生活质量,"两不愁、三保障"全面实现。

---

① 中共重庆市委理论学习中心组:《学深悟透习近平总书记关于扶贫工作重要论述 坚决打赢脱贫攻坚战》,《重庆日报》2019年4月15日第2版。

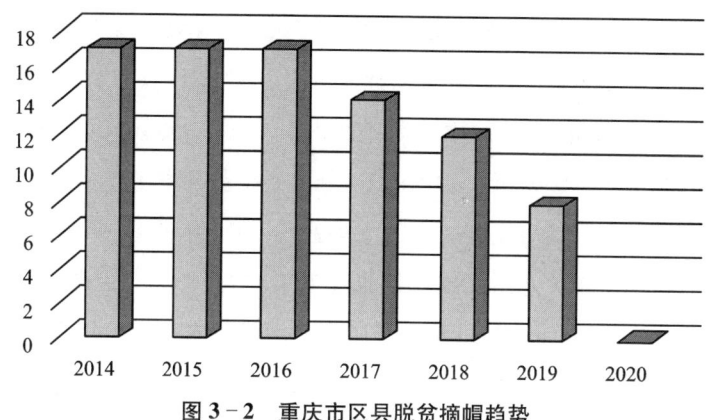

图 3-2 重庆市区县脱贫摘帽趋势

资料来源：重庆市扶贫办网站。

一、贫困区县经济改善，整体实现摘帽

2017年底，开州区、云阳县、巫山县3个区县整体摘帽；2018年底，石柱县、奉节县2个县整体摘帽；2019年底，城口县、彭水县、酉阳县、巫溪县4个县整体摘帽。截至2020年底，重庆市14个国家扶贫开发工作重点区县、4个市级扶贫开发工作重点区县全部脱贫摘帽，1 919个贫困村全部整村脱贫，现行标准下累计动态识别的190.6万建档立卡贫困人口全部脱贫。贫困群众全部实现吃穿不愁，义务教育、基本医疗、住房和饮水安全有保障。

二、贫困人口收入水平和生存能力得到提高

（一）提高贫困人口收入水平

我国现行脱贫标准是农民年人均纯收入按2010年不变价计算为

2 300 元，2014 年现价脱贫标准为 2 800 元。综合考虑物价水平和其他因素，逐年更新按现价计算的标准。假定按每年 6% 的增长率测算，2020 年全国脱贫标准约为年人均纯收入 4 000 元，折算成年人均可支配收入则为约 10 000 元。重庆市 14 个国家扶贫开发工作重点区县农村常住居民年人均可支配收入的平均数由 2014 年的 8 044 元增加到 2020 年的 15 019 元，分别比同期全市、全国平均增幅高 1.6% 和 2.5% 左右。一方面，2020 年重庆所有贫困区县农村居民年人均可支配收入在 10 196—17 617 元之间，但均高于 10 000 元贫困线；另一方面，2020 年全国农村居民人均可支配收入为 17 131 元，而重庆市农村常住居民人均可支配收入为 16 361 元，略低于全国水平。经过脱贫攻坚的历程，重庆市涪陵区、南川区、忠县、潼南区的农村常住居民年人均可支配收入均超过全国和重庆农村居民年人均可支配收入。武隆县（区）、石柱土家族自治县的农村常住居民年人均可支配收入超过重庆市所有贫困区县农村常住居民年人均可支配收入的平均值。此外，90% 以上的贫困户得到扶贫政策扶持，有劳动力的贫困家族至少一人实现稳定就业，建档立卡贫困人口年人均纯收入由 2014 年的 4 920 元增加到 2020 年的 11 581 元，年均增幅 15.34%。

（二）提升贫困人口消费水平

从消费支出来看，重庆市贫困地区农村常住居民人均消费支出从 2015 年的 13 075 元增加到 2020 年的 14 735 元，人均消费支出绝对值在全国同类地区中处于相对领先的水平。

从消费结构来看，近年来重庆市贫困地区农村常住居民在吃穿方面的支出占比明显下降。例如，2020 年，农村居民人均发展型消费支出 4 389 元，占比保持相对稳定，恩格尔系数较 2015 年降低 3.5 个百分点；城镇居民人均发展型消费支出 8 110 元，占比提高 14.5 个百分点，恩格尔系数降低 15.2 个百分点。农村的恩格尔系数持续降低，消费结构持续优化，消费升级也稳步推进，农村居民已从"过日子"向"享受生活"转变。

三、农村基础设施条件不断改善

一般认为，完善基础设施、改善人居环境是贫困地区彻底脱贫的关键要素，也是稳定脱贫、不再返贫的重要保障。2014—2020 年间，长期困扰贫困群众的出行难、饮水难、上学难、看病难、通信难、用电难等"老大难"问题普遍得到有效解决。

（一）交通基础设施建设显著加强

近年来，重庆市新修建农村公路 8.4 万千米，全市"四好农村路"总里程已达到 13.9 万千米，农村公路通车里程超过 16 万千米，路网密度达到 169 千米/百平方千米。此外，重庆累计建成乡镇客运站 585 个、村级招呼站点 1.3 万多个，全市行政村通客车率达 99.1%。

（二）贫困人口饮水安全难题得以解决

2016 年，重庆市出台《重庆市村镇供水条例》，为农村供水管理提供政策保障。2019 年，重庆市出台《关于建立健全农村供水工程运行管护长效机制的意见（试行）》，各区县也出台了县级农村供水管理办法，从建立健全农村供水工程运行管护责任、设施建设、水质监管、运营管理、有偿用水、运行管护激励等方面推进长效管护机制建设。全市已累计建成农村供水工程44.9万处，实施农村饮水安全巩固提升工程1.9万余处，新建乡镇生活污水处理设施管网4 543公里，覆盖农村人口2 350.6万人。集中供水率达88%，自来水普及率达86%，农村人口供水入户比例达97.5%，农村供水设施基本实现全覆盖。重庆贫困人口饮水安全已达到了国家脱贫攻坚现行标准，实现贫困人口饮水安全动态清零，贫困人口饮水安全问题已全面解决。

（三）易地扶贫搬迁稳健达标

"十三五"期间，重庆市积极深化易地扶贫搬迁工作，截至2020年，累计完成6.48万户25.2万人建卡贫困人口搬迁任务，搬迁群众全部实现入住。在搬迁安置方式上，不搞强迫命令，鼓励和引导搬迁群众自愿选择安置方式。在搬迁安置方式选择上，充分尊重群众意愿，共计建设6户及以上集中安置点253个，安置搬迁群众4 100余户1.5万人，其中最大的黔江区李家溪集中安置点共安置搬迁群众413户1 531人。落实到人到户建房补助资金近30亿元，人均获得直接补助不低于1万元，切实解决搬迁群众建房资金需求。此外，重庆市还综合考虑搬迁群众生产生活需要，充分利用财政金融资金，因地制宜推进搬迁住房建设，加强房屋工程质量安全监管，切实完善搬迁安置区水、电、路、讯等基础设施，搬迁安置户安全饮水、生活用电、通信网络实现全覆盖，确保搬迁群众安心、舒心、放心地入住"质量好、风貌好、环境好、生态好"的"四好"搬迁住房。系统谋划易地扶贫搬迁工作，加大教育、卫生、文化等公共服务设施建设力度，明显改善搬迁群众就学、就医、出行、社区服务等条件，其中，建成村卫生室10 209个，农村5 230所义务教育阶段学校全部达标。此外，重庆市还围绕易地扶贫搬迁"后半篇文章"，把主要精力放到产业培育、就业保障、社区管理与融入等后续工作上来，促进搬迁户就业有门路、收入有来源，高质量脱贫，持续增收致富，实现易地扶贫搬迁贫困户零就业家庭动态清零，搬迁人口全部达到脱贫标准。

（四）信息基础设施扎实推进

自2015年脱贫攻坚战打响以来，重庆市通信行业已累计投入约69亿元用于信息通信网络建设，建设基站3.4万个、宽带端口567万个，大力推动光纤和4G网络向农村腹地延伸。通信行业搭建的数据平台支撑扶贫信息化应用，积极推广智慧农业、智慧医疗、远程教育等涉农信息化应用，建设各类涉农信息平台54个；支持农村电商发展，拓宽扶贫产品销售渠道，推动"产销对接"，助推网络直播"带货"；制定专属资费，降低贫困群众网络使用成本，全市累计办理网络精准扶贫资费28.32万户，办理业务35.57万单。此外，重庆市通信管理局率先在贫困区县试点"5G+卫生健康精准扶贫"重点应用场景建设，推动"5G+远程医疗"向贫困县延伸，推动扶贫信息网络服务体系更加完善，为下一步乡村振兴中的信息基础设施建设打下坚实的基础。

四、贫困地区经济社会发展速度明显加快

（一）经济总量上升

贫困区县坚持以脱贫攻坚统揽经济社会发展全局，许多长期想解决但没有解决的难题在脱贫攻坚中得到有效破解，增厚了经济发展的

底子，补齐了短板弱项，破除了发展瓶颈，区域经济活力和发展后劲明显增强。"十三五"时期，14个国家扶贫开发工作重点区县及4个市级扶贫开发工作重点区县 GDP 年均增速为 8.2%，比同期全市平均增速高 0.1 个百分点。

（二）产业结构优化

截至 2020 年，重庆市已完成近 300 个"一村一品"示范村建设。在优化产业结构方面，农业产业结构有效调整，产业发展水平和贫困地区产业聚集度明显提升。重庆市大力发展现代山地特色高效农业，每个贫困区县培育 1 个以上扶贫主导产业，推动柑橘、茶叶、中药材等特色产业向贫困地区拓展。重庆市发展柑橘、榨菜、中药材、茶叶等扶贫产业 2 151 万亩，其中 18 个贫困区县 843 万亩。积极做好"一村一品"创建，以村为基本单位，发挥本地资源优势，大力推进规模化、标准化、品牌化和市场化建设，使一个村（或几个村）拥有一个（或几个）市场潜力大、区域特色明显、附加值高的主导产品和产业，带动村民增收。

（三）产业引领作用增强

在加强产业引领方面，重庆市持续抓好龙头企业培育和农民专业合作社规范化发展。在 18 个贫困区县新发展 200 家区县级以上龙头企业，加强农民合作社规范化建设，实现贫困村农民合作社全覆盖，有产业、有意愿的贫困户 100% 加入专业合作社。同时，借助农村"三变"改革，构建起各经营主体与农户间更加稳定的利益联结机制，让贫困户更好地融入产业发展中。重庆市共有 591 个村开展了农村"三变"改革试点，其中贫困村 192 个，11.4 万贫困人口成为股东。[①] 总体

---

① 《重庆构建产业扶贫长效机制》，《重庆日报》2020 年 9 月 18 日第 1、2 版。

而言，通过脱贫攻坚，重庆市农村发展整体水平得到了极大的提升。

五、农村基层治理能力得到有效提升

重庆市选优配强贫困县、乡、镇领导班子，脱贫攻坚期间贫困县县级领导班子保持稳定；坚持党对脱贫攻坚工作的全面领导，严格落实"五级书记抓扶贫"责任制；开展书记遍访行动，健全贫困村两委班子，注重从致富能人、返乡创业人员、退伍军人等优秀人才中选拔村干部，村党组织书记、村委会主任"一肩挑"比例明显提高。分批次累计建立了5 800个驻乡驻村工作队，5.71万名驻村工作队员和第一书记、20余万名结对帮扶干部扎根一线，专项扶贫、行业扶贫、社会扶贫"三位一体"大扶贫格局全面形成，基层党组织战斗堡垒作用明显增强，基层干部素质能力有效提升，党在农村的执政基础不断夯实。

第四章
重庆市金融精准扶贫的实践与创新

金融排斥在世界范围内是一个普遍现象。传统金融研究早已发现一些金融机构为了追求"价值最大化"目标,① 在扩大金融服务机构种类与金融产品以及服务范围的同时,将农村地区的金融机构网点纷纷关闭,② 从而造成了这些相对落后地区缺少金融机构,并造成一些低收入贫困群体个人或家庭长期处于"金融排斥"状态,导致其无法享有主流金融机构提供的金融服务。③ 尤努斯(Muhammad Yunus)曾讲过一句话"The poor are bankable",意即"穷人有信"。实际上贫困群众并不缺乏信用,缺乏的是证明信用的信息,呈现信用的机制最终影响到获取信用的能力。可见,金融排斥现象是不利于金融扶贫的。

消除贫困是社会主义的本质要求,也是新时代赋予金融的重要使命。金融作为"国之重器"必当人民至上,坚持人民至上是检验金融服务中国特色社会主义发展质效的价值标尺。中国金融扶贫是人类

---

① 王修华、邱兆祥:《农村金融发展对城乡收入差距的影响机理与实证研究》,《经济学动态》2011年第2期,第71—75页。

② 董晓林、徐虹:《我国农村金融排斥影响因素的实证分析——基于县域金融机构网点分布的视角》,《金融研究》2012年第9期,第115—126页。

③ A. Leyshon, N. Thrift, "The Restructuring of the U. K. Financial Services Industry in the 1990s: A Reversal of Fortune?", *Journal of Rural Studies*, 1993, Vol. 9, No. 3, pp. 223-241.

历史上最大规模的反贫壮举的重要组成部分，因此，打赢脱贫攻坚战离不开中国不断建立更加完善的金融精准扶贫体系。不同类型和不同规模的金融机构要积极地参与脱贫攻坚，扑下身子抓落实，咬定目标加把劲，克服"金融排斥"，不断提升金融扶贫的广度和深度。

"以一隅谋全局"，可以讲，重庆市脱贫攻坚是新时代金融实践的最好试验田，是检验新时代金融工作是否保持初心使命的最好试金石。打赢脱贫攻坚战不是"数字游戏"，而是一个实实在在的目标。重庆市金融机构坚持以习近平总书记关于扶贫工作的重要论述为指引，全面贯彻党中央、国务院部署，在重庆市委、市政府安排下，在扶贫办、人民银行、银保监会等部门的指导下，聚焦"两不愁、三保障"金融精准扶贫工具和服务方式创新，加大精准帮扶力度，狠抓责任落实和工作落地，使金融精准服务工作取得新成效、新突破，金融精准扶贫体系更加完善，为下一步衔接乡村振兴积累了坚实的物质基础，为新时代金融支持"三农"发展提供了宝贵的经验。"十三五"期间重庆市脱贫攻坚与金融紧密结合，促进了金融实践与脱贫攻坚"同频共振"，积极面对金融扶贫中遇到的各种机遇与挑战，促进金融扶贫精准性、有效性、公平性的整体提升。截至2020年第二季度，重庆市金融机构累计发放金融精准扶贫贷款1 242.6亿元；全市产业扶贫贷款余额300亿元，实现高速增长；基础设施建设等项目贷款1 151亿元，累计惠及建档立卡贫困人口超过400万人（次），为全市打赢打好脱贫攻坚战提供了有力的金融支撑。

盘点工作，沉淀经验，重庆市金融扶贫摸索出一条金融下沉赋能的可持续金融精准扶贫路径，交出一份金融精准扶贫的"重庆答卷"。重庆的金融扶贫实践至少有四个方面值得认真总结经验：一是发挥党的政治优势和组织优势，结合金融业实际，以人民为中心，加强党对金融扶贫工作的领导,强化政府责任,全流程"把脉体验",发挥强有力的制度保障作用。二是金融机构结合脱贫攻坚,积极探索金融下沉乡村、金融扶贫滴灌下的"内生式"扶贫模式,聚焦"三农"领域病气和内部堵点,织网络、搭平台、建场景、育生态,特别是依托新金融工具、产品、服务,打造乡村金融基础服务平台,打通金融下乡的"最后一公里"。三是金融从"道"与"术"两个层面开辟新模式,通过与智慧政务等系统的对接,推动大数据等金融科技对服务对象的信用画像,发挥数据作为新生产要素对传统生产要素的融合和引导作用,金融助力实行扶持对象、项目安排、资金使用、措施到户、因村派人、脱贫成效"六个精准",实行发展生产、易地搬迁、生态补偿、发展教育、社会保障兜底"五个一批",不断提升金融资源有效流通效率,建设金融基础设施,培育农村信用环境,进而从根本上阻断贫困恶性循环和代际传递,助力贫困地区和贫困群众内生"造血"机能,形成循环通畅、自我发展的能力和机制。四是金融扶贫干部"尽锐出战"。金融扶贫任务是否完成、完成的质量如何,关键在人。"盖有非常之功,必待非常之人。"在脱贫攻坚的过程中,重庆市金融机构涌现出一批自力更生、光荣脱贫,情系群众、甘于奉献、守望相助、扶贫济困,组织推动、改革创新的先进个人和先进集体,他们见证了人民得到实惠、人民生活得到改善、人民权益得到保障,构筑了新时代金融工作者人民至上的政治立场,做好了精准扶贫工作价值观引领,展现了新时代金融工作者面对复杂变局时的价值坚守。

第一节　重庆市金融精准扶贫面临的挑战

一、地理位置偏远和借贷规模小导致金融服务成本高

重庆市涉及"三农"金融业务的银行主要是农业银行、邮政储蓄银行、重庆农商银行。尽管县域银行业金融机构的贷存比较高,但是银行存款从农村转移到城市的问题仍然比较严重。工商银行、中国银行等金融机构在农村地区的银行网点较少,开展农村金融面临两个基本障碍:一是信息不对称和农业弱质性导致的高风险,二是地理距离远和借贷规模小导致的高成本。大银行开展农村贷款,尤其是开展针对(贫困)农户的小额贷款业务具有经济效益不佳的问题,因而大银行直接开展的农村金融服务的规模一般都很小。[1] 从融资成本来看,扶贫再贷款为金融机构提供了极低成本的资金,但金融机构在运用扶贫再贷款发放的贷款时存在基准利率的上限,普通贷款对扶贫贷款势必产生挤出效应。[2] 另外,农村中小金融机构(如村镇银行)应该是支农的主要力量,但是由于资本的逐利性,在我国农村金融市场

---

[1] 孙同全、杜晓山:《农村欠发达地区金融扶贫创新——重庆市开县民丰互助合作会扶贫实践的启示》,《经济研究参考》2015年第44期,第79—82页。

[2] 董晓亮:《建立金融扶贫利益联结机制面临的四大矛盾与对策思考——基于重庆金融扶贫的调查与思考》,《金融经济》2017年第22期,第150—151页。

竞争不够充分、监管制度有待完善的情况下，中小金融机构的资金投放也出现"脱农"现象。公益性小额信贷机构虽然以促进落后地区及其中低收入人群的经济发展为宗旨，并且发挥了很好的金融扶贫功能，但是这些机构多数是在扶贫项目基础上以社团形式注册登记的，少数以小额贷款公司或资产管理公司等形式登记，都没有合法的金融机构身份，不能纳入征信系统，难以扩大资金来源，发展举步维艰。虽然中央一再通过鼓励农民合作组织在成员内部开展资金互助，但从实际情况来看，由于没有很好地解决内部治理机制和外部规范监管等问题，农民资金互助组织"携款跑路"和管理混乱的现象不断出现。因此，地方政府对开展农户资金互助小心翼翼，少有明确的鼓励政策和措施出台。上述问题在一定程度上使在农村地区深化金融扶贫业务的难度加大。

二、贫困户金融意识和发展能力弱与商业可持续性原则之间存在矛盾

一方面，农村青壮劳动力人口外出流失严重，在家人口多为老年人，发展意识不强，对贷款需求不大。从人民银行重庆营管部的调查情况来看，18个重点贫困区县因病、因学、因灾、因残、缺劳动力、缺土地、缺水、交通落后和自身发展能力不足九大非资金因素致贫人口占全部贫困人口的比重达87.4%，资金因素致贫比重仅为12.6%。对重庆14个贫困村的调查显示，外出务工的贫困户占比高达67.1%，承包土地流转给农业大户经营或撂荒，在本地无生产经营项目，缺乏基本的经济承载基础。贫困户大都自主发展能力弱，外出务工收入基本满足日常生活开支，家庭养殖在财政补贴下基本实现正常运营，普

遍缺乏生产性和投资性融资需求及发展规模生产的能力，大多是小生产、小经营，对贷款需求不大。① 另一方面，金融机构出于成本效益考虑，对贫困人口客户群体的调查、产品服务设计及服务设施布置相对不足，一线信贷人员出于风险考虑，服务积极性也不高。虽然扶贫贷款成本低，但如果对扶贫贷款不实行独立核算和差异定价，扶贫贷款必然因受到其他类型贷款的挤出而规模较小。

三、利益联结多层次性的发展需求难以得到有效的释放

金融服务本身具有的多层次特征，决定了金融扶贫工作的丰富形式。从利益联结渠道来看，金融机构面向建档立卡贫困人口提供的扶贫小额贷款、助学贷款等信贷支持与贫困人群的利益联结是最为简洁明了的，但向扶贫开发领域的各类产业经济组织和基础设施项目提供的金融支持与贫困人群的利益联结却是错综复杂的，特别是当产业经济组织与贫困人群之间的务工、产销等关系呈现季节性、跨地区性等特征，以及通过推进基础设施项目，贫困地区交通、水利、电力等生产生活条件整体得到改善时，难以将金融扶贫与贫困人群的利益联结精准化、定量化和常态化。从利益联结过程来看，金融扶贫工作包括从政策部门到金融机构、从金融机构到承载主体、从承载主体再到贫困对象等节点，是一个多主体参与、多环节衔接的链条。各参与主体在目标和约束上的差异，导致金融扶贫与贫困人群之间的利益联结不够通畅，金融资源难以精准抵达贫困人群。例如，如果金融机构在信

---

① 耿小烬:《扶贫小额信贷的重庆实践与深入推进对策研究》,《重庆行政》2019年第6期，第110—113页。

贷计划、资金定价、服务对接、绩效考核等方面没有采取实实在在的倾斜措施，金融扶贫利益联结链条就可能中断。

四、财政扶贫过度托底

金融扶贫注重可持续性，有利于对金融扶贫资源承载主体形成财务约束和长效培育发展机制。财政扶贫注重无偿性和托底性，除了对社会兜底脱贫发挥主导作用外，还有利于解决金融扶贫过程中企业、项目和人群发展生产的费用补贴、风险缓释等问题，撬动金融资源扩大投入。但在实践中，金融扶贫与财政扶贫的政策配合效果并不理想。以重庆南川区 F 村为例，这个村是多个部门重点支持的贫困村，有 40 户贫困户，投入的财政扶贫资金达 1 500 万元，导致扶贫对象完全没有了债务融资需求，意味着该村被动选择了成本最高的脱贫方式。此外，一些贫困村由于财政扶贫资金分配不平衡，扶贫企业、扶贫项目和贫困人群发展生产的初期资本金投入不足，不具备规模化承接金融扶贫信贷资金的基本条件，金融扶贫难以真正落地。

第二节　重庆市金融精准扶贫的框架体系

金融扶贫的参与机构随着脱贫攻坚工作的推进而不断增加。为落实中央扶贫开发工作会议和《中共中央　国务院关于打赢脱贫攻坚战的决定》（中发〔2015〕34 号）精神，全面改进和提升扶贫金融服务，增强金融扶贫服务的精准性和有效性，人民银行、发改委、财政部、银监会、证监会、保监会、扶贫办联合印发了《关于金融助推脱贫攻坚的实施意见》（以下简称《意见》）。《意见》从准确把握总体要求、精准对接多元化融资需求、大力推进普惠金融发展、充分发挥各类金融机构主体作用、完善精准扶贫保障措施和工作机制等方面提出了金融助推脱贫攻坚的细化落实措施，对深入推进新形势下金融扶贫工作进行具体安排部署。为贯彻落实《中共中央 国务院关于打赢脱贫攻坚战的决定》精神，按照重庆市委、市政府《关于精准扶贫精准脱贫的实施意见》要求，人民银行重庆营业管理部、市发改委、市财政局、市扶贫办、市金融办、重庆银证保监局、国家开发银行、农业发展银行、国有商业银行、股份制商业银行、邮政储蓄银行、部分异地城市商业银行等在渝机构以及重庆银行、重庆三峡银行、重庆农村商业银行、各贫困区县村镇银行等地方法人金融机构积极参与到重庆金融扶贫工作中。

一、人民银行重庆营管部牵头主导

人民银行重庆营业管理部会同 5 个市级部门制订《重庆金融业贯彻落实"精准扶贫、精准脱贫"行动方案》（以下简称《行动方案》），会同市财政局出台"两翼"地区财政金融奖补措施，会同市扶贫办、市财政局启动扶贫小额信贷，引导金融机构加强贫困地区金融服务。统筹推进货币信贷、调查统计、支付结算、征信管理、货币金银、科技等多层次的金融扶贫政策服务。[①]

[①] 刘建民：《农村金融制度创新支持精准脱贫的难点与对策——基于我国中西部金融扶贫的调研》，《学术论坛》2018 年第 5 期，第 96—102 页。

二、政策性银行创新推动基础设施建设

国开行重庆分行在市、县、乡开展多级合作,为贫困地区提供多维度、多领域的系统性融资规划服务,不仅与市扶贫办合作完成《重庆市"十三五"金融扶贫研究》,与区县合作完成武隆等4个区县的扶贫融资规划,而且还与深度贫困乡镇石柱县中益乡合作完成《中益乡定点包干脱贫攻坚规划》。截至2020年,国开行重庆分行大力实施向贫困地区派驻扶贫金融专员的创新举措,精心选拔了23人次的业务骨干到贫困地区专职开展扶贫工作,对口服务14个国家级贫困县和4个市级贫困县。这些扶贫干部充分发挥了开发性金融机构和地方政府的桥梁纽带作用,还利用自身业务优势,参与具体的金融扶贫工作,扩展当地小额贷款惠及面,并在政策宣介、项目策划、融资模式等方面给予支持,不断提高蜂蜜、黄精等当地特色农产品的影响力,帮助贫困村民增收致富。2014—2020年,国开行重庆分行累计发放扶贫贷款390亿元,占累计贷款投放比例的14%;扶贫贷款实现重庆市14个国家级贫困县和4个市级贫困县全覆盖;扶贫贷款余额由2016年末的86亿元增长到2020年的254亿元,年均增长30%。截至2020年,国开行重庆分行向重庆市重大基础设施扶贫项目累计发放贷款118亿元,其中向农村基础设施扶贫项目发放贷款62亿元。

三、商业银行积极参与创新精准滴灌的内生扶贫金融产品与服务

重庆市银行类金融机构，包括国有商业银行、股份制商业银行、邮政储蓄银行、部分异地城市商业银行等在渝机构以及重庆银行、重庆三峡银行、重庆农村商业银行积极开拓扶贫类模式创新，积极探索下沉乡村的方法，创新精准滴灌的内生扶贫模式。例如，支持创新农村互助合作金融组织发展，建立开县民丰互助合作会并借助其发放扶贫贷款。该合作会现有总资产3.8亿元，在该县15个乡镇设立了20个分会，业务覆盖了180个村中的580个社级农户自治中心，可为近17万农户提供小额信贷服务。为了降低该机构的金融风险，开县人民政府和市扶贫办根据中国银监会等三部门《关于引导规范开展农村信用合作的通知》和国务院扶贫办《关于进一步做好贫困村互助资金试点工作的指导意见》要求，以"控制风险、严格程序、规范管理、市场经营"为原则，对合作会的组织架构、资金来源、经营方式等主要风险点进行积极、稳妥、审慎的规范引导。

四、保险、证券、信托等其他类金融机构不断强化体系功能

重庆地区的保险、证券、信托、担保等金融机构明确各自的职能，发挥各自的比较优势，以新理念、新技术推动金融扶贫体系构建，通过"新基建"促进同业"共建基础设施、共享数据、共担风

险",丰富和完善精准扶贫金融体系,形成金融扶贫合力。不断推动保险公司以及小额贷款公司等金融企业为贫困地区的贫困人口、小微企业、农村新型经营主体等提供储蓄、信贷、保险、担保等各种各样的金融服务和产品,以在生存、生产、发展等方面支持贫困群体从事生产劳动、满足家庭消费、获取信贷应对突发事件等各种需求,为其创造发展机会,帮助其摆脱贫困。

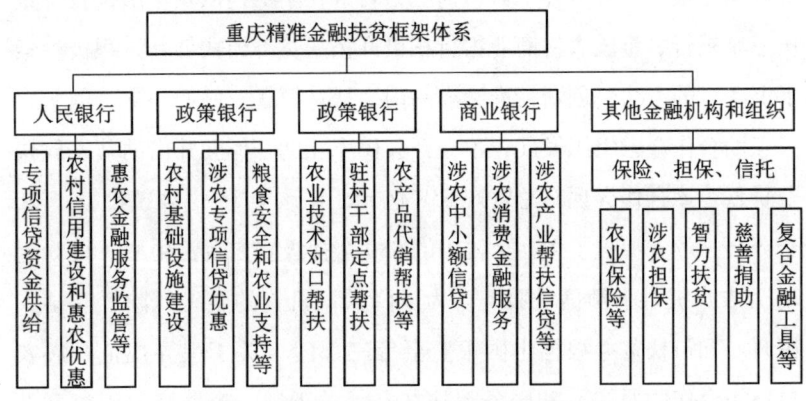

图 4-1 重庆多层次、多元化金融扶贫体系

资料来源:作者整理绘制。

第三节 重庆市金融扶贫中的金融工具

一、人民银行的政策性金融扶贫工具

(一)扶贫小额贷款与再贷款政策工具

结合重庆实际,提高投放效率,精准支持贫困人口,通过积

极争取，人民银行重庆营管部助力重庆成为全国首批扶贫再贷款定价机制试点地区，充分调动金融机构借用扶贫再贷款的积极性，把扶贫再贷款资金优先用于支持贫困户进行产业发展和创业。人民银行重庆营管部运用专项再贷款、支农再贷款、扶贫再贷款等结构性货币政策工具为银行提供低成本资金。截至2020年8月末，直接投向涉农领域的优惠利率贷款达98亿元，其中，运用专项再贷款支持贫困地区贷款18亿元。人民银行重庆营管部还创新推广扶贫"再贷款+"模式，即再贷款和其他领域进行合作。比如，与金融机构合作开展"扶贫再贷款+产业扶贫贷款+产业发展+贫困人口脱贫"，金融机构运用扶贫再贷款资金发放的贷款利率为5.25%，较其运用其他资金发放贷款利率低2.92%。这种方式提高了银企对接效率和支持的精准性，有效增强了信贷资金的流动性。

（二）扶贫货币信贷工具

加强在贫困地区的货币信贷力度，构建"货币信贷政策支持—信贷优惠—产业扶贫—贫困人口脱贫"的利益联结机制，推动形成稳定脱贫的内生动力。针对义务教育、基本医疗、住房安全"三保障"，发挥好助学贷款、易地扶贫搬迁贷款、创业担保贷款等相关金融产品的定向支持作用，推动补齐"两不愁、三保障"短板。推出"央行+金融机构"的模式，创新金融扶贫"拳头"产品，如石柱、黔江等重点贫困区县推出"欣农贷""惠农贷"等央行资金与银行运作相结合的"央行+"系列金融扶贫产品。此外，重庆农商行推出了"贫困扶助贷"，邮储银行市分行推出了"山羊养殖扶贫贴息贷款"，交通银行市分行推出了"扶贫优惠贷"等。

(三)"两权抵押"贷款工具

"两权抵押"贷款是指农村承包土地的经营权抵押贷款和农民住房财产权抵押贷款。人民银行会同相关部门联合印发《农村承包土地的经营权抵押贷款试点暂行办法》和《农民住房财产权抵押贷款试点暂行办法》。这两个"办法"从贷款对象、贷款管理、风险补偿、配套支持措施、试点监测评估等多方面,对金融机构、试点地区和相关部门推进落实"两权"抵押贷款试点工作提出了明确的政策要求。[①]

重庆市在2010年11月开始试点农村"两权"抵押融资。作为全国统筹城乡综合配套改革试验区,重庆市在国家法规和政策许可的范围内,充分发挥"全国统筹城乡综合配套改革试验区"的优势,积极探索盘活农村资产的有效途径。至2014年底,全市已经发放了农村"两权"抵押贷款223亿元,且不良率控制在0.1%以内。具体措施如下:一是成立了重庆市农村土地交易所。这是全国首家农村土地交易所。二是建立伞形风险分散体系。由市财政出资组建了兴农融资担保有限公司,注册资本为30亿元,全市37个县(区)则各自组建注册资本为1亿元的子公司。如果以10倍放大计算,最终可为1 000亿元"两权"抵押贷款进行担保。三是建立专门的"两权"抵押贷款风险补偿基金。基金由市和县(区)财政注资7亿元,其中市财政筹集4亿元。四是为"两权"抵押贷款设定效力提供法律依据。如重庆市高院创新司法实践,专门为涉及农村"两权"的各类纠纷

---

① 柴卫平:《商业银行支持现代农业发展需要新思路》,《新金融》2016年第8期,第44—48页。

案件出台了司法解释。五是提高基层营销"两权"抵押贷款的积极性。如对"两权"抵押贷款采取较低的资金成本计价政策；对经办支行实行直接调增考核利润的激励措施；将此项贷款利息收入的20%奖励给经办人员；与农业担保公司合作，担保公司负责为"两权"资产不足值的农户提供担保，增加了农户的信贷可得性。① 此外，联动金融支持产业发展与农村"三变改革"，积极推广农村承包土地的经营权抵押贷款业务，创新集体经济组织金融服务模式，因地制宜探索开展集体资产股份等抵押融资，有效拓宽农村企业融资担保抵押范围。

（四）产业扶贫金融工具

人民银行重庆营管部聚焦产业发展，探索金融扶贫长效机制。创新构建银企精准对接机制，累计建立产业扶贫白名单企业1 249个，组织金融机构积极对接，一企一策解决融资难题。创新差异化信贷支持机制，鼓励企业多带贫。引导金融机构对带贫多、带贫效果好的企业在贷款利率、贷款额度等方面给予优惠支持。结合"两权"抵押、宅基地改革、农村"三变改革"、"三社融合"加大金融产品创新，实施金融扶贫"一行一品"创新行动，根据农产品产业特点创新推出"烟叶贷""榨菜贷""花椒贷""牛肉贷"等基于订单和应收账款的弱担保金融产品，实现生猪活体抵押贷、圈舍贷全市和全国零突破。此外，截至2020年末，围绕扶贫产业发展开展金融扶贫工作，全市产业扶贫贷款余额达351亿元，同比增速达68.7%，且已成功创建145个市级金融扶贫示范点。金融机构在示范典型创建中推出"丰

---

① 高勇：《农村"两权"抵押融资问题研究——基于我国部分省市的试点经验及启示》，《国际金融》2015年第6期，第24—29页。

都牛肉贷""金叶贷"等40余种特色扶贫金融产品,并探索出"公司+基地+农户"等多样化的金融支持模式。

(五) 金融扶贫示范点

自2014年起,人民银行重庆营管部和重庆市扶贫办联合在秦巴山区、武陵山区连片特困地区启动了为期2年的金融扶贫示范区(县)建设活动,在自主申报、择优选择的基础上,确定黔江区、云阳县、巫溪县等为全市金融扶贫示范区(县)建设的试点地区。人民银行重庆营管部及地方金融机构积极开展创建"金融扶贫示范点",打造金融扶贫"拳头"产品等金融精准扶贫行动。全市已成功创建106个市级金融扶贫示范点,推出30多个金融扶贫"拳头"产品。通过设立村级产业扶贫基金,撬动信贷资金。具体而言,由政府、银行等单位共同出资,设立贫困村一级产业扶贫风险补偿基金,银行按基金规模放大4—10倍向产业扶贫参与企业发放贷款,引导信贷资金精准流向贫困户、龙头企业。引进农业龙头企业共建产业扶贫项目,通过与企业签订产业扶贫协议,统一办理保险,带动贫困户增加纯收入,参与享受分红。

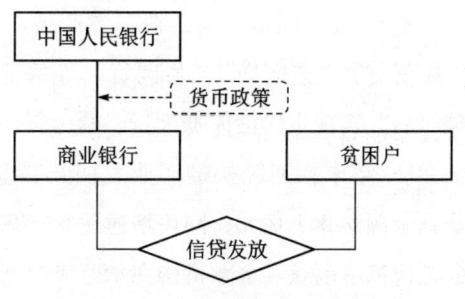

图4-2 人民银行扶贫机制

资料来源:作者整理绘制。

二、开发性金融机构与政策性银行的金融扶贫工具

以国家开发银行为代表的开发性金融机构始终牢记初心使命,强化政治担当,把服务脱贫攻坚作为首要政治任务,紧紧围绕精准脱贫方略,对症下药治穷病,在基础设施、产业扶贫、生态扶贫、教育扶贫、融智扶志等领域全方位精准发力,为决胜脱贫攻坚和全面建成小康社会谱写开发性金融篇章。国家开发银行既具有投融资(主要是中长期贷款)的金融功能,又具有在重点领域、薄弱环节、关键时期发挥开发性和战略性作用的制度优势,在金融扶贫中承担了重要责任,这是它同其他银行相比一个突出的特色。

(一)支持贫困区县基础设施建设的金融工具

完善基础设施、改善人居环境是贫困地区彻底脱贫的关键举措,也是稳定脱贫、确保不再返贫的重要保障。在高质量打赢脱贫攻坚战的过程中,国开行重庆分行充分发挥开发性金融优势,精准聚焦贫困地区基础设施建设,打通脱贫致富"最后一公里"。"要想富,先修路。"修路是国开行通过金融改善基础设施的主要手段之一。地处大巴山东段南麓的巫溪县是典型的山区农业县,交通设施落后,贫困人口众多,是脱贫攻坚的难点和重点。巫镇高速公路(重庆巫溪至陕西镇坪)的规划建设为当地经济发展带来新机遇。为此,国开行重庆分行牵头银团投放 6.6 亿元贷款支持巫镇高速公路建设,打通巫溪外向通道,带动秦巴山区和川陕革命老区集中连片脱贫致富。此外,国开行重庆分行累计向万利路(重庆万州至湖北利川)、酉沿路(重庆酉阳至贵州沿河)、黔石路(黔江至石柱)等区际或省际高

速公路投放贷款138亿元，惠及建档立卡贫困人口55万人。在铁路建设方面，该行为渝怀铁路涪陵至秀山段增建第二线工程投放15.85亿元扶贫贷款，其中9.85亿元为深度贫困地区扶贫贷款。该项目惠及沿线建档立卡贫困人口47.19万人（含已脱贫享受政策），占户籍人口比重达到10.94%。

另外，饮水安全基础设施的金融支持是脱贫攻坚的重要部分，也是顺承乡村振兴的关键内容。国开行重庆分行较早地关注了这一领域的金融支持工作。处于武陵山和大娄山峡谷地带的武隆区由于水资源分布不均，长期以来农村地区供水不足且水质不达标。自2016年以来，该行累计向武隆区境内的安全饮水提升工程投放贷款3.3亿元，对分布于武隆全区的43处水厂进行改造或重建，提高当地生活饮用水质量。项目建成后，武隆区135个行政村、16.9万农村人口的供水保证率和水质达标程度显著提高，其中受益建卡贫困村65个、建卡贫困人口4.6万人。

（二）支持涉农产业发展的政策性金融工具

产业扶贫能够在贫困地区根植发展基因、激活发展动力，是稳定脱贫的根本之策。国开行与政府配合协作，建立一系列适合产业发展的金融体系。国开行重庆分行聚焦贫困地区发展痛点，以精准信贷推动当地特色产业发展，激活"造血"功能，依托产业扶贫构建起金融扶贫可持续发展的长效机制。① 在产业扶贫领域，国开行重庆分行还通过与龙头企业合作，大力推动贫困户与企业签订用工协议，并以土地入股等形式，构建稳定的利益联结机制，促进产业扶贫与乡村振

---

① 王彦波：《国开行重庆分行：金融活水激活产业扶贫新动能》，《金融世界》2020年第9期，第86—87页。

兴有机衔接。国开行重庆分行还积极培育"隘口产业扶贫创新"。地处渝黔交界的秀山县隘口镇山路蜿蜒、地势险峻，是重庆市18个深度贫困乡镇之一。为助力隘口镇如期高质量打赢脱贫攻坚战，国开行重庆分行结合当地自然条件和产业基础，精准支持当地茶叶产业链建设，打造"秀山毛尖"特色优势品牌。国开行重庆分行向当地农业龙头企业——秀山县佳沃农业发展有限公司提供授信支持1亿元，建设茶叶基地10 000亩，并新建茶叶加工厂房等配套设施。在融资方案上，该行充分发挥开发性金融优势，将项目贷款期限设定为15年，有效缓解还本付息压力。同时，结合农村"三变"改革，该行与地方政府共同推动建立"龙头企业+合作社+贫困农户"的利益联结机制，支持后续的茶叶基地管护、茶叶采摘、加工和销售等环节的资金需求，让贫困户在产业发展中实现稳定脱贫。另外，国开行重庆分行还向龙头企业汇达柠檬公司授信2 000万元，并与企业、当地政府签订脱贫帮扶协议，通过土地流转、保障性收购、协议用工等方式增加农户收入。在多项措施的共同助力下，当地贫困户每亩土地收入已从未种植柠檬时的1 000元左右增长至种植柠檬后的10 000元左右。此外，汇达柠檬通过收购农户种植的柠檬果，以销代扶，帮助其脱贫增收。依靠开发性金融的杠杆撬动，一个个"酸柠檬"经过精深加工变成了致富的"甜果果"，贫困户、合作社和龙头企业之间也建立起多方共赢的利益联结机制。

（三）"扶智"助学贷款

助学贷款是国开行由来已久的传统重点帮扶项目。贫困的持续性和代际性明显，是因为教育需求得不到满足。教育扶贫是阻断贫困代际传递的重要途径。近年来，随着教育扶贫的深入推进，国家开发银行重庆分行推动助学贷款发展，帮助越来越多的贫困学子走出大山、圆梦大学。2016年，针对建档立卡贫困户大学生反映的部分大学和专业学费较高的实际问题，国家开发银行重庆分行在全系统内独家为重庆地区的贫困家庭学生开办了生源地补充助学贷款，对于在校实际学费、住宿费之和高出国家规定的助学贷款最高限额的（国家规定的助学贷款最高限额为每学年本专科生8 000元、研究生12 000元）部分，可以继续申请生源地补充助学贷款，金额最高8 000元。截至2020年，该行已经受理贷款近11亿元，当年惠及贫困学生14.02万人。国家开发银行重庆分行一方面继续采用下调贷款利率的金融工具，另一方面积极探索通过贷款利率转换推动存量生源地助学贷款利率下调，新申请贷款和存量贷款降息幅度均超过10%。同时，该行进一步延长贷款宽限期，从3年延长至5年，宽限期期间学生只还利息不还本金，以8 000元的贷款合同为例，学生在宽限期第一年只需偿还约88元利息，第二年至第五年每年仅需付约351元利息。此外，该行还延长了贷款最长期限，从20年延长至22年，对尚处于求学阶段的贫困学子来说，这是他们能够申请到的期限最长的个人信用贷款。此外，建档立卡贫困家庭学生、最低生活保障家庭学生等"七类学生"，可通过高中预申请开发银行助学贷款，在高考前认定贷款资格。截至2020年，累计为15.31万预申请人提供了此项金融服务。

（四）易地扶贫搬迁贷款

按照中央关于"省负总责"要求，国开行重庆分行加大对易地扶贫搬迁安置区和搬迁群众的金融扶持力度。建立健全扶贫搬迁贷款管理制度，按照"保本微利"原则，加大资金投放力度；建立扶贫搬迁贷款逐笔统计监测制度，实施专项督查，实效推进相关工作。2016年，重庆市贫困区县获得易地扶贫搬迁政策性资金54.1亿元，其中仅易地扶贫搬迁贷款就有42亿元。

三、商业银行的金融扶贫工具

国家通过政策引导来支持商业银行等金融机构进驻农村市场，开展农村业务和扶贫工作。商业银行为贫困地区脱贫提供金融服务和资金支持，它们既是具体扶贫任务的承担者、实施者，也是脱贫攻坚的参与者、支持者，在具体扶贫中工作有重叠也有区别。

（一）定点帮扶

定点帮扶是指在金融扶贫中每个金融机构都有对口帮扶的贫困户。人民银行、金融监管部门、各级金融机构在精准对接中可以有效提高帮扶效率，这也是重庆金融扶贫的特点。例如，建行重庆分行定点扶贫涉及13个区县、18个乡镇、25个村、711个贫困户，共计2 208名贫困人口，分别由13家分支行对口联系帮扶。建行重庆分行专门选派精兵强将担任驻贫困村"第一书记"。建行万州、奉节、云阳、巫山4家分支行按照当地政府"三在村"（吃在村、住在村、干在村）的要求，安排了驻村书记、队员扎根扶贫点，与扶贫对象同吃同住，定点帮扶制定脱贫方案。中信银行对口黔江区的精准扶贫项目，中信银行重庆分行派出一名部门总经理挂职黔江区区长助理，一名综合部经理挂职黔江区木良村第一书记，确保扶贫资金专款专用，并通过产业扶持、改善饮水、道路修缮、教育帮扶等"融资+融智"等措施，帮助黔江贫困群众尽快脱贫致富。重庆农商行研究制定了"51123"目标——对城口新红村累计发放贷款500万元，援助新红村10万元爱心基金，布放1台智能便民自助终端，培育2个地方特色优势产业，确保新增金融资金、金融服务、金融产品3个优先满足。

（二）涉农扶贫信贷

由于贫困户的还款风险高、农业受自然因素影响等原因，商业银行在金融扶贫之中有不敢贷、少放贷的现象。重庆市金融机构积极落实"一行三会"联合印发的《关于金融支持深度贫困地区脱贫攻坚的意见》，加强系统内信贷资源调剂，落实国家宏观货币政策服务脱贫攻坚的金融扶贫具体措施。例如，农业银行重庆分行通过与秀山县政府签订《共同推进金融扶贫战略合作协议》，被秀山县政府确定为洪安古镇项目"第一合作银行"。农行重庆分行发挥旅游金融专业优势，为洪安古镇项目量身定制了一套综合金融服务方案：一是授信7.5亿元支持古镇整体开发，助力4A核心景区建设；二是投放贷款1.1亿元支持周边农村人居环境建设，改善城乡面貌，助推乡村旅游；三是投放贷款0.3亿元，扶持"边城工夫"红茶、油桐等产业，实现扶贫长效机制；四是依托"五位一体"农村金融渠道，帮助周边农户实现基础金融服务均等化。

以重庆农商行为例，该行充分发挥其线上线下服务优势，充分发挥1 774个营业网点、158个24小时自助银行、4 163台现金自助设备、495个农村便民金融自助服务点及流动金融服务车等渠道优势，为金融扶贫注入强大动力。截至2020年3月末，重庆农商行在18个贫困区县贷款余额达1 164.9亿元，比年初增长40.4亿元；精准扶贫贷款余额达91.7亿元；信贷支持106家区县级医院，余额56.5亿元,切实筑牢了农村地区基本医疗保障。

(三) 消费扶贫信贷

金融机构特别是涉农金融机构创新金融产品和服务方式,加大消费扶贫信贷投放量。商业银行可以通过创新金融产品与服务,为贫困农户、合作企业提供符合贫困地区实际情况的金融产品与服务。① 商业金融机构大力发展农产品电商合作力度,依托信息进村入户工程、"巴味渝珍"电商平台等,促进农产品线上销售;利用中国农民丰收节、中国农交会、西部农交会等全国性及市内外展会活动,推介展销贫困区县特色优质农产品。例如,重庆农商行围绕金融支持深度贫困地区和对接帮扶贫困点,持续深化帮扶措施。一方面,以购买深度贫困乡镇的特色农产品为重点,有效拓展了特色农产品的销售渠道,以扶持产业发展带动当地贫困群众脱贫。例如,在重庆市城口县,该行将该县扶贫项目"九重山矿泉水"作为全行公务饮用水进行集中采购,将该县"鸡鸣茶叶""城口腊肉"作为全行入围定点采购物品,将该县的土豆、食用菌等农产品选定为食堂定点采购物资,年消费额突破100万元。另一方面,充分发挥自身点多面广的优势,要求18个深度贫困乡镇所在地的分支行围绕贫困地区特色农产品开展消费扶贫对接活动,做好金融服务。同时,积极参与当地政府扶贫部门组织的"爱心购""赶年节""推介会"等消费扶贫活动,努力将客户发展为商户,将商户发展为消费扶贫户,形成消费扶贫新格局。此外,建行重庆市分行结合奉节实际,创新推出的"山城助农贷"首选辣椒种植产业进行试点,以线上白名单模式为通道,依托供销社提供风

---

① 陈婧杰:《商业银行消费扶贫实现路径》,《中国金融》2019年第9期,第55—56页。

险补偿铺底资金，承担全额连带责任保证，同时由重庆供销集团下属的"村村旺"电商平台对获贷企业的产品负责销售和仓储物资管理，三方共担责任，优势互补，切实解决了"融资难"痛点，形成促进农产品消费的信贷模式。

（四）产业扶贫信贷

重庆金融机构聚焦产业扶贫，加大信贷支持力度，创新推出近百款金融精准扶贫产品和特色服务，极大激发了贫困地区发展的内生动力和活力。截至2020年第二季度末，全市产业扶贫贷款余额近300亿元，实现高速增长。例如，邮储银行贯彻落实小额扶贫信贷政策，支持新型农村经营主体发展，通过产业引进带动，为广大农户、新型农业经营主体、小微企业、农业龙头企业等提供更优质的金融服务。建行重庆分行首创鸡蛋产业"银行+保险+期货"金融精准扶贫模式，为奉节县平安乡、石岗乡蛋鸡养殖产业保驾护航。具体来说，该模式就是养殖大户向保险机构购买鸡蛋期货价格保险，而保险公司同时向期货公司购买看跌期权，进一步对冲鸡蛋价格波动风险，锁定鸡蛋的未来价格，以此风险对冲组合保障养殖大户的经营收入。建行重庆市分行和建信期货通过银企联动、保费捐赠和减费让利等方式，为养殖大户提供保费补贴达70%，养殖大户自身仅需承担总费用的30%。这样就大幅降低了养殖大户的费用负担，因而受到广泛欢迎。

四、保险类金融机构的金融扶贫工具

重庆扶贫保险具有投入小、缴费低、保障全、赔付高、赔款快、效果好等特点，符合创新财政扶贫资金管理使用机制、加大财政购买社会服务力度、强化精准到户到人扶贫的新要求,从整体上增强了贫困群众抗御各类风险的能力,取得了扶贫方式有创新、参与企业尽责任、贫困群众得实惠的多赢效果。重庆市扶贫办通过政府购买服务方式,委托商业保险机构的模式,坚持政府主导与市场引导、特惠与普惠、公益性与效益性相结合,保险业从政策和制度层面推进保险扶贫工作,为贫困户量身定制特色保险产品,陆续开展贫困户小额意外保险、大病医疗补充保险、农房保险等试点工作,探索创新"扶贫+保险"新途径,基本实现对贫困人口主要致贫返贫因素的全方位保障。

保险业金融机构为帮助满足贫困村基础设施建设、产业发展以及贫困户基本生产生活需要,结合定点扶贫村、帮扶贫困户积极捐资捐物,凝聚行业力量,发挥行业作用。推出"精准脱贫保""惠民济困保""防贫防返贫保险"等保险扶贫产品,创新"产业+保险+信贷"模式等,帮助贫困户脱贫并巩固脱贫成效,积极兑现"承诺",得到当地农户和地方政府部门的好评。组织保险业员工参与扶贫农产品展销活动,组织参与帮扶贫困地区农产品网购,帮助贫困户农产品"进城",通过消费带动脱贫。

(一) 保险类金融工具

1. 扶贫小额意外保险

扶贫小额意外保险主要为贫困户由意外伤害导致的死亡、伤残而产生的医药费用提供保险保障,每人死亡或伤残赔付 4 万元,意外医疗每人最高 3 000 元,疾病身故每人 600 元。

2. 大病医疗补充保险

大病医疗补充保险主要针对贫困户住院或重大疾病门诊发生的自

付费用，经基本医保报销后的部分进行分段赔付，每人最高赔付20万元。

3. 农房保险

农房保险主要针对贫困户农村自有、用于日常居住的房屋主体损失提供保障，最高可获赔6万元。

4. 其他新型扶贫保险

重庆人保财险等保险机构还创新保险扶贫方式，开发多种扶贫保险产品，如推出"精准脱贫保""惠民济困保"等保险产品，建立防止贫困户因灾因病致贫返贫的民生扶贫保障；为贫困户生猪产业提供"5险1金"（政策性养殖险、商业性补充险、政府扑杀险、收益险、畜类医疗险，普惠金融支持）保障；为贫困户现代山地特色高效农业提供成本保险、收益保险等。

（二）"三保联动"保险金融工具

重庆市重视保险扶贫工作，通过逐步探索，构筑起了精准脱贫保、产业扶贫保和防贫返贫保的"三保联动"保险体系，为大量贫困群众筑牢了"防火墙"。"三保联动"保险通过贷款保证保险、险资直投等模式，放大保险资金，最大限度把保险资金留在贫困地区。所谓精准脱贫保，其参保对象为全市建档立卡贫困户，财政资金只需为贫困户每人每年缴纳100元保费，就能在意外伤害、大病补充、疾病身故、贫困户学生重大疾病、农房等5个方面为贫困群众提供保障。其中，意外伤亡最高可获得5万元救助，住房灾倒塌或损毁最高可获得6万元赔付。产业扶贫保旨在降低扶贫主导产业风险，具体以户为单位，财政资金只需为每户每年缴纳200元保费，就能有效降低产业的风险。防贫返贫保则是针对农村"贫困边缘户"制定的一个险种,目的在于为达不到贫困线标准但生产生活相对困难、存在返贫致贫风险的农村贫困边缘人群提供风险保障,是健全脱贫长效机制的有益尝试。

(三)"精准"保险金融工具

重庆市"精准"保险金融工具不断从保费投入、责任范围、起付标准和赔付比例等方面优化保险方案。一是"扩",即扩大保障范围,具有对象全覆盖、保障多元化、保费较低廉、确保赔付率等特点,为贫困人口提供涵盖意外伤害、重大疾病、财产、身故等方面的综合保险保障,基本实现对主要致贫返贫因素的全方位保障。二是"升",即提升保险责任。大病补充保险保费从2015年的每人18元提高到2016年的每人35元,2019年定额包干额为每人80元。农村贫困人口居民大病保险继续执行起付线降低50%、报销比例提高5个百分点的倾斜政策,贫困人口起付线为6 596.5元,报销比例为65%。小额意外伤害身故或致残的最高保额从3万元提升到5万元,意外医疗保额从2 000提升至5 000元。三是"保",即确保赔付率。建立双向调节机制,实际赔付率不足75%的,不足部分结转为下年度投保费用;实际赔付率高于100%的,由区县平衡后采取适当方式酌情予以补助。自2019年9月起,重庆还全面取消了建档立卡农村贫困人口、特困人员等农村贫困人口大病保险封顶线。

(四)保险理赔"绿色通道"

参与承保的商业保险机构积极履行社会责任,在扶贫保险中完善服务网络,开辟绿色理赔通道,最大限度让利于民、取信于民。一是先行赔付机制。向发生重大疾病或意外的贫困户开启理赔绿色通道,实行提前给付。当一次住院发生的医疗费用达到较大金额时，保险公司按住院清单累计金额的 50% 进行预赔付，直接为贫困户分担沉重的医疗费用，着力解决看不起病、未治愈就出院的问题。二是快速赔付机制。贫困户发生保险责任范围内的住院费用在 5 万元以内的，保险公司对标准理赔案件在 7 个工作日内做出理赔，赔付额度在 5 万元以上 20 万元以下的，在 15 工作日内核定，有效减轻了大额医疗费用造成的经济和心理压力。三是集中赔付机制。针对贫困群众行动不便、资料不全、报案不及时等导致保险机构不能及时赔付的问题，利用市级大数据平台，定期与市社保数据比对，将需要赔付人员名单统一交商业保险机构和区县扶贫办，由保险公司统一核定赔款支付，让贫困户足不出户即可拿到保险赔款，实现应赔尽赔。

（五）定点帮扶保险金融工具

人保财险、中国人寿、中国太平洋人寿等大型保险公司分别对口帮扶贫困区县的乡镇，从干部职工到公司都对对口村进行了全方位的帮扶，通过捐款、捐物和定点购买农产品等方式开展定点帮扶工作。贫困县农产品的宣传和销售一直是制约着贫困地区发展的瓶颈，而保险机构也从宣传、销售等方面打造创业帮扶一条龙服务，以增强贫困地区产品的竞争力。例如，人保财险重庆市分公司每年募集数百万元扶贫资金，用于开展扶贫公益项目或现场慰问建档立卡贫困户，并通过公司集中采购、员工自愿采购等多种形式开展消费扶贫，购买贫困区县特色农产品，支持当地脱贫攻坚工作。人财保险重庆市分公司以党支部为单位开展教育扶贫，对贫困学生连续三年进行教育资助。中国人寿重庆市分公司定点帮扶彭水县大垭乡，2019 年为彭水县大垭乡全乡 5 659 人赠送了风险保额累计 2.94 亿元的人身保险,向重庆市彭水县教育基金捐赠助学金45万元,资助区内在校就读的品学兼优的贫困学生及学校设施建设。

五、其他金融机构的金融扶贫工具

重庆市其他金融机构也积极助力脱贫攻坚,利用各种金融工具和金融衍生品进一步拓宽金融扶贫渠道,既缓解贫困区县企业融资难的状况,也为贫困户创造就业增收的机会。

(一)担保业机构的金融扶贫工具

农村贫困地区经济发展相对滞后,因为现实经济环境不利于发展资金流入农村。同时,由于扶贫中的各种风险比较集中,有产业的市场风险,也有脱贫之后返贫的风险,还有各类资金使用中的风险,所以构建多层次的担保体系有助于分散风险、降低损失。在实践中,重庆担保业机构主要有三种金融工具。

1. "精准画像"

针对涉农群体普遍缺乏抵押物等现状,重庆融资担保行业通过接入行政部门、合作银行和市场金融数据,运用大数据和微金融技术为客户"精准画像"。一方面,让无形数据资产成为客户看得见、摸得着的"实际资产",增加客户融资机会;另一方面,改变传统担保贷款必须现场核查的做法,简化审批流程,在接到贷款申请后,系统按照既定的审核规则,自动审核项目关键指标,大幅提高了贷款效率。

2. "银行+担保+产业"金融扶贫工具

重庆市担保机构与银行签署金融扶贫相关战略合作协议,联合银行机构,将涉农龙头企业、农村专业合作社作为脱贫攻坚的重要着力点,扶持农业产业化发展。通过金融创新降低担保费率,开展担保机制、模式和产品创新,助推脱贫攻坚工作。

3. 免收担保费

针对贫困户、返乡创业农民工等群体贷款难、创业难的问题,重庆农业担保集团为贫困区县新型农业经营主体的农业项目提供担保贷款,并免收担保费。

(二)信托业机构的金融扶贫工具

1. 慈善信托+产业链扶贫

慈善信托是一种重要的金融工具,有助于强化扶贫资金的自我"造血"功能,确保扶贫现金流的可持续性,从而为实现精准扶贫、全面脱贫注入"源头活水"。慈善信托成立后,通过"产业扶贫"构建"造血"机制,将信托资金主要运用于当地产业的龙头企业或相关的经营主体,通过扩大特色农产品的深加工,带动更多贫困户就业增收。

(1)信托机构与慈善联合作为共同受托人

采取慈善资金组织入股合作社的方式,折股量化给贫困村及贫困户,开发"合作社+贫困户"的主体共建模式,慈善信托所持股权及收益由参与合作社的全体农户共同分享,充分调动农户积极性,实现发展式脱贫和"造血"式帮扶。

(2)信托公司作为受托人,慈善基金组织作为委托人和监察人

慈善基金组织作为慈善信托的委托人,负责慈善资金的筹集,并将款项委托给信托公司。信托公司作为慈善组织的受托人,负责慈善资金的投资管理与日常运营工作。同时,慈善组织也是项目执行人。

2. 信托+教育扶贫

信托与慈善基金组织以上述两种或一种委托关系为基础,建立慈

善信托项目，助力教育精准扶贫。

第四节 重庆市金融精准扶贫工作的"六个精准"

习近平总书记在中央扶贫工作会议上强调要做好金融扶贫工作。2015年11月29日颁布的《中共中央 国务院关于打赢脱贫攻坚战的决定》提出了含金量非常高的20条金融精准扶贫举措，着力解决金融资金供给与贫困户脱贫之间存在的脱钩和矛盾，探索构建密切有效的金融扶贫与贫困人群脱贫的利益联结机制，走穿透式金融扶贫之路。在国家全面建成小康社会的整体布局中，西部地区是扶贫难点。重庆尽管是西部地区唯一的直辖市，得到国家政策的大力支持，但由于特殊的地理区位条件和发展起步较晚，脱贫攻坚任务仍然繁重。2014年，重庆市的常住人口超过3 000万，常住人口城镇化率达64.1%，但仍有1 100万人生活在农村，有近500万外出人口，实现这部分贫困人口的稳定脱贫具有相当大的难度。更好地利用金融机制，发挥财政资金的引导作用，提升财政资金的利用效率，是促进重庆顺利完成脱贫攻坚任务的重要措施。

金融精准扶贫是一项系统性工程，关键是找准路子，建好机制，在精准施策上出实招，在精准推进上下实功，在精准落地见实效。金融精准扶贫需要健全的金融精准扶贫体系、金融机构的参与和金融工具的创新，同时还需要建设兼顾公平的良好的金融生态体系。2015年底，重庆市扶贫办、人民银行重庆营管部、银保监会等6部门联合出台《重庆市金融业贯彻落实"精准扶贫、精准脱贫"行动方案》，从服务体系完善、扶贫方式创新等方面对重庆市金融扶贫进行统筹规划，全面奠定了"十三五"时期重庆金融精准扶贫工作的总基调、大格局。人民银行等政策性金融机构多次牵头组织召开全市金融精准扶贫工作会议，并在脱贫攻坚不同阶段陆续印发《关于深化金融精准扶贫支持深度贫困地区脱贫攻坚的实施意见》《关于金融助推打赢脱贫攻坚战三年行动的实施意见》《关于进一步做好金融精准扶贫相关工作的通知》《关于金融支持产业扶贫的指导意见》等一系列政策文件，建立金融扶贫主办行制度，实施"万户百村行长扶贫行动"，明确不同阶段的工作重点，压实金融机构责任。

一、扶贫对象精准

对金融扶贫对象进行精确瞄准，对重点贫困区县实施金融资源倾斜政策，以创新的扶贫金融产品服务于符合条件的贫困家庭，构建银企精准对接机制，建立金融扶贫对象精准识别承诺、部门数据比对共享、系统数据定期统计报告及漏评错评错退举报通报等工作机制。每年对扶贫对象进行动态调整，累计动态识别建档立卡贫困人口185.1万人。建成投用重庆精准扶贫大数据平台，实现日常管理信息化、数字化、智能化。开展"普惠金融服务工程"，累计建立产业扶贫白名单企业1 249个，组织金融机构积极对接，"一企一策"解决融资难题。创新差异化信贷支持机制，鼓励企业多带贫。定点帮扶建档立卡贫困户以及扶贫合作经济组织等，形成精准服务、定向支持的工作机制。组织金融机构在深度贫困乡镇按照"六有标准"，组建贫困村金融扶贫服务站，做好深度贫困地区信用档案建设、金融服务需求调查、贷款管理等工作，发挥深度贫困地区金融服务总托底的作用，共打造金融扶贫服务站99个，实现深度贫困乡镇全覆盖。持续推动农村数据库数据采集及推广运用，采集1 752个农村经济组织的600多万条信息，数据涵盖农户、农村经济组织生产经营等各类信息。探索"信用乡镇+信用贷款"模式，评定信用村705个、信用乡镇40个、信用户167.4万余户。将党建与金融精准扶贫有机结合，构建"一书记一深度贫困乡镇"的精准对接机制。牵头全辖12家主要银行业金融机构，开展"万户百村行长扶贫行动"，成立由各单位党委书记或党组成员担任第一责任人的扶贫工作队18支，精准帮扶18个深度贫困乡镇，引入或帮助扶贫企业超过50家，有力支持了深度贫困地区的产业发展。

二、项目安排精准

为维持金融扶贫的可持续，金融资源重点投向贫困地区生产、投资和商品流通领域，切实发挥好金融的撬动与支撑价值，增强贫困地区"造血"能力，依托产业扶贫构建起金融扶贫可持续发展的长效机制。在助力贫困人口稳定增收方面，紧扣产业发展主线，创新金融支持"三项机制"。一是创新构建银企精准对接机制，指导贫困区县金融部门与当地农业农村委、扶贫办等部门加强合作，建立产业扶贫企业名单库和扶贫产业金融对接平台，提高银企对接效率和支持扶贫的精准度。二是创新差异化信贷支持机制，从就业带动、产业链带动、生产要素带动以及股份带动等方面引导金融机构建立抵质押率、贷款利率等优惠政策与扶贫企业带贫成效挂钩的机制，并联动货币政策工具进行激励，为带贫主体提供更加优惠的信贷支持。截至2020

年第一季度，重庆市产业扶贫贷款余额近 300 亿元，同比增速达85%，远高于重庆市各项贷款增速。此外，组织金融机构围绕扶贫产业发展加大金融扶贫示范点创建，已成功创建 145 个市级示范点，重庆市产业扶贫贷款余额达 351 亿元，同比增速达 68.7%。结合农村"三变"改革，该行与地方政府共同推动建立"龙头企业+合作社+贫困农户"的利益联结机制。

用好政策性金融产品。发挥好助学贷款对贫困人口义务教育的保障作用，有效阻断贫困的代际传递，累计发放生源地助学贷款超过 10 亿元，支持家庭困难学生超过 13.5 万人；发挥好存量易地扶贫搬迁贷款对贫困人口住房安全的保障作用，改善贫困人口的居住条件和环境；发挥好创业担保贷款对贫困人口生产发展的支持作用，从根本上支持"两不愁、三保障"稳定实现，至 2020 年 3 月末，全辖创业担保贷款余额超过 44 亿元，累计支持超过 3 万人创业发展。优化支付结算基础服务环境，实现 18 个深度贫困乡镇支付服务基础设施全覆盖；开展"金融共建幸福家园"行动，打造普惠金融基地，创建金融知识与金融法治知识宣传站 122 个。

三、资金使用精准

2016 年初至 2020 年底，全市 18 个贫困区县贷款累计增速达 208%，比全市平均增速高 25%。截至 2020 年 12 月末，18 个贫困区县各项贷款余额达 5 897 亿元，同比增长 16.9%，比全市平均增速高 3.7%，金融支持效果显著。人行重庆营管部通过定向降准，运用扶贫再贷款、支农支小再贷款再贴现等货币政策工具，为相关金融机构累计提供资金达 2 603 亿元，全辖扶贫小额信贷累计投放 97.84 亿元，惠及全市 33 个有扶贫任务的区县的 26.95 万建档立卡贫困户，扶贫小额信贷获贷率达 56.74%，高于全国平均水平。

在扶贫方式上，将金融扶贫创新融入基础设施建设、优势产业与特色产品、贫困户创业等领域，提高贫困人口自我发展能力。攻克"两不愁、三保障"突出问题方面，聚焦难点痛点，发挥政策性金融工具和产品的精准支持作用。结合重庆实际，发挥扶贫再贷款的定向支持作用，提高投放效率，精准支持贫困人口。通过积极争取，重庆市成为全国首批扶贫再贷款定价机制试点地区，充分调动金融机构借用扶贫再贷款的积极性。着力增强农业银行、邮储银行、重庆农商行等在贫困乡镇有分支机构的主办行的扶贫作用。

人民银行重庆营管部等金融机构加强与财政、发改、农业、扶贫等政府部门之间的协调联动，加强财政金融联动，探索建立贷款贴息、风险分担、费用补贴等合作机制，提高金融扶贫效率。在扶贫小额信贷、易地扶贫搬迁、产业扶贫等领域推动金融政策与地方扶贫政策、财政政策、产业政策的联动性不断增强。建立产业扶贫贷款与扶贫小额信贷联动机制，指导金融机构创新"公司+基地+农户"的产融合作模式，通过产业扶贫贷款支持贫困地区农业产业规模化、聚集化发展，通过发放个人扶贫小额信贷支持贫困人口融入产业整体链条发展，在提升贫困地区产业发展水平的同时带动贫困人口增收。

优化基础服务，夯实农村金融服务基础，确保"基础金融服务不出村、综合金融服务不出镇"。推动农村信用体系建设，完善农村金融信用信息数据库，优化信用评价机制，探索开展信用培育工作，打造高质量的信用乡镇、信用村、信用户，优化农村信用环境。建设普惠金融基地，加大农村金融教育"金穗工程"和金融知识宣传培训力度，强化金融消费者权益保护和金融风险防范，保护好群众的

"钱袋子"。重庆市在全国首创银行卡助农取款服务，累计布放助农取款服务点1.1万个，实现全市7 000多个行政村基础金融服务全覆盖。按照"一镇一策"原则，为18个深度贫困乡镇扶贫产业定制支付结算服务。

四、措施到户精准

重庆市金融办、市扶贫办与国开行重庆分行、农发行重庆分行、农行重庆分行、人保财险重庆市分公司等相关金融机构签订了金融支持深度贫困乡镇脱贫攻坚相关协议。一方面，50余家金融机构响应金融扶贫战略部署，制定了具体实施方案，成立了工作推进小组，相关政府部门积极支持并加强政策整合联动，基本形成了人民银行、地方金融监督管理局、银保监局等统筹协调与相关政府部门、金融机构等共同参与的大金融扶贫格局。另一方面，重庆市金融办、市扶贫办与国开行重庆分行签订了《开发性金融支持重庆市深度贫困乡（镇）脱贫攻坚融资合作协议》；市金融办、市扶贫办与农发行重庆分行签订了《农业政策性金融支持深度贫困乡（镇）脱贫攻坚融资合作协议》；农发行重庆分行与兴农担保集团签订了投资合作协议；市金融办与农行重庆分行签订了《共同推进深度贫困乡（镇）脱贫攻坚金融精准扶贫战略合作协议》；市金融办与人保财险重庆市分公司签订了《农业产业扶贫综合保险合作意向书》。在扶贫政策上，积极完善各项金融扶贫配套政策，统筹安排货币信贷政策、财税政策和金融监管政策，明确各项政策分工。

扎实开展"1+1+13"精准扶贫、精准脱贫政策"回头看"。结合工作实际，重点围绕"十大扶贫行动"和"五个一批"政策措施进行梳理总结、查漏补缺,先后对产业扶贫、教育扶贫、医疗扶贫、金融扶贫、低保政策、高山生态扶贫搬迁等及时进行调整优化,确保各项政策措施更加精准有效。精准对接重庆市新型农业经营主体带贫规划,围绕重庆市 200 家扶贫龙头企业规划和"一村一品"工作,完善产业扶贫企业名单库和扶贫产业金融对接机制,深化金融支持产业扶贫利益联结机制,创新"信贷优惠+产业扶贫+贫困人口脱贫"的利益联结机制,推动"农业龙头企业+农民专业合作社+农户"贷款模式,加大力度支持农村产业发展;持续开展"一行一品"的金融产品创新,积极推动金融机构围绕生猪活体、圈舍、养殖机械抵押等开展产品创新,突破农村新型经营主体面临的抵押难、担保难的融资瓶颈。推动金融科技赋能脱贫攻坚和乡村振兴,积极运用大数据、人工智能等科技手段,整合农村产业链、供应链的信息流、资金流和物流,更加精准地评估链上企业和农户的信用状况,优化融资服务。

在全面落实中央、市级的普惠金融政策基础上,紧密结合本地区实际,分门别类细化实化,不断增强扶贫政策的针对性、实效性。建立区县医疗救助资金,专项解决贫困群众大病医疗自付费用较高的问题;建立"家庭医生"制度,实施因病致贫家庭与医护人员一对一结对帮扶;设立区县教育扶贫资助基金,加大助学贷款、生活资助力度;创新金融扶贫模式,建立区县贷款基金池和乡镇借款基金池,为有产业发展意愿的贫困农户提供无成本、无门槛的金融支持。不断强化扶贫举措与行业政策横向衔接,进一步完善贫困区县特色生态工业园区扶持政策,加快推进贫困区县食品工业、中药材加工、纺织服装等特色工业差异化发展;整合农委、发改委、财政局、林业局、文旅委等部门政策,建立工作协调机制,共同推进"一村一品、一镇一业";实施农村低保与扶贫开发有效衔接,确保不留政策空白,形成政策合力。

五、脱贫成效精准

重庆市金融系统高度重视金融精准扶贫工作,持续加大工作力度,取得了积极成效。脱贫攻坚战打响以来,重庆市金融精准扶贫贷款累计增长76%,截至2020年6月,达到1 242亿元,高于同期各项贷款累计增速20个百分点,其中产业扶贫贷款累计增长3.4倍,余额达292亿元;累计发放扶贫再贷款16.26亿元,直接或间接支持贫困户2.66万户;累计发放扶贫小额信贷80.52亿元,贷款户次22.43万。尤其2020年以来,在疫情防控背景下,全市金融精准扶贫贷款逆势同比增长22.9%,高于各项贷款增速7.6个百分点,高于全国增速近10个百分点,其中,产业扶贫贷款同比增速达87%;贫困地区基础金融服务提前实现全覆盖,金融助力决胜脱贫攻坚成效明显。

扩大涉农信贷投入资金来源,积极发挥好结构性货币政策工具的定向支持作用,运用支农再贷款、支小再贷款、扶贫再贷款等结构性货币政策工具为银行提供低成本资金,直接投向涉农领域的优惠利率贷款达98亿元。构建银企精准对接机制,指导贫困区县金融部门与当地农业农村委、扶贫办等部门加强合作,建立产业扶贫企业名单库和扶贫产业金融对接平台。完善金融扶贫利益联结机制,通过金融手段引导企业有效带动贫困户发展。

六、因村派人精准

为解决贫困地区金融人才不足的问题，金融机构通过公开竞选的方式，选派综合素质好、业务能力强的金融机构业务骨干担任扶贫金融专员，对口服务 14 个国家级贫困县和 4 个市级贫困县，并调动全行资源为当地提供脱贫规划、产业发展、融资设计、技术培训等智力服务。人民银行重庆营管部开展"万户百村行长扶贫行动"，组织所辖 12 家主要银行业金融机构，成立扶贫工作队 18 支，精准帮扶 18 个深度贫困乡镇。全市银行业金融机构累计派出帮扶干部 503 人，累计驻村 96 279 天，切实支持各地脱贫发展。这些金融扶贫干部和专员充分发挥"宣传员、规划员、联络员"作用，在政策宣传、规划编制、扶贫项目策划、融资模式设计、理顺资金运行机制等方面，为贫困地区打赢脱贫攻坚战提供融智支持。

第五节　重庆市金融扶贫的创新启示与政策建议

从重庆的金融扶贫实践经验来看，金融精准扶贫要取得成效，就必须扎实做好以下七方面的工作。

一、以人民为中心，
加强党对金融扶贫工作的领导

习近平总书记指出，党对农村工作的坚强领导，是贫困地区走向富裕道路的重要保证，是农村党组织的使命。加强新时期党对金融精准扶贫工作的领导至关重要。农村基层党建的组织基础以及党员的先锋模范带头作用，为精准扶贫工作的有效开展提供强大而有效的支撑力和带动力。抓好党建促脱贫攻坚，坚持把扶贫开发同基层组织建设有机结合起来，真正把基层党组织建设成带领群众脱贫致富的坚强战斗堡垒。

在具体实践中，政府部门和金融机构要以习近平新时代中国特色社会主义思想为指导，坚持精准扶贫的基本方略，加强金融扶贫参与者的党组织建设，以党建为引领，把党建工作与金融扶贫紧密结合，优选党员作为"金融扶贫专员""第一书记"到基层直接参与金融扶贫工作，战斗在扶贫第一线，摸清乡情、村情、民情，收集第一手扶贫资料，帮助贫困户解决具体困难，为扶贫工作提供实质性帮助；切实将党的组织嵌入到产业扶贫之中，组建产业党支部，金融扶贫干部与地方扶贫团队及乡村干部一道开展产业规划，拟定产业发展信贷支持方案，扶持建立产业基地，用心、用力、用情开展金融扶贫，实现"党员参与金融扶贫、党员发挥金融作用、群众富在金融扶贫"。

二、强化政府责任,充分发挥市场机制在金融扶贫中的作用

金融扶贫是一项系统性的工作,政府作为脱贫攻坚的主导者,在脱贫攻坚中扮演着举足轻重的角色。但从现实看,仅仅依靠政府单一的作用来推动脱贫攻坚,难以满足中国特色社会主义市场经济的发展要求。利用财政资金适度撬动社会资本支持扶贫项目,将充足的资金用于精准扶贫信贷的风险补偿,有效分散金融机构的经营风险,最大限度地提高投入扶贫领域的资金的使用效率。进一步通过市场机制,强化政府财政等部门与金融机构、扶贫组织、担保公司等的合作,充分发挥财政资金的引导效益与杠杆作用,促进各参与方按集中决策模式选择最优路径和最佳投入方式,争取更多社会资金流入贫困地区。坚持市场化运作机制,确保金融机构在金融市场中的独立性,妥善做好贫困户及农业主体信贷授信工作,降低信贷门槛,在风险可控的范围内,主动降低融资成本,并进一步丰富贫困户及农业主体融资渠道。完善市场主体与贫困户之间的互动机制,促进利益链条各个环节的衔接,促进多方合作的互惠互利,使政策对市场主体的支持效益真正惠及贫困对象与其他参与主体。此外,金融扶贫不仅需要人民银行在货币政策、信贷政策上对贫困地区、贫困项目给予政策倾斜和引导,也需要银、证、保等监管部门实施差异化的监管政策,调动各类金融机构参与扶贫的积极性,更需要地方财政、扶贫等部门充分运用好财政、扶贫专项资金,在风险补偿、担保增信、贷款贴息等方面形成对金融扶贫的有力支撑。打破以部门利益为重的狭隘思想,统筹各方力量,突出重点支持建档贫困户等关键贫困主体,将部门政策、措

施合力的价值发挥到最大程度。将服务脱贫作为金融机构综合评价考核的内容，适度提高考核权重。

三、金融扶贫工作要做到"精""准""实"

金融扶贫工作需要结合地区自身实际情况，大胆地突破传统思维，将建档贫困户作为金融扶贫工作的重心，立足建档贫困户的金融需求，充分利用大数据等高科技手段"精准画像"，提升精准识别能力。实现数据共享，并采取多种措施提高扶贫效率，以更低的金融成本主动创新专项金融扶贫产品或者服务，将金融支持龙头企业、基建项目、家庭农场、专业合作社等经济主体的力度与经济主体吸纳建档贫困户就业或者通过供应链上下游带动建档贫困户创业的数量有效挂钩、有机结合起来，用切实有效的方式、方法促进建档贫困主体脱贫致富。依靠市场化思维来实现精准扶贫，积极研发推广适合"三农"发展的金融产品，着力培育贫困地区新型"造血"主体。

四、多元化金融扶贫产品和服务，释放"金融组合"合力

不断丰富金融扶贫产品和服务，发挥多重金融工具的合力，释放产品和服务作为金融扶贫载体的作用。厘清贫困区县的要素禀赋，以建档贫困户为重心的金融扶贫要根据贫困主体的不同金融需求，结合地区贫困户技能特征和地区产业结构，量身制定有针对性的金融产品和服务对接方案，探索实现差异化的风险控制和授信审批措施，着力打造金融扶贫的拳头产品。融合银行业、保险业、担保业和信托业等

金融工具的优势，充分利用金融机构的网络、信息和服务优势，提供综合性的金融服务，形成金融扶贫的资源优势。深入挖掘建档贫困主体可以运用的农村产权的潜在金融价值，让贫困群众获得更多更优质的金融服务。

五、完善金融扶贫考核指标体系，形成长效机制

兼顾扶贫工作经济效益与社会效果，重点考察贫困地区经济与社会发展水平、扶贫对象的收入提升程度，在考察过程中充分考虑金融扶贫的成效，并根据绩效考核给予一定程度的奖惩。在市场经济条件下，一方面，需要完善金融配套设施，减免税收，设立风险补偿机制；另一方面，监管部门和上级行政机关应强化正向激励机制，在不良扶贫贷款考核、涉农贷款奖励、专业人员培训等方面给予政策倾斜，消除基层信贷从业人员在贫困地区投放贷款的顾虑。在金融扶贫市场化发展进程中，还要加强制度体系建设，针对金融精准扶贫过程中已经和可能出现的各类问题，及时修改和完善涉及金融层面的法律规范，弥补现有制度的不足之处。通过制度体系调动各方力量参与金融扶贫的主动性和能动性，将扶贫成效和业绩考核有机结合。

六、发挥好先进典型的激励带动效用

以点带面，发挥示范带动效用，形成有助于金融扶贫发展的良好竞争格局。在金融扶贫过程中，应逐步树立多层次的示范典型，比如

在贫困区县层面打造金融扶贫示范区县,在贫困乡镇或者贫困村层面打造金融扶贫示范点,在企业或者项目层面打造金融扶贫示范企业或项目,形成点、线、面有机结合的示范带动模式,并对打造示范典型成效比较明显的金融机构,在金融政策、财税政策以及表彰、宣传等方面给予充分支持或者突出肯定,鼓励金融机构倾斜金融资源,着力提升先进典型的带动效用。

七、因势利导,持续强化"金融+产业"扶贫的作用

政府和金融机构应加强合作,出台一系列惠及民生的帮扶举措,扶持壮大一批初具经济规模、经营效益良好且具有发展潜力的农村经营主体,通过完善扶贫产业链发展,增强贫困户内生动力及项目产业可持续发展性,吸引更多金融机构参与农村支农惠农等金融扶贫工作。加强地方政府与金融机构之间的政策协调与互动,鉴于农业生产周期长、回报慢的特点,在贷款期限及还款方式方面与金融机构做好衔接,确保扶贫政策的稳定与延续,防止资金"输血"不及时造成产业发展不稳定或贫困户返贫等情况的发生。地方政府与金融机构应共同做好金融知识普及、信用教育宣传工作,改变贫困户的传统观念,激活贫困户的有效需求。

第五章
重庆市金融扶贫风险控制创新

　　风险可界定为在人类生活和社会经济活动中发生"不理想事态"的程度以及这种不确定性的大小。农业生产对象和经营活动在生产期受气候影响大,存在较大的自然风险和市场风险,在特定生命周期中也可能面临突发的疾病风险、养老风险、教育风险、意外事故等,造成农村金融活动具有风险高、收益低、成本高、资金周转慢等特性,导致农村金融活动面临长期的、复杂的风险和不确定性。[1] 在农村和贫困地区开展金融扶贫等金融活动,不仅需要政府的引导和投入,还要求金融市场本身能够更加高效地配置资源,提高金融机构的经营绩效,健全金融扶贫体系,并建立能够使农村金融体系在乡村振兴中持续发挥作用的长效机制。但随之而来的一个问题是:那些缺乏基本抵押品的贫困户由于多方面的原因,常常被排斥在传统金融之外。[2] 无论金融机构在金融扶贫体系之中对于营利目标的追求有多大,也无论金融机构对于风险的容忍度有多高,在市场化的金融扶贫体系中都不可忽视金融扶贫风险的存在,需要对其进行精准的识别和客观的评估,并及时实施有效的风险防控,以使得金融扶贫的作用能够得到长

---

[1] 王芳:《我国农村金融需求与农村金融制度:一个理论框架》,《金融研究》2005年第4期,第89—98页。

[2] Chong-En Bai, Chang-Tai Hsieh, Yingyi Qian, "The Return to Capital in China", *NBER Working Papers*, 2006, No. 12755.

期发挥。①

第一节　金融扶贫的风险识别

凡是金融活动，不可避免，都是存在风险的。从金融扶贫的实践看，金融扶贫体系构建、市场化机制运行、金融产品和服务供给等都附带着某种程度的不确定性和风险。② 因此，只有对这些可能存在的金融扶贫风险进行精准的认识，才能有的放矢地做到对金融扶贫风险的有效防控以及有效治理。

一、信用风险

信用风险是指借款方、担保方因自身能力或不愿意偿还等原因而出现违约行为，引起贷款本息损失的风险。信用风险主要包括评估风险［借款人风险、项目风险、技术可行性风险、安全风险、文件（法律）风险］、监控风险等。银行等金融机构主要通过小额信贷、扶贫贴息贷款、产业扶贫贷款等形式对贫困地区产业、企业或贫困户实施金融扶贫。金融扶贫中存在信用风险的原因主要有三方面：一是信用意识缺失。由于农村金融知识基础薄弱，信用体系建设相对滞后

---

① 马九杰、亓浩、吴本健：《农村金融机构市场化对金融支农的影响：抑制还是促进？——来自农信社改制农商行的证据》，《中国农村经济》2020年第11期，第79—96页。
② 朱文、刘尔思：《农村政策性扶贫金融资金风险成因分析》，《云南财贸学院学报·经济管理版》2001年第S1期，第4—6页。

且不完善，尤其在贫困地区，农户信用意识较弱，还款意愿不强，认为金融扶贫贷款就是扶贫款，是国家给予的，无需偿还，且对政府的依赖性较大，认为政府会为其兜底，导致金融债权维护难，个人信用记录恶化。[①] 部分贫困农民信用意识淡薄，逃债思想较重，缺乏诚信责任感。二是扶贫贷款量多面广。有些银行由于手续繁杂、人员所限或者为了完成考核任务，在贫困户信息采集、评级和授信方面存在不规范操作，间接导致了贷款的逾期。三是农村经营主体还款能力不足。贫困户自身发展能力弱，产业发展和生产经营能力较差，家庭收入不高，第一还款来源存在不确定性。

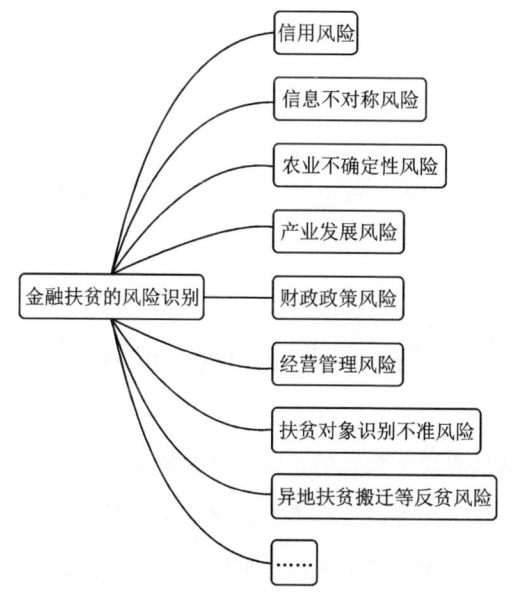

图 5-1　金融扶贫的风险识别

资料来源：作者整理绘制。

---

① 李杏：《金融扶贫存在的风险问题及其对策研究》，《农村经济与科技》2020 年第 14 期，第 71—72 页。

二、信息不对称风险

由于发展不均衡、贫困程度不相同等原因,加之农村征信系统不健全等,农村地区在金融领域形成了一个不完全竞争市场,信息不对称现象普遍存在。一方面,农户的信用信息基本为空白,金融机构对其民间借贷情况难以掌握,且在评估其还款能力上可能存在偏差,导致农村金融服务机构与农户之间、企业与金融机构之间、企业与农户之间都存在着严重的信息不对称。① 另一方面,企业的信用报告信息只包含其向金融机构贷款的信息,不涵盖企业涉及的民间融资情况,因此金融机构无法真实、全面地掌握企业的信用状况,农村地区企业贷款资金的真正用途也难以知晓。② 类似地,农户获得贷款后的用途也难以监测,现实中存在贫困户获得的生产经营贷款用于建房或消费的情况。

三、农业不确定性风险

金融扶贫最终应该起到的是资金融通的作用,如果贫困地区的产业没有得到发展,仍难以从根本上真正解决脱贫问题。"输血"式扶贫效果显著,能够解决贫困人口短期生活的基本问题,但是从长远来看,从根本上解决问题的作用却十分有限。首先,受宏观经济不确定

---

① 杨文婷:《精准扶贫背景下金融风险防范与金融支持的可持续性研究——以临沧市为例》,《时代金融》2020年第3期,第60—63页。
② 高云鸽:《精准扶贫背景下金融扶贫模式及风险分析》,《金融经济》2018年第4期,第15—16页。

性的影响,农产品市场价格波动现象仍频繁出现,导致农业产业经济不确定性增加。农产品项目开发、供需等发生变化可能导致借款人难以获得预期收益而丧失偿还能力。其次,市场活力不足,投资失败,导致投资主体资金受损。经营的亏损及投资的损失导致市场风险上升,进而将风险传导至金融机构,造成信贷风险上升。再次,在一定程度上农业产业仍是"靠天吃饭",自然灾害风险是其独有的,主要体现在农产品项目建设过程中出现难以抗拒的自然灾害而使得项目无法顺利实现预期目标。冻灾、旱灾、冰雹等自然灾害都会导致农产品项目无法正常运营,进而导致农户无法偿还贷款本息。金融机构需要利用压力测试、资本计算、银行账簿利率风险和证券估值等工具,有效地管理投资业务组合中的市场风险。

四、产业发展风险

产业扶贫是中国反贫困以及农村发展政策的核心,被赋予了带动农民脱贫致富的使命和功能。"造血"式金融扶贫不同于传统的"输血"式扶贫,需要发挥市场的力量,以产业为引领和支撑,从而使金融扶贫具有生命力和持续性。但是金融支持扶贫产业发展面临的不确定性可能给金融扶贫带来风险。[①] 具体表现在:

一是大多数农村贫困地区的农业发展仍处在初级水平,以传统养殖和种植业为主,产业受自然资源和气候的限制而雷同,结构单一,导致金融扶贫贷款投放集中于同类产业,金融隐性风险

---

① 胡守勇:《共享发展视角下产业扶贫的问题及长效机制建设》,《湖南社会科学》2018年第2期,第127—132页。

增大。①

二是各个地区之间的产业扶贫的同质化也可能带来产业发展风险，假如国内其他贫困地区也在开展相同的扶贫产业且发展到一定规模，可能会出现生产同质化、市场销售不佳的风险。例如，在一个城市内有多地都在打造养鸡品牌，虽然在鸡的品种上有所区别，但本质上还是同一产业，这样就很可能加剧市场销售风险，进而引发信贷风险。

三是地方政治和信用环境影响扶贫产业金融风险。脱贫攻坚是政治任务，受政治生态和信用环境影响较大，行政干预和信用不佳将会影响风险。主要体现为以下几点：第一，行政干预贷款。从近年来的情况看，一些地方行政部门干预涉农金融机构扶贫贷款的投放，甚至直接决定扶贫信贷资金的投向项目、使用人群、分配额度、发放进度等，未充分考虑产业需求、农户愿望、金融机构自主决策，而这些项目也不一定符合当地长期发展的需要，部分精准扶贫人口也不愿意从事规定的扶贫产业，因此这种干预违背了市场经济规律和金融制度。第二，强制捆绑补贴。一些地方对扶贫小额贷款财政贴息加以强制规定，要求只有把扶贫小额贷款运用于某个特定的种养殖业才能获取财政贴息，否则不给予贴息，变相地要求农户及企业发展某一种类的种养殖业，而其他真正需要扶贫信贷资金的产业却得不到支持。第三，信用违约压力大。一些扶贫企业、贫困户认为扶贫是国家规定给好处、财政给补贴、银行给贷款，先套取好处再说，至于今后还不还贷款暂不考虑。一旦财政贴息到期，缺少了财政补贴，而其自身又无力还贷款，产业发展的风险将传导

---

① 中国人民银行河池市中心支行课题组：《金融支持扶贫产业发展与风险防控问题研究——基于广西模式视角》，《征信》2019 年第 2 期，第 73—78 页。

到银行信贷风险。[①]

五、财政政策风险

政府财政资金投入在扶贫信贷中扮演了重要角色，银行和财政之间存在一定的传导机制，这也有可能导致金融机构扶贫信贷业务面临巨大的政策风险。一旦政府财政的扶贫贴息资金、扶贫互助资金、风险补偿资金等不能满足金融扶贫贷款风险损失补偿及贴息等需求，就会对金融扶贫信贷产生负面影响。在政府与金融机构的合作中，公益性成本损失代价主要由政府承担，但政府的财政能力也是有限的，如果地方财政资金压力过大，超过一定范围，必然会带来财政风险。因为《担保法》规定国家机关不能够成为保证人，所以地方财政参与到扶贫信贷中的合法性受到质疑。如果地方财政储备资金不足，难以应对金融扶贫信用贷款方面的各种问题，那么金融机构将面临巨大的信贷风险。另外，当前扶贫对财政预算支出的依赖性较大，这种扶贫资金临时性供给模式必然存在较高的政策波动性风险，而在地方政府偿债储备资金不足以履行支出责任时，该信贷风险就会转移给金融机构。

六、经营管理风险

经营管理风险主要与金融机构内部贷款管理控制机制有关。管理

[①] 中国人民银行河池市中心支行课题组：《金融支持扶贫产业发展与风险防控问题研究——基于广西模式视角》，《征信》2019 年第 2 期，第 73—78 页。

人员变动、资金划转程序不完善、风险控制制度存在漏洞、责任追究机制缺乏等，都可能产生经营管理风险。同时，金融机构需要对贷款滋生风险环节进行有效的监督，识别风险点，评估风险程度。但目前金融机构现有的调查研究办法及风险识别办法都非常落后，且金融机构在支持农村产业发展的金融服务领域仍存在缺乏经验、评估方法落后、对风险缺乏足够的敏感性等问题，导致贷款风险增长。此外，扶贫信贷业务具有一定的特殊性，往往要求信贷工作人员具备极为丰富的业务知识，业务开发与拓展能力的缺乏也是扶贫贷款风险较高的重要原因之一。然而从现实情况来看，基层从事扶贫贷款业务的工作人员业务素质整体较低，业务开发能力非常有限，而部分优秀的人才又得不到重用，导致扶贫贷款风险更高。①

七、扶贫对象识别不准风险

精准扶贫首先要解决的问题是真扶贫，也就是说，通过一套有效的贫困识别机制，将那些低于贫困线的贫困者识别出来。② 金融扶贫成功的一个关键在于精准识贫。精准识贫主要是指按照一定的标准，通过规范的流程和方法，找出真正的贫困人口和群体。③ 如此，一方面，可以降低金融机构的融投资成本，提交金融扶贫效率；另一方面，意味着将资金资源投放到具有一定产业和技术、一定潜力的经营

---

① 王吉献、牛倩：《印度国家农业与农村发展银行内部管理概况及启示》，《农业发展与金融》2019年第6期，第61—63页。
② 王雨磊：《精准扶贫何以"瞄不准"？——扶贫政策落地的三重对焦》，《国家行政学院学报》2017年第1期，第88—93、128页。
③ 桂胜、华平：《湖北省精准识贫制度研究》，《湖北社会科学》2017年第4期，第52—57页。

项目中，不仅能带动贫困个体的脱贫，而且让一个地区的贫困群体摆脱贫困。但在实际工作中，由于一些农村和贫困地区信息匮乏，常常遇到不能精准识别扶贫对象的问题。① 首先，乡村基层干部对农村情况最为了解，是精准识别必须依靠的力量。但是部分基层干部不仅不能出于公心，反而暗箱操作，导致真正的贫困人口难以精准识别。其次，在贫困地区出现争当穷人的现象。因为以前的"输血"式扶贫往往通过发钱、发物等方式进行，有些贫困地区的群众对此似乎形成习惯，一部分已经脱贫的人认为又要开始发钱了，便千方百计"装穷"以便进入扶贫名单。最后，农村居民之间互作"伪担保"。长期以来，我国农村有着较浓厚的宗族观念，偏远贫困地区尤甚。一些已经脱贫的人为了进入扶贫名单，彼此之间互作"伪担保"，为精准识别增添障碍。上述情况可能导致金融资本难以精准地投放到贫困人口，带来扶贫对象识别不准风险。

八、易地扶贫搬迁后返贫风险

易地扶贫搬迁作为政策性移民行动，既要实现移民搬迁，更要实现移民后的脱贫致富。能否实现易地扶贫搬迁贫困农户"搬得出""稳得住""能致富"，直接关系到易地扶贫搬迁社区脱贫攻坚和乡村振兴战略的实施成效。② 易地扶贫搬迁的脱贫群体搬迁后在生产生活的各个方面都面临着重构性变迁的不确定性问题。对易地扶贫搬迁贫困群体的风险因素的识别难度更大。其中既有普遍性因

---

① 韩旭东、杨慧莲、王若男、刘爽、郑风田：《精准扶贫实践中的不公平：现象、产生原因及改进》，《干旱区资源与环境》2020年第4期，第72—79页。

② 王振：《易地扶贫搬迁社区的社会稳定风险防范与化解》，《中共山西省委党校学报》2021年第1期，第55—59页。

素,也有特殊性因素;既有显性因素,也有隐性因素;既有来自脱贫群体的诉求,也有来自同步搬迁的非贫困群体诉求。搬迁社区群众来源的多元性和新生产生活状态适应的长期性决定着影响社会稳定风险因素的多样性和复杂性。此外,贫困是动态变化的,易地扶贫搬迁的脱贫群体可能由于某种风险打击而在未来再次陷入贫困状态,现处于贫困状态的人口也可能只是暂时贫困而在未来会脱离贫困。①

第二节 重庆市金融扶贫风险控制典型案例分析

一、石柱黄连产业:重视信用提升,降低产业发展风险

(一)石柱黄连产业发展现状

近年来,石柱县坚持"政府引导、市场主导、企业主体、统筹规划"的原则,优化产业布局,推动绿色生产,加快品种选育繁育,加强病虫害监测防控,提升产业服务水平,加快推进产品研发与加工,高质量发展黄连产业。世界黄连年产量大约为 5 000 吨,

---

① 刘明月、冯晓龙、汪三贵:《易地扶贫搬迁农户的贫困脆弱性研究》,《农村经济》2019 年第 3 期,第 70—78 页。

而石柱县黄连种植面积每年稳定在 5 万亩以上，年产量稳定在 3 000 吨以上，占世界产量的 60%以上。黄连生产是典型的小众产业、地方特色产业，因此金融机构进行授信支持的难度很高。银行金融机构应遵循"地域差异化、产业特色化"的乡村金融服务理念，按照"宜农则农、宜工则工、宜商则商、宜游则游"的乡村实际，通过跟进全国"一村一品"示范村镇建设，创新契合农村金融需求实际的服务模式，助推农业专业化、规模化、标准化生产，提高产品竞争力。金融服务体系是基础，信用评价体系是关键，风险防控体系是保障，三者都是解决商业信贷后顾之忧的重要问题。建设银行重庆分行作为重庆金融扶贫参与的主体之一，在培育壮大主导产业、培养新型农民、激发区域经济发展活力的过程中，以量身定制的金融服务方案降低银行信用风险，实现农业经济组织和银行均能可持续发展。

（二）存在的风险类型与风险防控主要做法

建设银行专业人员深入田间地头实地学习黄连种植生产规律，与当地镇政府负责人、核心经销商、黄连种植农户代表、担保机构等进行座谈，针对黄连是 5 年生作物，农户须种植 5 年以上才会有第一次收获的生长和种植特点，推出了以"种植经验+成本测算+收入测算+政府核实的亩产量"为核心要素的"黄连贷"创新产品，为黄连种植户的生产经营量身打造个人支农贷款。

金融支持石柱黄连产业发展的关键在于构建针对黄连生长规律和产业发展内在逻辑的金融信贷，构建有效的风险防控体系，破解金融扶贫商业性信贷政策实施过程中有可能遇到的风险。具体做法体现在如下几个方面：

做法一：推出服务黄连产业发展的"黄连贷"金融产品。建设银行重庆分行为满足黄连种植户生产经营活动中的资金需求，创新推出"黄连贷"金融产品，此信贷产品可用于黄连种植、农资购买、人工费支付等黄连农种植生产经营活动。

做法二：金融精准服务定位。在依法合规、风险可控的前提下，以小额支农信贷为重点产品，支持有劳动能力的农户开展农产品生产，为收购、销售农产品的农户给予小额短期授信支持。针对拥有当地户口、从事黄连种植满5年的目标客户群体生产经营资金需求特点，提供专业担保公司担保的个人支农贷款，提高贷款流程效率。

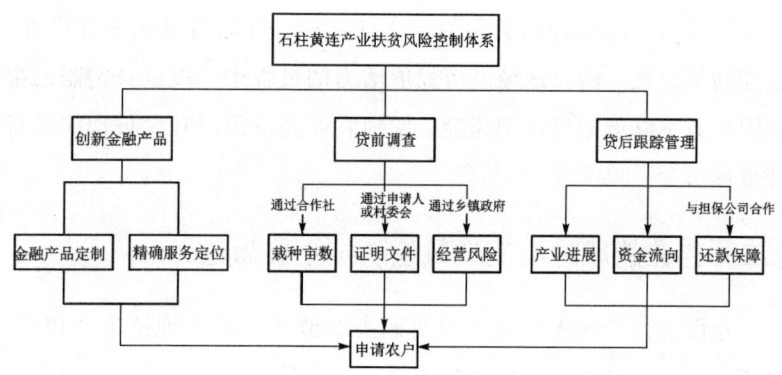

图 5-2　石柱黄连产业扶贫风险控制体系

资料来源：作者整理绘制。

做法三：深度开展贷前调查，建立黄连农贷款贷后动态跟踪管理制度。贷前调查包括但不限于借款人及其家庭基本信息和借款人生产经营信息。一是根据代理政府发放补贴的合作社等企业认定的黄连农当年黄连种植面积来确定借款人黄连栽种亩数；二是审查借款申请人自有、承包、租赁等证明文件，没有相关文件的须由村委会出具证明；三是有效借助村委会、乡镇政府等力量，准确了解借款人经营风险。贷后动态跟踪包括密切关注贷款地区农业种植进展情况，关注自然灾害控制情况，关注当地农产品生产、农业收成、收购信息变化情况；重点监控贷款资金流向，确保用途真实；及时了解黄连农销售款、每亩补贴等款项的到位时间；对影响到商业银行信贷资产安全的情形，及时向上级汇报，并采取有效债权保护措施，动态防范贷款风险。

做法四：在四个阶段落实风险控制措施。一是在客户筛选阶段，由黄连农所在村委会出具盖章的推荐表，协助商业银行筛选有实力、讲诚信、社会口碑和个人品行较好的目标客户。二是银行需取得代理政府发放补贴的合作社等出具的补贴亩数证明，客户需在补贴名单上辅助确认亩数的真实性。三是在受理阶段，落实"三亲见"规定动作，即客户申请材料当面提交、调查面谈和合同面签，落实借款申请人生活、生产经营、种植延续时间等信息的真实性。四是在放款阶段，落实专业担保公司提供的担保函，确保在黄连农无法归还贷款时，商业银行的资产质量有保障。

（三）建行金融扶贫"黄连贷"案例的启示

"黄连贷"作为一项针对石柱黄连产业发展的特色金融扶贫信贷产品，通过建立针对黄连产业发展的金融风险控制系统，有效满足黄连农和贫困户有关黄连生产的资金需求，争取金融支持，为黄连农提供新服务。截至 2020 年 6 月，建设银行重庆分行仅向石柱县枫木镇黄连农户发放贷款就达到 100 余万元，覆盖全镇 2 031 户黄连农，为当地黄连产业发展提供了安全的金融扶贫工具，达到了风险防控的实际效果，也因此呈现出黄连农和生产贫困户愿意贷、金融机构敢贷的良好氛围。

二、肉牛扶贫产业:发展扶贫小额信贷,降低经营风险

(一)合川肖家镇肉牛扶贫产业现状

合川肖家镇隶属于重庆市合川区,地处合川区东北部,东、南邻龙市镇,西与四川省武胜县乐善镇为邻,北与岳池县大佛乡、裕民镇接壤,区域总面积30.04平方千米。肖家镇总人口为2.6万人,其中有70余户建卡贫困户。肉牛产业化扶贫联合体是肖家镇因地制宜创新构建的帮助贫困户稳定增收以及发展农业产业的一种模式。该模式主要采取"1+N"精准扶贫的方式进行,1就是市级龙头企业重庆市荣豪农业发展有限公司,N就是由肖家镇供销合作社、4个村集体经济组织、贫困户以及一般农户构成的一个联合体。为助力贫困户特别是贫困缺劳户实现稳定脱贫,邮政储蓄银行对接合川肖家镇,探索实施肉牛扶贫产业化联合体项目,先后对该镇建档立卡贫困户发放了扶贫小额信贷,获贷率为62.86%。邮政储蓄银行还建立了"惠农易贷"的金融扶贫工具,充分利用扶贫小额信贷等政策,以做好风险防范工作为基础,稳健推进金融支持的肉牛扶贫产业化联合体项目。

(二)存在的风险类型和风险防范主要做法

为破解肉牛产业化扶贫联合体在资金方面的问题,肉牛养殖贫困户将扶贫小额信贷作为产业发展启动资金;村集体经济组织灵活运用自有闲置集体资金作为产业发展启动资金,采用"资金共担"模式,解决投入资金问题。在运营过程中,主要以农业龙头企业代

养和保底收购的方式,确保群众和村集体经济组织的收益以及农业公司人工成本,养殖风险由农业公司承担。总体而言,邮政储蓄银行努力推动小额信贷对符合贷款条件且有贷款意愿的建档立卡贫困户做到应贷尽贷,既不变相提高门槛,也不擅自降低标准,在贫困户自愿参与生产经营的前提下,将扶贫小额信贷资金用于有效带动贫困户脱贫致富的特色优势产业;扩大扶贫小额信贷支持对象,将县级及以上扶贫部门认定的边缘人口纳入扶贫小额信贷支持范围,贷款申请条件、程序及支持政策等与建档立卡贫困户一致,支持其发展生产。

对于金融扶贫风险,邮政储蓄银行建立"惠农易贷"创新金融产品,通过风险跟踪,妥善应对风险,以促进贫困户、涉农产业的快速发展。

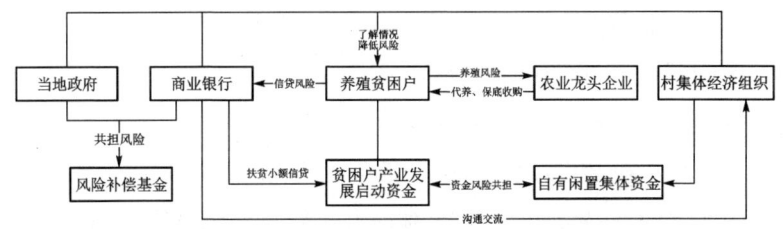

图 5-3 合川肉牛产业扶贫风险控制体系

资料来源:作者整理绘制。

做法一:做好与基层扶贫力量的联系沟通,督导分支机构加强与地方监管部门、区县扶贫办等的汇报交流,及时提交到期客户名单,使扶贫主管部门掌握到期情况,便于规划扶贫小额信贷有关工作。继续保持金融扶贫在利率、信贷规模、FTP、授信准入、风险考核、责任认定等各方面的支持政策,并加大向深度贫困地区的政策倾斜力度,降低市场风险给贫困农户生产经营带来的不确定性。

做法二：确保扶贫小额信贷风险可控。金融机构主动加强与扶贫部门、驻村干部、村支两委等的沟通联系，做好扶贫小额信贷的还款跟踪，提醒即将到期的借款人归还贷款，帮助其制定还款计划。对于暂时出现还款困难的客户，积极协助客户做好还款计划，在符合有关规定或政策的前提下，通过展期或续贷等措施提前化解风险；对于确实无法偿还的客户，加强与各级政府的沟通汇报，按照政策和协议规定有序推进代偿工作，防止风险累积，确保扶贫小额信贷风险可控。

做法三：设立风险补偿基金，推动政府与银行风险共担。精选风险补偿基金管理机构，其必须是各级政府相关部门指定或符合银行相关准入条件的机构，严禁擅自与其他风险补偿基金管理机构合作办理扶贫小额信贷。在业务开办前，各分支行必须根据国家相关法规和总行政策规定与当地政府签署扶贫小额信贷合作协议，明确双方的权利义务，合作协议必须经分行法律与合规部门审核通过后才能执行。另外，与贷款行进行合作的机构必须在该行开立对公账户，用于存放风险补偿基金。只有风险补偿基金到账后，贷款行才能发放贷款。

做法四：充分发挥县建风险补偿金的作用，针对通过续贷、展期等方式仍无法维持经营和没有偿债能力的客户，按照风险补偿机制启动扶贫小额信贷风险补偿，确保扶贫小额信贷健康发展。

（三）"惠农易贷"风险防范案例的启示

"惠农易贷"是金融扶贫的小额信贷产品。有效的风险防控让贫困户更加容易获得信贷，通过与政府、风险补偿机构建立良性的风险共担机制，不仅增强了金融机构对贫困户生产经营的金融支持，提高了金融机构参与金融扶贫的积极性，而且充分结合产业发展，有利于与长效的乡村振兴衔接。

三、金融扶贫下沉：构建全覆盖金融网络，降低精准扶贫识别风险

（一）金融扶贫下沉现状

重庆农村商业银行的前身为重庆市农村信用社。截至2020年末，重庆农商行下辖6家分行、35家支行，共1 765个营业机构，并发起设立1家金融租赁公司、1家理财公司、12家村镇银行，从业人员共计1.5万余人。立足新时代，站在新起点，重庆农商行全力支持乡村振兴和巩固脱贫攻坚成效，倾力服务民营及小微企业成长壮大，走好走实"新万亿"之路。重庆农商行作为本地金融机构，具有1 450余个网点、100个乡村振兴金融服务中心，积极为当地百姓提供金融服务。为确保扶贫金融工具和服务在贫困区县能够有效下沉，该行不断增加布放ATM、CRS等自助服务机具，并且在偏远乡镇设立便民金融自助服务点，有效填补金融服务空白。其具体做法是每个乡镇布放2台以上集存、取、转于一体的I58新型自助终端，在乡镇商户积极投放POS机，方便群众用卡、刷卡。在流动渠道上，推出流动银行服务车，在全市贫困区县的乡镇、村社启动流动金融服务，每台年服务天数达289天，有效提升了农村偏远地区金融服务便捷度。

（二）存在的风险类型与风险防控主要做法

在推动金融精准扶贫下沉的工作中存在各种风险，做好风险防范是实现真正扶贫的重要保障，重庆农村商业银行坚持以支持贫困农户经营

发展为前提，以有效防控扶贫信贷风险为重点，做细做实扶贫小额信贷。

做法一：严格信贷流程，防范逾期风险。在发放规范上，严格扶贫小额信贷政策，规范扶贫小额信贷发放，提升贫困群众满意度和知晓度。在脱贫攻坚期内，对贷款到期后仍有用款需求的贫困户，在符合准入条件的前提下，为其稳妥办理续贷和展期。在常态监测上，按照"名单管理、逐户监测、逐户分析"原则，安排专人逐月提前预警、监测扶贫小额信贷到逾期情况，适时跟踪到期贷款，不断防范逾期风险。在贷后跟踪上，健全贷后管理制度，贷款到期日60天前通过短信、电话等方式通知借款人做好还款准备，贷款到期日30天前书面通知借款人按时还款，加大扶贫逾期贷款清收、处置、化解力度，有效控制不良风险。

做法二：精准管理资金用途风险。在精准管理上，准确把握扶贫小额信贷"户借户用户还"准则，严防户贷企用；有效建立风险补偿，形成"一月一分析、一月一汇报"的银政联动机制，对到期未能还款、追索90天仍未偿还的扶贫小额信贷，合理启动风险补偿。

（三）金融扶贫下沉的启示

地方性商业银行要想发展好普惠金融，必须统一思想认识，明确自身定位，提高服务质效，加强风控管理，持续提升金融服务能力。一是地方商业银行参与金融扶贫以及乡村振兴，既是积极承担社会责任的表现，也是金融脱贫的现实需要。地方商业银行应坚持服务于农村金融发展的宗旨，下沉经营管理和服务重心。二是充分发挥网络密集的优势，例如运用大数据分析和信息科技，提升金融扶贫的精准性，保障金融扶贫资金的精准性。以"坚守合规、管控风险"为指导思想，在落实监管要求和严守风险底线的前提下，优化业务流程，提高金融扶贫效率和质量。三是以贫困农户为服务对象，完善风险管理体系，切实做好全流程、全方位的风险管控。

四、多层次风险补偿模式：构筑多层次金融风险防线，打造金融示范村

（一）黔江肉牛产业金融示范村现状

乡村振兴离不开产业振兴，产业振兴是乡村振兴的基础。黔江大念"牛字经"，培育"牛经济"，推进畜牧产业化发展。人行黔江中心支行充分发挥贴近基层的主体优势，以创建金融扶贫示范村为着力点，加强多方联动，成功探索创新出"央行导演、政府搭台、金融演奏、企业唱戏"的金融精准扶贫路径。通过建立风险补偿基金机制，黔江区3家银行机构为共林村肉牛产业扶贫项目提供信贷支持580万元，形成了"央行+基层政府+银行+产业扶贫风险补偿基金+保险+企业+专业合作社+贫困户"的金融扶贫模式，推动肉牛养殖逐渐成为共林村主导产业，并将产业发展与贫困村土地、劳动力、农作物等资源结合起来，有效帮助全村96户贫困户脱贫增收。截至2020年，共林村建档贫困户共领养能繁母牛21头，已产犊10余头，最低可带来纯收益6万元；专业合作社已吸纳30户贫困户入社，年底户均分红收益在4 000元以上。

（二）存在的风险类型与风险防控主要做法

做法一：建立扶贫风险补偿基金，撬动产业扶贫。人行黔江中心支行联合基层政府部门出台《黔江区黄溪镇共林村建档扶贫户产业

扶贫风险补偿基金管理办法》，与黄溪镇政府、共林村委会等部门共同签署建档贫困户产业扶贫风险补偿基金管理合作协议，共同出资在共林村设立100万元的重庆市首支贫困村产业扶贫风险补偿基金，存于重庆农村商业银行黔江支行账户，并建立基金后续补充机制，争取对共林村与建档贫困户相关产业扶贫风险实行100%补偿。在该扶贫风险补偿基金的撬动下，银行机构原则上可按基金规模放大4—10倍向产业扶贫参与企业发放贷款。

做法二：创新产业扶贫帮扶模式，精准扶贫到户。成功引进黔江区农业龙头企业——重庆三东科技有限公司作为产业扶贫项目合作企业，签署产业扶贫项目合作协议，有饲养能力的贫困户可申请领养能繁母牛，分户饲养，以保护价收购，公司也成立了专业合作社，吸纳无饲养条件的贫困户以农村承包土地的经营权、农民住房财产权、林权等入股，集中饲养，保底分红。

做法三：量身打造风险共担的产业风险防范机制。人保财险黔江支公司根据共林村肉牛产业发展特质量身定做肉牛养殖保险业务，为共林村产业扶贫项目提供保险保障，助力精准扶贫。重庆三东科技有限公司负责统一投保，保费每年每头120元，其中公司承担30%，财政补助70%，死亡后每头牛获赔2 000元，有效分散产业扶贫风险。

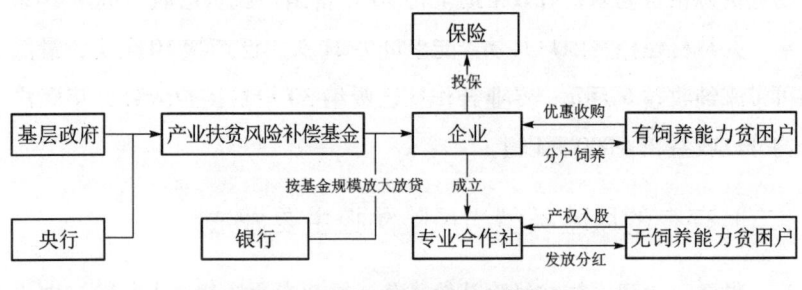

图 5-4 黔江肉牛产业扶贫模式

资料来源：作者整理绘制。

(三)"扶贫风险补偿基金"的启示

政府主导的风险补偿基金联合多种类型、多个层次的金融机构共担风险,通过发挥政府的组织优势和行业的管理优势对金融扶贫项目进行筛选。一方面,很大程度上解决了银行与企业之间的信息不对称和银行信贷管理半径问题;另一方面,也打消政府对银行转嫁风险的顾虑,通过引入多方监管等方式进一步降低贷款风险。

五、保险扶贫防风险:强化立体保险机制,多元创新防范返贫

(一)保险扶贫背景

据扶贫办统计数据,2015年重庆市因病致贫家庭约5 003户15 140人,不少群众面临"病倒一人,拖垮全家"的风险。为了让贫困人口看得起病,重庆整合了医保、民政等多重资源,实现"城乡居民医保+大病补充保险+疾病应急救助"等多项保障衔接,而商业性保险是长效推进健康扶贫的重要市场手段。重庆市出台的《关于精准扶贫精准脱贫的实施意见》提出:"贫困户大病医疗补充商业保险实现全覆盖;推广贫困户农房安全、人身保障等扶贫小额保险产品。"市委、市政府《关于巩固脱贫攻坚成果完善扶贫开发长效机制的指导意见》提出:"推行政策性保险与商业保险相结合的保险扶贫机制。"系列的金融保险手段不仅助力脱贫,而且能够有效防范脱贫群众返贫。另外,通过保险工具的介入,农户的收益能够得到保证,

在保障贫困农户顺利脱贫的同时,又化解了扶贫产业的生产和市场风险。

(二) 存在的风险类型与风险防控主要做法

做法一:创新推进"政府出资、公司让利、群众实惠"产品扶贫模式。截至2019年7月,共为688.4万次贫困人群、特殊困难家庭提供保险保障,总共赔付10.8万人次,赔款金额达2.67亿元。在彭水县大垭乡试行"三防"(防范贫困人员深度贫困、防范非贫困人员致贫、防范脱贫人员返贫)保障模式,创新方式以解决特殊贫困户大病就医困难问题,总保障金额达1.27亿元。

做法二:实行"政府搭台、公司让利、群众参与"产品扶贫模式。推出外出务工、银龄安康、女性特殊疾病等一系列政策类保险,近3年累计向贫困人群赔付21 335人次,理赔金额达5 211万元。

做法三:创新立体式的农业险体系,化解贫困户家庭收入不确定性问题。"惠民济困保"等保险产品为贫困户生猪产业提供"5险1金"(政策性养殖险、商业性补充险、政府扑杀险、收益险、畜类医疗险和普惠金融支持),为特色高效农业提供成本保险、收益保险等多层次、立体式保障。

(三) 立体式保险扶贫案例的启示

2014—2020年立体式保险的开展,不仅发挥了扶危济困的作用,具有公益性特点,同时又开展商业化运作,采用贴近民众、面向产业的服务方式,让民众从实实在在的保险金融服务中增强获得感、幸福感和安全感。2020年以后,绝对贫困问题历史性地得到解决,但要守住来之不易的脱贫成果,同时解决仍将在一段时间内存在的相对贫困问题，需要更多地引入和运用已经取得的保险助脱贫、防返贫经验。一是汲取脱贫攻坚过程中的成功经验，进一步发挥保险与多种金融工具的协同作用，解决服务供给和需求两个方向的动力不足问题，建设有利于贫困人口的金融服务市场。二是继续用好农业保险和大病保险两个既有工具，通过农业保险将扶贫产业损失、农民收入损失保起来，通过大病保险、健康保险等将看病难看病贵、因病因残致贫返贫等风险保起来，守住来之不易的脱贫攻坚成果。三是充分发挥保险在风险管理方面的专业优势，开展面向贫困人口的风险管理服务，同时以行业筛选的方式参与政府的动态返贫监测预警机制，服务建立解决相对贫困的长效机制。四是不断优化调整保险扶贫方案，注重激发低收入人群的内生动力，在不断培育贫困人口保险参与意识和不断发展壮大保险市场的过程中，推动脱贫攻坚与乡村振兴的有效衔接。

第三节　需要进一步关注的问题

一、传统风险仍将长期存在

目前由政府主导、各类型和各级金融机构积极参与的金融扶贫的产品创新和服务创新取得了诸多的成效，但是贫困户的信用风险、产业发展风险、政策风险、精准识别风险、经营风险等仍存在。例如，部分贫困户在参与金融扶贫后，由于无法兑现信贷合同等，选择外出务工，其违约风险造成金融机构的风险提高，并且对金融机构参与金融扶贫的积极性也造成打击。同时，因扶贫小额信贷客户本身文化素质相对较低，部分贫困户把信贷资金理解为不用还款，存在还款意愿不足的情况。还有一些贫困户贷款逾期后，表现为不愿意沟通，抵触还款，甚至可能出现恶意逃避债务等情况。此外，各个贫困地区经济资源禀赋和人文环境存在差异。但在实际金融扶贫工作中，仍然存在部分区县政策差异较大、风险防控补偿标准不一、贷前信用评价指标体系尚不健全、贷后管理很难实施等问题，造成流程不畅、操作风险提高等状况。

二、新的风险不可忽视

2014—2020年金融扶贫工作有序推进，金融扶贫作为一种扶贫方式取得了众多的突破和创新，但是由于许多环节仍处在起步探索阶段，包括金融产品设计、金融服务创新、授信条件、保险担保模式、风险管理模式都还有较大的提升空间。2020年后，脱贫群众仍然面临资本约束以及返贫风险。一方面，自然灾害以及社会影响的外部不确定性因素仍存在，一旦遭受政策、市场剧变，或是严重的疾病、自然灾害等某种外部冲击，已脱贫农户返贫的概率极大。另一方面，金融机构针对贫困地区"三农"领域的资金需求具有短平快、周期性强、信息不对称、缺乏抵押、单笔资金需求小等特点而采取的创新手段要持续发挥作用，还存在诸多阻碍。[1]

绝对贫困的消除并不意味着相对贫困的消除。在中国乡村振兴战略的实施过程中，在中国经济长期发展过程中，相对贫困仍然会持续存在。金融扶贫业应从消除绝对贫困的战斗逐渐转向对减少相对贫困

---

[1] 林芳、陈文相：《后扶贫时代农村金融助力巩固脱贫成果的障碍与出路》，《农业经济》2021年第3期，第76—78页。

的金融支持之上。贫困家庭的脆弱性风险是金融扶贫在新的阶段需要长期关注的领域。破解金融扶贫的不确定性,有助于进一步强化贫困治理的效果,构建完善的社会治理体系[1]。

此外,脱贫群众的家庭结构、收入结构、劳动力结构都随着扶贫工作的推进发生了巨大的变化。要想防范脱贫群众返贫风险,继续支持脱贫群众增收发展,使其在新时代过上幸福的生活,就必须坚持金融机构参与扶贫,防止农村金融市场萎缩,脱贫群众"造血"机能被阻断。总的来说,对这些新的风险都需要做好充分的评估和判断。

---

[1] 徐行、王娜娜:《社会治理共同体视域下社区协商治理的梗阻与突破路径》,《北京行政学院学报》2021年第2期,第20—28页。

第六章
央行及政策性金融机构扶贫案例

在党中央、国务院做出脱贫攻坚的重大决策部署后,我国通过金融扶贫政策的顶层设计逐渐构建起多部门参与的金融精准扶贫体系。其中要求中国人民银行及开发性、政策性金融机构更多发挥协调与导向作用,强化金融与政府和监管部门的合作,引导社会力量助力贫困地区的基础设施建设和产业发展,并为现代金融服务对贫困地区人口的平等覆盖提供保障。可以说,中国人民银行及各个政策性金融机构已成为金融精准扶贫体系的重要组成部分。

近年来,中国人民银行重庆营业管理部创新金融扶贫模式,对重庆市金融业的脱贫攻坚工作发挥了积极指导作用,提升了重庆市脱贫攻坚的成效。国家开发银行重庆分行和中国农业发展银行重庆分行也同样积极发挥政策性金融"当先导、补短板、逆周期"的作用,全力以赴助力打赢脱贫攻坚及全面建成小康社会收官战。

第一节 中国人民银行扶贫案例

一、加强党的领导,创新央行政策性金融工具

(一) 具体做法

做法一:瞄准金融服务短板,实施攻坚"三大行动"。一是将党建与金融精准扶贫结合在一起,建设"一书记一深度贫困乡镇"的对接机制并保证其精确性。组织全省主要的银行业金融机构,发起"万户百村行长扶贫行动",保证金融机构精准帮助18个深度贫困乡镇,争取早日脱贫。通过此活动,一共引入或支持扶贫机构超过50家。二是举办"金融扶贫服务站"建设行动,为深度贫困地区建立金融服务基地。号召大量金融机构向深度贫困地区发力,建设贫困村金融扶贫服务站99个,实现深度贫困乡镇全覆盖。三是进行"普惠金融服务工程"活动,为全省深度贫困地区建立支付服务基础设施,最终达到全覆盖,同时还助力建设深度贫困地区的普惠金融基地,最终建成金融知识宣传站共122个。[1]

做法二:发挥政策性金融工具及产品的精准支持作用。一是发挥出扶贫再贷款的定向支持作用,重庆成为全国首批扶贫再贷款定价机

---

[1] 《马天禄:在决战决胜脱贫攻坚中发挥金融合力》,新华网,http://www.cq.xinhuanet.com/2020/rmyhft/20200423.htm,最后访问日期:2021年7月31日。

制试点地区。二是发挥出政策性金融产品的定向支持作用。了解助学贷款对贫困人口义务教育的重要性并发挥其作用,避免贫困的代际传递;重视易地扶贫搬迁贷款,从贫困人口的居住问题下手,有效保证贫困人口的住房安全;重视创业担保贷款,充分了解其对贫困人口生产的推动作用,长久考虑,从根本上满足贫困人口的需求。

做法三:强化信贷支持,推动金融精准扶贫走深走实。一是单列信贷计划,加大扶贫领域的信贷投放。农发行重庆分行在14个国定贫困区县单列700亿元资金支持计划,主要用于支持贫困地区的基础设施建设和提升。二是实施倾斜的授信管理以及考核机制。对达到扶贫贷款认定条件的企业,每增加帮扶5个贫困人口,贷款利率可在原基础上浮或下浮2%,最高可下浮10%。三是创新信贷产品和支持模式,加大贫困地区产业发展支持力度。农行重庆分行针对重庆地区特色产业实施信贷支持,发挥出"惠农e贷特色产业模式"作用,实现产业精准扶贫的目标。四是推动各金融机构重点围绕"稳存量、扩增量、降成本、提效率"等要求,缓解涉农企业的现金流困难。

(二)案例启示

人民银行重庆营管部结合重庆产业发展的具体情况,针对重庆县域金融精准扶贫提出了一系列建议。

第一,政策的引导是重要前提。目前,重庆市农村金融市场机制发展仍不完善,金融市场对精准扶贫的推动作用仍需要政府的引导支持作用。首先,政府应该利用好货币政策工具的引导作用,对金融扶贫效果好的金融机构在一定程度上进行引导,如加大其再贷款、再贴现力度等。其次,财税政策对于金融信贷资金的引导与撬动作用也是十分重要的,政府应该充分发挥其作用,实施精准扶贫贷款税收优惠等政策，多方面、多措施降低金融扶贫的成本，减少金融机构信贷投放的风险，进而激发金融机构信贷投放的热情。

第二，金融的创新是重要驱动。目前，城乡经济二元结构特征在金融领域中表现显著，农村金融市场发展仍在起步阶段，导致在金融扶贫活动开展过程中普遍存在传统模式不适应农村金融需求的现象。对于传统业务模式向适应农村金融需求的现代业务模式转型这一问题，人民银行应该利用好央行政策的引导和导向作用，激发起商业性金融机构创新的热情，引导其创新管理、服务和产品。同时，也要重视金融的宣传工作。要让贫困户认识到贷款的实际意义，贷款并不是无偿的补助，宣传的目的在于培养贫困户的责任感及定期付息的信贷习惯，营造一种优良的、可持续的农村金融市场氛围。

第三，坚持金融下沉。政府在促进金融下沉方面起着重要的作用，政府可利用政策使金融机构的产品和服务逐渐进入贫困地区和贫困人群，助力农村金融扶贫体系的多元化建设，增强其可持续性，与乡村振兴有效衔接。

二、生猪活体抵押贷款及生猪圈舍抵押贷款

长期以来，农民和乡镇企业普遍面临贷款难问题。贫困地区的民众和产业获取资金困难，不仅限制了其内生发展动力，也对扶贫工作的开展造成阻碍。该问题产生的原因主要有：一是信息不对称的存在致使金融机构面临较高的违约风险，降低了金融机构的放贷意愿；二是较高的贷款担保门槛使贷款人不具备贷款能力；三是针对农村等贫困地区的金融信贷产品种类少，且与当地发展条件不相适应，导致农民及乡镇企业不愿贷款。因此，如何拓宽融资渠道，降低融资门槛，

减弱信息不对称，为贫困地区人口提供现代化金融服务，成了金融扶贫工作中亟待解决的问题，这要求金融机构在金融支持和金融服务模式上进行创新。

农户产业链融资是减少小农户市场排斥、推动地方农业产业化、促进农村经济发展的关键金融举措。作为中国农业经济发展支柱产业之一的生猪产业，在农业产业化发展中备受关注。以重庆市生猪产业为例，受生猪活体数量难以数清、难以进行贷后管理，猪肉价格波动较大且不同类型猪肉价格相差较大因而难以评估猪肉价格，易遭遇猪瘟等疫病、难以开展风险防控工作等因素影响，长期以来对于生猪活体抵押贷款，银行普遍存在"不会贷、不愿贷、不敢贷"的现象，很多生猪养殖企业长期以来一直面临缺少抵押物而无法获得贷款进而无法扩大产能的困难。

（一）具体做法

人行重庆营管部针对农业农村融资缺乏抵押物的难点堵点，对重庆生猪养殖产业进行了依托生猪动产的农村金融服务创新，使得生猪活体能够作为贷款抵押物，为农业农村融资助力。该服务在重庆市生猪产业基础较好的荣昌区、黔江区、涪陵区三地进行试点，分别找到三家基础和发展前景较好并注重诚信的企业进行一对一服务，同时与重庆农商行、农行重庆分行对接。该案例的具体做法有以下几点。

做法一：通过多次组织召开座谈会，人行重庆营管部研究并解决了生猪识别、生猪价值评估、贷后生猪防疫管理等方面的问题。第一，人行重庆营管部通过大数据赋能，充分利用动产融资统一登记公示系统，完成生猪活体资产的抵押登记等程序，同时出示了有效的证明文件。第二，人行重庆营管部对生猪抵押资产存出栏数、防疫检验、市场价格等情况进行监管并定期或不定期向贷款银行反馈，进而在一定程度上控制生猪资产的风险。第三，通过银保数据共享，将保险公司引入体系，以降低保险风险，并为银行贷后管理提供帮助。第四，人行重庆营管部邀请市高级法院专家从法律的角度对生猪活体抵押的效用进行解读和指导，为数据赋能提供法律保障。

做法二：人行重庆营管部创新出三种银行保险合作模式。一是在涪陵试点打造"银行+政策性保险"的模式。具体来讲，就是将已购买政策性生猪保险的可繁殖的母猪作为抵押担保物，其贷款额度根据上述保险保额来定。二是在荣昌试点打造"银行+政策性保险+商业保险"的模式。具体来讲，就是将已购买政策性及商业性生猪保险的可繁殖的母猪作为抵押担保物，其贷款额度根据政策性及商业性保险来定。三是在黔江试点打造"银行+企业信用+政策性保险"的模式。具体来讲，就是将已购买政策性生猪保险的可繁殖的母猪作为抵押担保物，其贷款额度根据政策性保险保额和企业信用综合评定。

做法三：人行重庆营管部尝试对接地方金融机构和政府，联合开发了生猪活体抵押贷款，还创新建立起生猪圈舍抵押贷款，不断拓展信贷服务的边界。企业的知识价值信用、商业价值信用也纳入授信贷款的评估范围。

（二）案例启示

到 2020 年 12 月，重庆市累计授信"生猪活体抵押贷款"145 笔，累计发放金额达 1.8 亿元，并进一步扩大到肉牛等产业，有效拓宽农村金融服务边界，助推贫困人口生产发展。人民银行的金融扶贫工作拓展了农业农村抵押物的范围，充分发挥了人民银行再贷款等政策工具的作用，激励了金融机构加大对生猪稳产保供的支持力度。在上述案例中，人民银行重庆营管部利用大数据将生猪等一系列动产纳入规范、可控的监控体系，降低生产风险、市场风险和信用风险；将牲畜活体、农业机械等抵押登记纳入动产融资统一登记公示系统，实现了生猪活体资产抵押登记，促进农业农村资源变资产。为了应对市场风险和生产风险的双重压力，人行重庆营管部创新推出风险共担机制，通过细分融资风险的方式来提高不同产业链的风险控制力。具体来讲，企业和养殖户分别承担各自责任内的风险，即把风险防控工作细分给各个主体，每个主体根据自己的优势降低各个部分的风险，进而提高整个产业链的风险防控能力。在金融服务上创新，研发出更适合乡村等金融欠发达地区的金融服务和产品，使金融对贫困地区的开放程度大大提高，降低贫困地区人口及企业的融资难度，以实现资金的精准定向供给，刺激贫困地区内生"造血"动力，从而促使其脱贫致富。

第二节 政策性银行扶贫案例

一、政策性金融资金支持基础设施建设

(一)助力公路工程建设

道路建设在社会发展过程中发挥着重要的作用，道路建设相对滞后是经济落后的一项重要原因，因此，要加快基础设施建设步伐，直击贫困根源，把准扶贫"脉搏"，筑牢脱贫根基，大修产业之路，改

善贫困乡村生产生活条件和整体面貌,就要搞好基础设施建设规划,从农民最希望解决而又能做到的事情出发,坚持先易后难、循序渐进、先规划后建设的原则,切实规划好贫困乡村道路交通建设项目。"要想富,先修路。"重庆被称为"山城",坡地较多,其特殊的地形造就了这里独具特色的文化。由于地形因素的影响,公路建设过程中会遇到一些障碍,许多偏远地区的公路建设会受到影响。

例如,地处大巴山东段南麓的巫溪县是典型的山区农业县,交通设施落后,贫困人口众多,是脱贫攻坚的难点和重点,需要通过完善贫困地区当地公路网建设来改善当地居民生活条件,同时还要建设贫困地区与外界联通的高速公路,降低交通障碍,加大当地与外界的联系,助力当地经济发展。因此,搞好基础设施建设、提高居民居住的环境质量是稳定脱贫的重要保证,对于精准扶贫工作来讲至关重要。在高质量打赢脱贫攻坚战的过程中,政策性金融机构需要充分发挥金融优势,精准聚焦贫困地区基础设施建设,打通脱贫致富"最后一公里"。

1. 具体做法

做法一:国开行重庆分行牵头银团,支持高速公路建设。巫镇高速公路(重庆巫溪至陕西镇坪)的规划建设对改善巫溪县交通设施、提振当地经济发展有着显著影响。国开行重庆分行牵头银团投放 6.6 亿元贷款支持巫镇高速公路建设,打通巫溪外向通道,带动秦巴山区和川陕革命老区集中连片脱贫致富。国开行重庆分行累计向万利路(重庆万州至湖北利川)、酉沿路(重庆酉阳至贵州沿河)、黔石路(黔江至石柱)等区际或省际高速公路投放贷款 138 亿元,惠及建档立卡贫困人口 55 万人。

做法二:国开行重庆分行支持建设石柱县农村公路路网工程,改善当地生产生活条件,破解当地脱贫攻坚瓶颈。2017 年该行对石柱县农村公路路网工程项目授信 7.8 亿元，用于新建或改扩建石柱农村公路。至 2019 年 10 月，该项目建成通车，改善了盐井、坪坝、全兴、建峰四个村的通行条件，也大幅减少对外交流的时间成本。此外，该项目还有助于当地服务旅游业的发展，并打通蜂蜜、黄精等特色经济作物的向外运输通道，带动当地特色产业发展。

2. 案例启示

在基础设施建设领域，由于资金回报率低、回报周期漫长，鲜有商业银行等商业性金融机构参与对其的投资。而基础设施建设对乡村和贫困地区脱贫致富往往有着很强的正向效应，应作为金融脱贫攻坚工作的重点部分。对以上案例进行分析后可以发现，政策性金融机构在贫困地区基础设施建设方面的推动作用是巨大的，对当地经济发展和减贫脱贫有着深远的积极影响。国开行重庆分行充分发挥了政策性金融机构的带动引导作用，通过牵头众多商业银行，形成金融合力，推动贫困地区高速公路建设。就结果而言，国开行重庆分行在区际或省际高速公路的投入共惠及建档立卡贫困人口 55 万人，带来了显著的正向作用。另外，国开行重庆分行聚焦在农村公路路网的建设，为其提供授信。农村公路路网的建设能够为农村群众生产生活带来最直观的改变，改善农村精神面貌，增强村际沟通交流和农村对外经济交流，实际地打通扶贫"最后一公里"。因此，具有开发性质的政策性金融机构需要做好基础设施建设扶贫的"领头羊"和"带领者"，与政府、商业银行等主体进行协作，发挥出金融杠杆作用，撬动整个贫困地区的经济发展，改善贫困人口的生产生活条件。

（二）助力用水饮水工程建设

贫困地区的基础设施建设、居民居住环境质量作为精准扶贫工作成效衡量的关键指标，对于稳定脱贫、防止返贫是至关重要的。贫困地区的饮水安全事关民生福祉，保证饮水安全是脱贫攻坚的基础性工作，也是精准扶贫工作中的重要内容。饮水安全作为贫困户脱贫的标准之一，是水利扶贫的重中之重。重庆地处山区，各个乡镇村落均存在贫困人群，其居住分散，多个地区水利基础设施十分落后，导致部分农村贫困地区居民饮水及饮水安全得不到保障。受到各种因素的制约，存在水源分布不均、夏季容易出现用水浑浊现象、冬季容易出现缺水现象、水质差、水源距离远等情况，即在水量、水质、用水方便程度、供水保证率等方面不能满足人民群众生产生活的需求，也制约着地方经济的发展。农村饮水安全巩固提升工程是全面解决农村饮水问题的重要保障，在精准扶贫中全面实施农村饮水安全巩固提升工程意义重大。

1. 具体做法

做法一：由于重庆市武隆区水资源分布不均，长期以来，农村地区供水不足且水质不达标。2016年以来，国开行重庆分行累计向武隆区境内的安全饮水提升工程投放贷款3.3亿元，对分布于武隆全区的43处水厂进行改造或重建，显著提高了当地生活饮用水质量。

做法二：重庆市奉节县地处秦巴山区，山大坡陡，骨干水源较少，饮水问题成为脱贫攻坚中的一大难题。中国农业发展银行奉节支行在县委、县政府的支持下与相关部门沟通对接，及时投放贷款2.5亿元支持奉节县草堂镇、朱衣镇等31个乡镇的饮水安全工程建设。通过新建蓄水池、架设管道，确保供水网络覆盖县域内135个贫困村、9.4万建档立卡贫困人口，使奉节县贫困人口的饮水用水安全得到有效保障。

2. 案例启示

政策性金融机构应当勇于承担社会责任，充分发挥自身优势，"当先导、补短板、逆周期"，主动提升政治站位，强化大局意识。支持饮水安全提升项目建设，是政策性银行相关工作部署的重要措施，对于提高当地供水设施条件、改善农村居民生活设施、提高生活舒适度具有重要作用，展现了政策性银行立行为民的责任担当。饮水安全是保证人们"两不愁"的基本条件，是人民提高幸福感的基本要求，是人民生活生产的基本工程。做法一中的国开行重庆分行发放水利建设贷款，助力武隆区农村饮水安全项目，为高质量打赢脱贫攻坚战、全面建成小康社会打下坚实基础。项目建成后，武隆区135个行政村、16.9万农村人口的供水保证率和水质达标程度显著提高，惠及建卡贫困村65个、建卡贫困人口4.6万人。做法二中的中国农业发展银行奉节支行主动与当地政府及相关部门沟通，根据当地水源、水质等建设条件，科学合理地规划解决方案，及时投放贷款，着力建设地方饮水安全项目，实实在在让民生工程解决困难群众问题，确保饮水贫困群众喝上"安全水""健康水"。

二、政策性金融资金"造血"产业扶贫

（一）PSL 资金与扶贫产业有效对接

随着脱贫攻坚的不断深入，实现农民脱贫致富、推动产业兴旺的工作重点从对贫困户的产业扶贫转向培育和发展县域内主导产业与优势产业，从单纯对农户的支持扩大到对农村新型经营主体和创新利益联结机制等方面的支持。从长远看，农业产业化联合体通过做强国有

企业来做实产业发展，推动产业扶贫向产业振兴过渡，壮大贫困地区产业发展，走出一条可复制、可推广的政策性银行支持特色产业发展之路。

重庆市酉阳县是重庆市辖区面积最大、贫困人口最多的国家级贫困县，是典型的老少边穷地区，同时也是中西部169个深度贫困县之一。酉阳具有种植油茶的历史和适宜的自然环境。被誉为"油中之王"的茶油拥有独特的营养价值和可观的经济价值，油茶产业成为酉阳县脱贫攻坚和农民致富的第一支柱产业。但酉阳油茶产业因未完全摆脱粗放式发展态势，产业链条上的各类主体散而多、多而不大、大而不强，产量不高，经济效益低，面临发展瓶颈。找准产业只是精准扶贫的第一步，如何实现"兴旺一个产业、带动一方经济、致富一方百姓"的良性循环是一个更为重大的问题。

1. 具体做法

中国农业发展银行重庆市分行在酉阳创新推出"农发行+地方政府+龙头企业+合作社+风险补偿基金+保证担保+保险"（1+6）的"酉阳模式"。具体做法有以下四点。

做法一：在构建农业产业化联合体的基础上，通过"整体测算、统一授信、集中管控、分别用信"的方式解决融资问题。首先由龙头企业对项目资金需求进行测算、核定，再按照公司与合作社签订的收购合同中写明的种植面积等具体情况来确定公司和合作社获得的授信额度，最后根据龙头企业与各个合作社的授信额度之和整体授信给农业产业化联合体。

做法二：通过"政府增信+龙头企业担保+保险"解决担保问题。具体而言，地方政府首先出资建立了2 000万元的产业扶贫贷款风险保证基金，用于支持农业专业合作社贷款。当出现不良贷款时，利用产业扶贫贷款风险保证基金代偿合作社贷款总额的70%，并按照要求，由龙头企业对合作社贷款总额的30%和贷款利息进行保证担保，同时由合作社法定代表人办理以中国农业发展银行酉阳支行为第一受益人的人身意外伤害保险，为资金安全提供了必要的保障。

做法三：通过"合作社+贫困户"模式解决脱贫问题，实现政府、银行、龙头企业、保险、合作社、贫困户六方共联、合力脱贫的态势。同时，对合作社贷款利率实行基准利率不上浮的政策，在六方共联的机制下也免除了融资担保费用。这些措施有效地解决了农民专业合作社对接市场能力不足、生产经营效率低等问题。

做法四：中国农业发展银行酉阳支行充分利用政策支持，将油茶产业扶贫项目纳入央行抵押补充贷款（PSL）项目库。针对其信贷需求规模大、常规信贷产品难以介入的特点，将PSL资金与产业扶贫项目对接。

2. 案例启示

中国农业发展银行重庆分行建立农业产业化联合体，有效整合了技术支撑、资金支持、政策保障、销售渠道等各项资源，实现了农户土地连片流转、分散群众捆绑帮扶、有效资源集中使用，扩大了劳动就业，带动了农户参与产业规模化经营，达到了扶贫产业化、基地规模化、产品标准化、销售市场化、效益最大化。针对因担保资源不足、风险防控难而产生的合作社贷款准入难、抵押难、授信难问题，发挥农业政策性金融贴近"三农"、贴近企业、贴近市场的独特优势，通过"政府增信+龙头企业担保+保险"有效解决担保问题。酉阳试点的"1+6"模式不仅推动了当地企业自身转型升级，持续激发其内在活力，还使当地产业不断延伸产业链条，推动多种产业融合。同时，带动了当地贫困人口通过产业增收致富，走出一条推动贫困人口脱贫致富、培育壮大贫困地区产业发展、实现脱贫攻坚与乡村振兴有效衔接的政策性金融产业扶贫新路径。

(二)"农业产业化联合体"打通小农生产市场渠道

根据酉阳当地的土壤和气候等自然条件,酉阳县将油茶业选作当地脱贫攻坚的第一支柱产业。到2018年底,酉阳县油茶种植企业共37家,专业合作社共46个,种植大户共58户,发展良种油茶种植基地共15万亩,已覆盖28个乡镇(街道),产业链产值达3.2亿元。但当地油茶产业仍以小农散户种植油茶居多,因此难以实行现代化、工业化生产,导致生产、运输和销售成本较高,土地资源和劳动力资源利用效率较低。

1. 具体做法

中国农业发展银行重庆分行结合当地情况,创新推出"农业产业化联合体"产业扶贫新模式,助力政策性金融支持农户产业扶贫难题。具体而言,这种新模式是采取"公司+合作社+农户"的组织方式,构建了一个各方分工协作、利益紧密联系的产业联合体。其具体做法有以下几点。

做法一:农发行重庆分行直接管理参与产业链经营的实体公司,同时还对其进行核心技术指导,带动当地的油茶产业发展。另外,该行还对油茶产品的最终收购和销售进行管理安排。

做法二:农发行重庆分行指导下游合作社根据技术标准进行生产经营活动,同时促进产业链公司和当地的合作社签订收购合同,进一步实现订单式种植的模式,进而使建档立卡贫困人口稳定脱贫。

2. 案例启示

中国农业发展银行重庆分行将重点放在贫困地区脱贫攻坚薄弱环

节,将其政策性金融功能充分发挥出来,通过探索信贷及产品方法创新,支持产业扶贫新路径、新模式,推进"民营小微企业提升工程"。上述案例充分体现出了政策性金融机构的导向性作用。该行多次实地调研酉阳县油茶产业发展情况,创新推出一套"农业产业化联合体"产业扶贫新模式,并通过协调安排,促进多方积极参与模式改造,形成产业链经营管理公司带动合作社的"一对多"产业体系。进一步解决政策性金融助力产业扶贫的问题,连接起小农生产和市场,提高贫困农户稳定脱贫、防止返贫的内生动力。具体而言,这种产业扶贫新模式是利用产业化联合体促进区域性特色农产品标准化、规模化生产体系的形成,从各个方面构建优势互补、风险共担、利益共享的良性循环体系,有效解决了合作社生产经营效率低、经验不足等问题,直接助力贫困地区精准脱贫。

(三)政策性金融资金扶持龙头企业,带动产业发展

激发贫困群众内生动力是精准扶贫工作中的关键要素,还是防止返贫的根本措施。国家开发银行重庆分行认清贫困地区发展的难题,推出精准信贷发展贫困地区特色产业,激活当地脱贫的内生动力,助力山区贫困人口精准脱贫。秀山县隘口镇地处渝黔交界,山路蜿蜒,地势险峻,是重庆市18个深度贫困乡镇之一。近几年,秀山县坚持以产业发展带动群众脱贫,依托较好的自然地理条件和气候降水资源,立足盛产优质粮油、茶叶、油茶、土鸡和中药材等产业基础,着力培育和提升特色扶贫支柱产业。但秀山县贫困面积大、人口多、程度深,脱贫任务艰巨繁重,一对一帮扶的传统模式已经不适合当地情况。当地要实现脱贫,必须重视龙头企业的作用:通过龙头企业有效整合扶贫政策资源,发挥好产业发展的优势,增大扶贫投资收益,激

发内在潜力，带动当地贫困户脱贫，形成辐射效应；鼓励龙头企业继续扩大其规模，将产业链条放大，鼓励多种渠道、多种模式，实现"富民又富企"的双赢发展目标。

1. 具体做法

做法一：为当地产业龙头提供大额授信。为助力秀山茶叶产业链建设，打造"秀山毛尖"特色优势品牌，国开行重庆分行向当地农业龙头企业秀山县佳沃农业发展有限公司提供授信支持1亿元，打造茶叶基地10 000亩，同时建立一些全新的茶叶加工厂房等配套设施，扩大上游产业加工生产能力。

做法二：根据产业特征，定制个性化融资方案。在秀山茶叶产业链项目的融资方案上，国开行重庆分行有效利用自身开发性优势，根据秀山茶叶的生长周期，将此产业链项目的期限确定为15年。这一举措很大程度上缓解了项目的还本付息压力，保障了企业的运营安全。

做法三：与多主体共建利益联结机制。国开行重庆分行与地方政府一起构建了"龙头企业+合作社+贫困农户"利益联结机制，这一机制主要结合农村"三变"改革，目的在于为后续的茶叶基地管理、茶叶采摘加工等环节的资金需求提供保障，期望贫困户通过产业发展能够真正脱贫，防止返贫。

2. 案例启示

按照秀山地区产业基础设施和自然环境条件，国开行重庆分行充分发挥自身优势，利用开发性金融支持秀山茶叶产业链建设项目，并打造龙头品牌"秀山毛尖"，以此促进贫困地区脱贫的长久性，防止其返贫。此建设项目构建了"种植、研发、加工、销售"的有效产业运营体系，与专业合作社开展深度交流合作，通过土地入股的形式，已给60户建档立卡贫困户带来每年200—400元/亩的保底收益和盈利分红,并且此项目构建的运营体系在各个环节预计提供的就业岗位达到750个。此项目在提高贫困户的年收益和分红的同时,充分发挥了当地生态资源的优势,通过建设高效率的生态茶园,助力脱贫攻坚与乡村振兴的有效联结。同时,该利益联结机制具有长期稳定性,通过将项目贷款期限放长,缓解企业还款压力,使企业专注业务生产,促进茶农就业,让茶农的收入更有保障。

三、政策资金引领教育扶贫

教育扶贫是脱贫致富的主要途径,习近平总书记指出要把教育扶贫作为治本之计,确保贫困家庭的子女都能接受良好的基础教育、具备就业创业能力。教育扶贫应当结合地方实际,切实研究解决学前教育不足、普通高中优质资源紧缺、职业教育培训能力薄弱等问题的方案,找到自身在精准扶贫工作中的作用,为实现贫困地区整体脱贫奠定基础。教育扶贫是阻断贫困代际传递的根本举措。作为扶贫主力军,政策性银行具有资金规模大、资金成本低、基于社会效益和保本微利开展扶贫工作等优势。政策性银行根据优势找寻方法,助力贫困地区教育脱贫,解决学生入学困难问题,是推进脱贫攻坚的一个重要方式,也是新时期扶贫工作的一项富有意义的内容。教育扶贫应该放在精准扶贫的重要位置,但目前贫困地区的教育仍存在部分村级学校基础设施薄弱、设备匮乏,村级学校教师普遍年龄偏大、结构失衡,扶贫助学政策针对性不够强、缺乏精准等问题。

1. 具体做法

做法一:不设贷款总人数和总规模上限,办理生源地助学贷款,助力贫困学生完成大学学业。自2007年起,国家开发银行重庆分行成为全国率先开展助学贷款的五个试点单位之一,开始办理生源地助学贷款。以重庆市石柱县为例,截至 2019 年,国家开发银行重庆分行累计向重庆市 434 052 名学生发放生源地助学贷款 79.25 亿元,其中累计向较贫困的石柱县共 12 749 万名学生发放生源地助学贷款 2.17 亿元。据统计,现阶段国家开发银行重庆生源地助学贷款覆盖率已达 20%。面对新冠肺炎疫情的冲击,在高考人数增加、高职高专和研究生扩招的情况下,国开行重庆分行继续坚持不设贷款总人数和总规模上限的原则,出台多项惠民政策,为学子让利减负。

做法二:简化助学贷款申办流程,促进助学贷款的普及与下沉。国开行重庆分行将助学贷款申办全流程信息化,从而简化助学贷款申办程序,提升贷款申办效率。同时在贷款办理季,该行联合重庆市各地教育部门下沉受理点到村到乡,打通贷款办理"最后一公里",实现"家门口办贷款",极大地方便了偏远地区学生申办贷款。

做法三:设立扶贫专员,主动对接提供信贷服务。例如,重庆市石柱县中益乡华溪村的一名刚读大学的学生,因家中遇到变故而面临巨大经济压力,并产生退学想法。国开行重庆分行的扶贫专员了解到其实际困难后,帮助其向学校申请了助学金 3 000 元,并宣传介绍了生源地助学贷款政策,使其渡过学费难关。

2. 案例启示

政策性金融机构主要通过办理优惠助学贷款助推学生学习深造。大量的贫困学生通过助学贷款顺利进入大学,完成大学学业,受到良好教育,找到收入可观的工作,从而在就业后带动全家脱贫,彻底阻断贫困的代际传递。可以说,教育扶贫能够从根源上解决贫困问题,带动家庭乃至地区成功脱贫。因此,提供更优惠的助学贷款条件,降低助学贷款办理的门槛,扩大助学贷款的覆盖范围,对将来贫困地区根本性脱贫大有裨益。在上述做法中，国开行通过持续减负让利，扩大了贷款普惠程度。目前，国开行生源地助学贷款对重庆籍大学生的覆盖率已达20%，帮助了绝大部分家庭经济困难学生，表明其较好发挥了政策性金融机构的带头作用，切实推进了减贫脱贫事业。

四、融智扶志，增强内生动力

脱贫攻坚工作的目的是让贫困群众实现高质量稳定脱贫，光靠政策兜底、"输血"式扶贫是不可持续的。只有提升抱负和志气以克服思想上的惰性，通过自身智慧弥补能力上的欠缺，才能彻底脱贫。[①]各地要立足当地特色，因地制宜，探索多渠道、多元化的精准扶贫新路径，充分发挥"志智双扶"关键一招的作用，不断激励贫困群众加快脱贫步伐。只有政府、社会、贫困户齐心合力，才能确保贫困群众如期高质量脱贫。为贫困地区提供融智服务，增强内生发展动力，推动构建永续脱贫机制，是开发性金融支持脱贫攻坚的鲜明特色和重要优势。

（一）具体做法

做法一：与各级政府开展合作，利用金融专业优势提供扶贫方案。国开行重庆分行通过与市、县、乡开展多级合作，将融智服务从不同方面、不同维度提供给贫困地区。国开行重庆分行先后与重庆市扶贫办合作完成《重庆市"十三五"金融扶贫研究》，与区县合作完成武隆等4个区县的扶贫融资规划，同时还重点与深度贫困乡镇石柱

---

① 刘向军、张天姣：《坚决打赢脱贫攻坚战的价值意蕴》，《财经问题研究》2020年第4期，第20—26页。

县中益乡合作，完成了《中益乡定点包干脱贫攻坚规划》，帮助贫困地区以高质量的发展规划引领高质量的脱贫攻坚。

做法二：设立扶贫金融专员，对口贫困地区，提供融智支持。国开行重庆分行通过公开竞选方式，选派综合素质好、业务能力强的业务骨干担任扶贫金融专员，对口服务国家级贫困县和市级贫困县，发挥其"宣传员、规划员、联络员"作用，并调动全行资源为当地提供脱贫规划、产业发展、融资设计、技术培训等智力服务，为贫困地区打赢脱贫攻坚战提供融智支持。

蜜蜂养殖是石柱县中益乡脱贫致富的支柱产业之一。刚到乡里挂职不久，扶贫专员在调研后就向总行反馈了中益乡的蜜蜂养殖培训需求。应石柱县及中益乡产业扶贫"融智"需求，2018年5月7日，国开行重庆分行邀请中国农业科学院蜜蜂研究所首席专家到石柱县开展中蜂产业扶贫定向辅导。通过两场中蜂产业技术培训会，专家对蜜蜂产业发展和蜜蜂养殖关键技术进行专题辅导，为中益乡打造"中华蜜蜂小镇"提供技术帮扶。来自石柱县畜牧产业发展中心、33个乡镇畜牧兽医站、蜜蜂企业、专业合作社等的代表和养蜂大户共350人参加县城培训会。中益乡50余名养蜂人参加乡培训会。通过专业的培训，当地的养蜂技术不断完善，"甜蜜"产业不断扩大。除了协调专家资源指导当地产业发展，扶贫专员还利用自身业务优势，参与具体的金融扶贫工作，提升当地小额贷款惠及面，并在政策宣介、项目策划、融资模式等方面给予支持，不断提高蜂蜜、黄精等当地特色农产品的影响力，帮助贫困村民增收致富。

（二）案例启示

从上述案例中可以发现，国家开发银行重庆分行等政策性金融机构能够通过两条路径提供扶贫融智支持。一是向上与各级政府对接，从顶层设计层面出发，参与扶贫调查研究和扶贫规划制定，提供金融专业视角，助力各级政府自上而下营造金融扶贫环境。二是向下设立金融扶贫专员，直接对接贫困地区，通过实地调研与当地建立接触，识别当地产业经济存在的问题，规划当地经济金融发展，宣传金融扶贫服务产品，从多方面自下而上地给予支持。

五、政策资金助力生态扶贫

生态扶贫指将生态保护与扶贫开发相结合的一种新兴扶贫模式。具体而言，针对生态保护，采取建设重大生态工程、提高生态补偿、重视生态产业、大力发展生态扶贫等措施，从生态的角度提高对贫困地区及群众的支持，构建一种生态保护和扶贫开发相结合、脱贫攻坚和可持续发展互惠互利的扶贫模式，期望实现脱贫与生态"双赢"状态。[①]

推进实施长江经济带战略，坚持生态优先、绿色发展，共抓大保护、不搞大开发，是党中央做出的重大决策，是关系国家发展全局的重大战略。由此可以看出，国家开发银行支持国家储备林建设等林业发展这一行为也是助力各地区脱贫攻坚的重要举措之一。

（一）具体做法

做法一：与各部门合作制定发展战略，确立生态扶贫项目。国家开发银行曾与国家林草局、重庆市政府共同签订《支持长江大保护、

[①] 闻之、邱海英、刘南贤：《凝心聚力推进生态扶贫》，《资源与人居环境》2020年第3期，第42—45页。

共同推进重庆国家储备林等林业重点领域发展战略合作协议》。该协议十分重视建设国家储备林和林业生态扶贫等工作，强调长江上游生态保护的重要性，提出三方互相合作，共同开展生态保护及生态扶贫工作。重庆市林业生态建设暨国家储备林项目总投资约125亿元，在重庆市30个区县建设营造林基地330万亩，改扩建种苗基地8 300亩，并新建林区公路1 020千米。预计所有项目都建设完成后，每年可形成碳汇88万吨，涵养水源8.67亿立方米，固土642.4万吨，重庆市森林覆盖率将增加约1个百分点，可充分发挥对长江上游生态水平的提升作用。

做法二：利用市场化机制，提供大额生态贷款。国开行重庆分行以结构化融资为引领，推出市场化融资新模式，承诺为林业重大生态项目提供贷款100亿元，同时通过林权流转、管护就业等方式，发挥林区脱贫作用，从各方面助力脱贫攻坚。

(二) 案例启示

上述做法展现出，国开行主要通过与多主体建立生态产业发展合作和提供大额生态产业贷款来推进生态扶贫建设。目前，国储林项目已初步显现出带贫效果，通过完成集体林权经营权流转，带动林农稳定增收脱贫。同时，该项目产生了显著的生态效益。可以说，林业生态扶贫是在一个战场上打赢脱贫和生态治理两场攻坚战的有益实践。

第七章
商业性金融机构扶贫案例

在政府的精准扶贫战略中,商业性金融机构作为金融精准扶贫体系中的重要主体,被赋予了新的使命。扶贫对商业性金融机构提出新要求,期望其能够对金融产品和金融服务进行一定的创新,丰富贫困地区的信贷方式及信贷渠道,延展金融服务网络,提高贫困地区金融生态环境的质量。[①] 扶贫还对商业性金融机构的金融产品提出新要求,如商业性金融机构的扶贫贴息贷款、小额信用要发挥出本身的优势,更加突出金融在脱贫攻坚中的普惠作用,使贫困地区同样能够享受现代化的金融服务,降低贫困地区资金获得难度,帮助贫困地区脱贫致富。

第一节 商业银行扶贫案例

商业银行作为商业性金融机构乃至金融体系的重要支撑,应当充

[①] 曾旭晖、李志慧、郭晓鸣:《中国金融精准扶贫的实践与创新》,《当代经济管理》2021年第4期,第81—88页。

分利用自身优势,在精准扶贫中发挥出中坚作用,通过对贫困地区具体情况进行调查,不断完善金融扶贫组织体系(如图7-1)。通过完善贫困地区的金融基础设施建设和信用环境建设,消除影响扶贫效率和效能的痛点与难点,打通社会资源向贫困地区输送的通道,推动精准扶贫取得更好的成效。

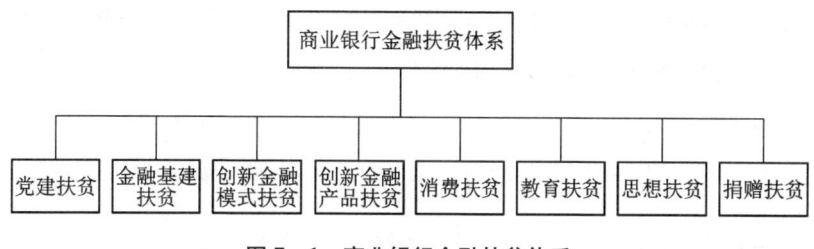

图7-1 商业银行金融扶贫体系

资料来源:作者整理绘制。

一、党建引领金融扶贫

2014年,重庆农村贫困发生率为7.1%,贫困村的发展基础十分薄弱,发展的起点较低;贫困群众参与脱贫的积极性不高,参与程度比较低;贫困范围广、程度深,贫困人口大多分布在生存环境差、地理位置偏僻、文化教育资源匮乏的地区。因此,如何切实做到精准扶贫,建立贫困村联络沟通机制、长效机制,成了重庆市扶贫工作中的重点问题。精准扶贫是贫困地区人民脱贫、实现共同富裕的内在要求,也是我国全面建设小康社会的一个巨大挑战。具体来讲,精准扶贫就是针对不同贫困地区的贫困情况实施一对一的帮扶计划,确保帮扶到位,保证扶贫效果,在基础建设、产业扶贫、教育扶贫、农村环境改善、生态扶贫、一对一扶贫等方面都要求深入贫困地区,确保到村到户，充分利用不同地区的资源优势，建立专职扶贫组织，开展专项扶贫工作。

有鉴于此，重庆本地金融机构主动将金融扶贫纳入党委工作要点，通过组建党员扶贫队伍、安排扶贫专员等形式，组织金融机构的党员干部深入贫困地区，利用党员志愿者熟悉政策、掌握信息等优势，开展集中性和常态化的金融扶贫系列活动，派出一大群能够为贫困群众提供政策咨询、金融信贷服务的金融扶贫干部，有效强化了贫困地区脱贫攻坚的金融服务队伍。因地制宜地制定出金融扶贫方案，开发出适合的金融服务与产品，从而激发贫困地区脱贫的内生动力。

（一）有章可循：建立金融扶贫工作领导小组

1. 具体做法

做法一：中国建设银行重庆市分行高度重视金融扶贫工作，十分关注精准扶贫的每一个环节，针对不同方面、不同领域、不同环节持续加大金融服务力度。中国建设银行重庆市分行为扶贫工作设立了领导小组，由分行党委书记、行长担任组长，确定每个人的扶贫任务，加强对扶贫工作的理解，确保扶贫工作有效顺利地进行。同时，制定了扶贫工作机制，建立了扶贫工作例会制度，明确规定分行每个月都要召开扶贫工作例会，保证总行及监管部门的要求和目标下发到每项工作上，并对目前扶贫工作进展的具体情况进行分析，找到存在的问题，商讨解决方案，提出下一阶段的工作要求，形成良性循环、层层推进的工作局面。建行重庆分行党委主要负责人带头深入脱贫攻坚责任现场，访贫谋计、紧抓落实、亲力亲为，确保各项工作措施精准有效落地。

做法二：重庆农商行在总行层面成立了精准扶贫领导小组，并把金融扶贫工作纳入党委工作要点，根据精准扶贫政策要求，制定实施方案，细化扶贫工作细则，出台了"脱贫攻坚20条规定"以及"脱贫攻坚指导意见"。同时，在高级管理层下专设"三农及扶贫金融服务委员会"，专门提供全行金融扶贫政策支持、产品支持及流程支持。

做法三：中国光大银行重庆市分行成立了以分行行长为主任的普惠金融管理委员会，并按季召开会议，明确普惠小微发展思路和业务方向，落实精准扶贫和金融服务乡村振兴工作。光大银行重庆分行涉及金融服务乡村振兴工作和金融精准扶贫工作的主要管理部门有普惠金融部、计划财务部、个贷中心等。其中，普惠金融部、个贷中心作为金融扶贫贷款投放的管理部门，负责牵头完成金融扶贫贷款投放任务，确保金融精准扶贫贷款实现保质和增长。

做法四：中国农业银行重庆市分行通过开展党建活动、专项活动两大类"十必请"活动以及党组织活动必到、生活扶贫必到、生产和产业扶贫必到三大类"十必到"活动，建立多层次立体化党建扶贫体系。辖内石柱支行、秀山支行分别与中益乡、隘口镇全辖18个村党支部结成一对一党建扶贫"对子"，党员干部进村入户宣传党的好政策和金融扶贫好举措，开展防疫培训、诚信教育、技能指导，带动贫困人口脱贫增收、共同富裕。

做法五：中国邮政储蓄银行重庆市分行强化党建引领和政策支持，在分行和辖内各级分支行都成立了由主要负责人任组长的金融精准扶贫领导小组，定期召开小组会议，就扶贫领域各项工作进行安排部署，对工作中遇到的困难和问题及时进行协调解决。

2. 案例启示

在服务地方经济社会建设的道路上，重庆商业银行党委在金融扶贫上"不忘初心、牢记使命"，深入贯彻落实党中央部署，以金融向下扎根带动事业向上生长，发挥雄厚的新金融力量，为重庆全面建成小康社会和"十三五"规划的圆满收官交出高质量的答卷。加强党委的领导，从制度层面形成党委领导牵头的金融扶贫工作领导小组，制定月度、季度和年度的金融扶贫工作计划以及支持深度贫困地区脱贫攻坚工作方案，认真督导、协助对口分行有序开展各项金融扶贫工作，最终形成了上下联动效应，达到良性互动，营造党领导及专职扶贫人员共同促进精准扶贫的良好氛围。

（二）责任到位：建立党领导金融扶贫责任人

1. 具体做法

做法一：明确金融扶贫责任人。中国建设银行重庆市分行明确金融扶贫项目的责任目标和责任人，制定了扶贫工作责任表。为进一步保证扶贫工作落到实处，各部门和分行都明确了扶贫工作负责人。此外，重庆农商行坚持党建引领，将贫困区县及具有扶贫开发任务的区县分支行党委负责人确定为脱贫攻坚第一责任人，并明确要求按季专题研究脱贫攻坚具体举措，明确扶贫要点并推动落实。通过将扶贫责任落实落地，调动责任部门的扶贫积极性，提高扶贫队伍的金融服务能力和效率，从而将上级传达的扶贫任务和扶贫精神认真贯彻落实到位。

做法二：明确金融扶贫责任体系。重庆商业银行等机构大多规定了贫困区县所在地分支行党委负责人每个季度需深入贫困乡镇不少于1次，基层党支部负责人每年深入贫困乡镇和行政村走访摸排需实现100%覆盖，形成了"包片到村、对接到户、帮扶到人"的金融扶贫责任体系和工作格局。

做法三：建立内部考核激励机制，对发放的乡村振兴项目中农户、农业产业化贷款利息收入,按一定比例直接调增分支行专项激励费用;对贫困地区发放扶贫贷款,按户奖励一线客户经理,将扶贫贷款利息收入的30%、40%分别调增贫困区县、深度贫困乡镇分支机构经济利润,有效调动了全行员工开展金融扶贫和乡村振兴工作的积极性。

2. 案例启示

扶贫工作是一项解决民生实际问题、联系群众最直接最密切的工作。开展扶贫工作,实现贫困地区脱贫,离不开地方自身的凝心聚力,离不开扶贫工作者的责任落实。贫困地区缺少的是发展的意识和路径,其资源不被外界发现,缺少对外沟通的桥梁,从而导致贫困地区越来越落后。因此,只有明确扶贫要点,建立金融扶贫体系,将扶贫责任落实到每个人身上,才能有效提高扶贫队伍的扶贫能力和效率。当扶贫工作进入脱贫攻坚阶段,金融驻村第一书记等工作者的作用越来越明显,重要性也日益突出。以金融扶贫责任人作为桥梁,促进金融机构与贫困地区党组织结成"对子",在建立金融扶贫责任体系时,明确扶贫责任人,团结全体扶贫工作人员,把思想、行动统一到脱贫攻坚工作上来,切实做到扶贫工作责任落实到位、存在问题整改到位、扶贫效果巩固到位,有效推进精准扶贫工作。

(三)尽锐出战:发挥金融扶贫干部带头作用

1. 具体做法

做法一:建行重庆分行党委成员不仅自己奔赴脱贫攻坚主战场,还特别重视选优配强驻村干部。一批建行的优秀党员干部冲锋在脱贫攻坚的第一线,因地制宜精准开展扶贫工作。担任"驻村第一书记"后,他们紧抓党建促脱贫这个关键点,积极争取帮扶资金,将便民活动中心打造成党支部活动阵地，组织党员学习、宣传、贯彻党的十九大精神，扎实推进"两学一做"学习教育常态化、制度化，开展好党支部主题党日活动，严格落实"三会一课"等制度，严肃党的组织生活，用一系列实际行动不断激发贫困户内生动力。为激励脱贫攻坚一线干部主动担当作为，分行党委加强对扶贫干部的关爱、保障和培养。对扶贫工作人员进行常态化走访慰问，为所有驻村人员统一购买人身意外伤害保险，不定期组织召开扶贫干部座谈会，详细了解扶贫干部思想、工作和生活状况，为其解决实际困难，确保将组织的牵挂和关怀时时传递到每个扶贫工作人员心里，让扶贫充满温度。利用建行大学资源，与地方政府密切协作，对贫困村的党组织书记、村干部、大学生村官等进行集中培训。为扶贫干部定期推送微课和建行大学精品网络课程，将线上与线下培训相结合，引导党员干部用习近平总书记关于扶贫工作的重要论述武装头脑、指导实践、推动工作。

做法二：选派党员干部对接帮扶。重庆银行选派优秀党员干部担任贫困村第一书记或金融扶贫专员，全面开展金融扶贫工作。一是组织村民到外地学习，通过金融扶贫资金撬动地方产业发展；二是全面规范支部党建工作，扎实开展各种支部主题党日活动和主题教育活动，促进帮扶单位党支部和金融机构支行党支部互联互建；三是建立第一书记联席会制度，每周召开驻村工作队与村干部联席会议；四是建立并完善驻村工作队与村干部结对帮扶制度。

做法三：运用党员干部特殊党费，建立产业扶贫基金。中国农业银行重庆市分行创建出"红色基金"，探索使用捐赠资金建立"三变"改革资金、产业发展基金，运用党员干部特殊党费支持农村"三变"改革，助力解决"两不愁、三保障"突出问题。例如，将中国农业银行重庆市分行党员干部特殊党费转化为石柱县华溪村产业扶贫基金，构建起"保底分红、劳务收入、收益分红、扶贫济困"的利益联结机制，将金融扶贫的红利惠及最广大的贫困群众及其家庭。

2. 案例启示

自脱贫攻坚战打响以来，重庆各家商业银行纷纷响应政策，把参与脱贫攻坚作为重要政治任务认真落实，通过派驻志愿者、第一书记、金融专员等方式，组织党员作为金融扶贫干部深入贫困地区，在宣传扶贫政策、帮助村集体产业扶贫、资本流通等金融扶贫方面发挥了非常显著的积极作用。党员干部对贫困户开展一对一精准帮扶，切实对当地群众生活情况和精神面貌产生了积极影响，不仅得到当地党政领导的肯定，而且受到帮扶贫困户的欢迎和社会各界的赞誉。将金融扶贫任务落到人头上，有效推进了将扶贫事业下沉到基层上。

二、商业银行助力金融基础设施建设

农村信用环境是农村金融发展的基石，农村信用环境建设是一项打基础、利长久的重要工程。加强农村信用环境建设，有利于解决农户贷款难问题，提高农民信用意识，更好地发展普惠金融业务，优化农村金融环境，同时有利于实现农村经济快速发展，有效推动扶贫工作。

随着经济不断发展，贫困地区的金融资源需求量必然是持续增加的。由于目前贫困地区经济基础十分薄弱，必然对贫困地区金融资源供给与需求之间的平衡关系产生一定的影响，甚至加大供求矛盾。鉴于此，如何营造良好的农村金融环境是摆在商业银行面前的切实课题。贫困地区的金融基础设施建设是亟待解决的问题，必须加大金融基础设施建设力度，构建合理的金融扶贫供给体系，让贫困户享受到便捷的扶贫金融服务,调解贫困地区资源供给与需求之间的矛盾。[①]基于此,重庆市各大商业银行纷纷在贫困地区建立起金融扶贫服务站等基础设施(如图7-2),致力于打通贫困村金融服务的"最后一公里"。

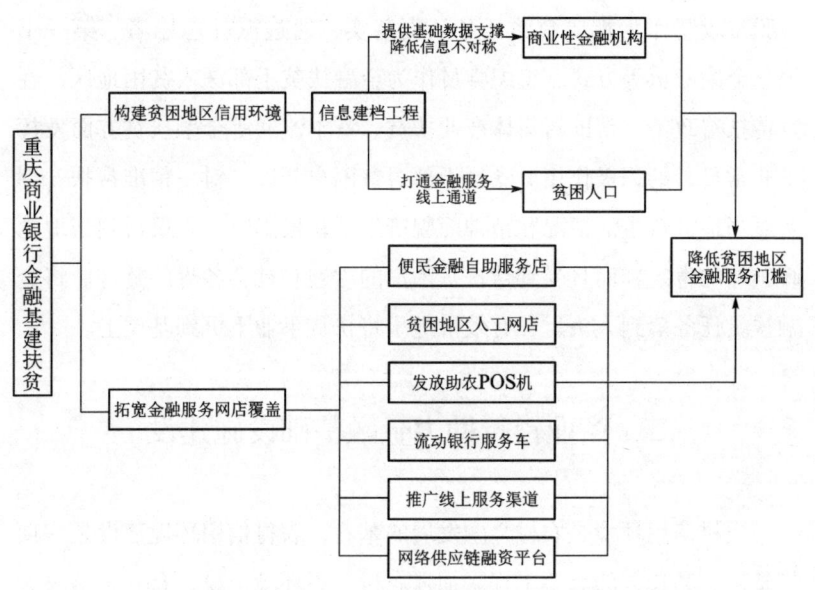

图7-2 重庆商业银行金融基础设施建设扶贫模型

资料来源:作者整理绘制。

(一)推进信用村与农户信息建档工程

1. 具体做法

做法一:中国农业银行重庆市分行秀山县支行在重庆市秀山县隘口镇创新实施了秀山县信用村(户)农户信息建档工程。通过对农

---

① 周孟亮:《脱贫攻坚、乡村振兴与金融扶贫供给侧改革》,《西南民族大学学报(人文社会科学版)》2020年第1期,第115—123页。

村和农户的信用信息建档,破解了包括银行在内的各金融机构因客户基础数据支撑不足而产生的"不愿贷、不敢贷"问题。在推进建档工程的同时,农行秀山支行也在执行线上经营战略布局,在对信用村和信用户的信用信息建档的基础上,推动农村信用数据库建设和信用信息上传,使贫困地区人口信息与金融机构联网,有利于贫困户通过线上方式获得金融服务,降低贫困人口贷款成本,助力地区脱贫攻坚目标的实现。

做法二:邮储银行重庆分行为了给涉农企业和农户提供更便捷的金融服务,创新建立了"信用村"制度,选择有资质、有金融需求的村并为其开辟绿色通道,进行批量受理授信业务,让金融服务更精准、更便捷、更高效。另外,进一步加强与农业发展商会的合作和联系,减少了企业和银行的信息不对称问题。商会的"牵线搭桥"进一步强化了银行和企业之间的联系。截至2020年,邮储银行璧山支行共建设信用村9个,在这9个信用村中实现小额贷款放款。

2. 案例启示

完善贫困地区信用环境是构建贫困地区金融扶贫体系的基础。首先,通过构建贫困人口信用信息库,降低贷款金融机构与贫困人口的信息不对称,降低金融机构借出资金的风险,提高金融机构提供信贷服务的意愿,切实解决贫困地区贷款困难问题。其次,通过完善村户信用信息,促使贫困地区接触线上金融服务,不仅降低了银行等金融机构提供服务的成本,而且降低了农户的贷款难度和贷款成本,并能逐渐从思维上帮助贫困人口摆脱贫困。再者,建立完善的信用信息档案,能够有效地监测并管控信贷风险,完善贫困地区金融扶贫体系,进一步提升金融扶贫实效。

(二)金融科技赋能金融基础设施投入

1. 具体做法

做法一：应用金融科技创新支持金融扶贫的线上融资活动。中国建设银行重庆市分行为农户和贫困户创新开发了"惠懂你"等金融产品和服务，运用移动互联网、大数据、人工智能和生物识别等技术，为普惠金融客户打造一站式金融服务平台。以信贷融资为核心，为普惠金融客户提供在线测额、贷款全流程线上办理、预约开户、增值服务、融智赋能等全生命周期服务。通过"网络供应链""民工惠""小微快贷"等线上服务，为贫困地区提供方便快捷的线上融资。借助金融科技和大数据实现精准贷款额度测算，全流程线上贷款申请，并采用线上自动审批及线下人工审批相结合的审批方式，为偏远贫困地区的农户提供及时的信息触达和线上融资申请渠道，实现新金融下沉乡村，大大提高了金融扶贫实效。例如，通过网络供应链累计为重庆供销集团 24 户上下游企业提供融资 5.5 亿元，有效促进了农资、农产品城乡流通。发放民工惠贷款 13.9 亿元，保障了 7 万名农民工工资及时、足额到位。通过"小微快贷"为 18 个贫困区县发放普惠金融贷款余额 65.5 亿元，客户数达 13 045 户，余额和户数分别较上年增长 31.8%和 8.5%。

做法二：发挥金融服务渠道优势。一是在拓宽金融服务渠道方面，重庆农村商业银行重视发挥本土金融机构的优势，扩展网点渠道的覆盖面。重庆农商行在农村及县域地区设有 1450 余个网点和 100 个乡村振兴金融服务中心，同时优化了 14 个国家级贫困地区的网点功能，投放建设 ATM、CRS 等自助服务机具，并在偏远乡镇设置便民金融自助服务点。二是在健全机具渠道方面，在深度贫困地区推广新兴智能机具，在重庆市14个贫困区县所属的18个深度贫困乡镇布放2台以上I58新型自助终端，并在场镇商户投放POS机，方便群众用卡、刷卡。三是在完善流动渠道方面，推出流动银行服务车，在全市贫困区县的乡镇、村社启动流动金融服务，每台年有效服务天数在289天之上，显著地提升了贫困地区金融服务便捷度。四是在构建线上渠道方面，持续推广手机银行、网上银行、微信银行等网络化、移动化、智能化的金融服务。

做法三：一体化乡村金融便民服务站点。依托助农POS、流动银行车、移动便携式终端等金融服务工具，重庆银行已设立了近百个便民服务站点，已累计辐射526个行政村。这些便民服务站点通过普惠金融教育、提供基础金融服务及开展业务营销，改善农村地区支付结算服务环境，满足乡村居民日常金融服务需求。

做法四：搭建深度贫困地区人工网点。中国农业银行重庆市分行利用其金融下沉网点密集的优势，进一步拓展形成"人工网点+惠农服务点+移动超柜+电子银行"服务载体，为深度贫困地区提供多种类、高质量的金融服务。其仅在石柱土家族自治县中益乡一地开展代扣代缴等金融服务就达到4 600余笔，取得了较好的扶贫效果。

2. 案例启示

农村贫困地区金融基础设施薄弱，成为城乡发展不平衡、农村地区发展不充分的关键难题。脱贫攻坚稳步推进与金融创新有密切关系，服务场景、通信网络、支付清算等金融基础设施和金融服务脱贫攻坚的应用环境为打赢脱贫攻坚提供了坚实的基础。近年来，重庆各大金融机构不断加大金融基础设施建设力度，扩大金融扶贫生态系统的建设，不断提升风控系统、大数据等金融科技基础，使金融服务更加精准，科技使金融"画像"识别更加精准，能够更加安全、可靠、低成本地将金融扩展到更广泛的贫困地区和农户家庭。一方面，深度延伸金融扶贫服务环节，对服务布局进行优化和调整，近距离为农村客户提供有力支持，根据网络便捷优势，从多个方面对贫困地区金融服务水平进行升级，进而让多个地区的贫困人民享受到基础金融服务；另一方面，提升扶贫金融的自助化水平和智能化水平，通过互联网、大数据、人工智能在扶贫金融中的运用，为批量化、流程化金融服务提供基础设施保障，使贫困地区和贫困群众能够获得更方便快捷的金融服务。总体来说，金融科技基础设施的建设不仅拓展了金融扶贫的时空边界，使得更多的贫困群体享受到金融助力经济发展的"红利"，而且助力银行打造全流程线上服务模式，提升金融服务的可获得性。未来，随着大数据、云计算、人工智能等技术在农村金融领域的探索和发展，需要进一步推动金融科技应用相关的金融基础设施下沉到农村，将普惠金融和乡村振兴有效连接，凸显科技优势，从而进一步提高信贷决策效率，降低农村新型经营主体的融资成本，推动更加完善的金融服务体系的建设。

三、商业银行助推产业扶贫

（一）"银企合力"扶持农村产业链发展

在重庆市忠县重点扶贫地区，多家金融机构积极与地方龙头企业开展深度合作，形成了"公司+合作社+农户""公司+基地+职业农民"的特色发展模式，发展了多个订单农业，并结合精准扶贫工作计划，利用技术培训、技术辅导、成熟统一收购等方法进一步推动产业扶发展。这些方法对重庆市贫困地区农业产业链发展有着显著的促进作用，有助于通过金融手段解决创业初期企业通常会面临的经营资金周转困难问题，为地方企业和产业的长期发展保驾护航。

1. 具体做法

做法一：主动出击与扶贫企业对接。重庆银行忠县支行主动上门与公司联系，解决重庆多民农业发展有限公司的资金周转困难问题，并且通过优化贷款手续流程、降低贷款门槛的方式，及时为企业提供发展急需的信贷支持。

做法二：从利率入手，为扶贫企业减压。重庆银行在与地方农业龙头企业建立合作关系后，多年为其提供贷款服务。加大利率优惠力度，重庆银行提供的贷款年利率从2016年的6.2%逐渐下降到2020年的3.9%，在贷款利率上给予企业越来越多的优惠。2020年末，重庆银行产业扶贫贷款余额达到8.46亿元，同比增长2.03亿元。

2. 案例启示

锚定贫困地区产业链，促进地方龙头企业的营业收入逐年升高，其对重庆市忠县贫困区域的产业扶贫也越做越好。企业在发展自身的同时，引领带动了一大批农户种植经济农作物，为建档立卡贫困户提供就业机会和增收渠道。金融机构释放出农业产业链"1+N"作用，对龙头企业提供支持，"四两拨千斤"，直接或间接带动产业链上下游农户和贫困户发展，为脱贫攻坚助力，进一步保障稳定脱贫、防止返贫，构建"造血"式扶贫长效机制。

（二）"裕农通"金融产品体系提升农业产业链价值

建行重庆分行以"裕农通"产品体系的方式为金融扶贫赋能，把金融产品和服务供给延伸到农村，从解"民忧"、纾"民困"、察

"民情"、暖"民心"四个维度出实招,让村民看得见建设银行的服务,感受到建设银行的温度。帮扶龙头企业,通过提供技术、设备、种苗等,吸收贫困户参与种养,并进行定点采购,建行重庆分行依托采购订单向上游企业及农户发放贷款,加大为龙头企业提供创新金融服务的力度(见图7-3)。例如,为支持生猪稳产保供,建行重庆分行在为万州德康农牧公司发放5 000万元流动资金贷款的基础上,加大对其上游代养户的扶持,专门创新"金猪贷"业务,依托代养协议为代养户发放猪圈建设中长期贷款。此外,在销售环节,建行重庆市分行依托"善融商务"电商平台积极拓宽产品销路,主动引进优质涉农商户进驻该平台,设立线上央企、地方国企、重庆扶贫专馆,拓宽消费扶贫渠道,推出消费扶贫爱心信用卡,重视线上消费扶贫,通过线上直播为消费扶贫做出贡献。另外,为进一步多方面助力消费扶贫,通过单位采购、工会提货的方式提升消费扶贫力度。2017年至2020年11月末,建行重庆分行"善融商务"平台扶贫交易额达17.87亿元,其中,2020年就有5.81亿元。在2020年9月的全国消费扶贫月活动中,建行重庆市分行共帮助购买扶贫商品1 224万元。

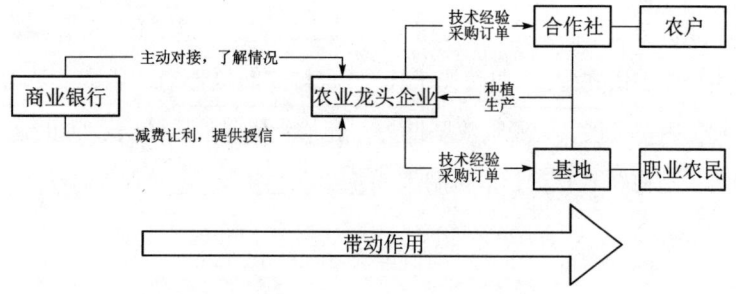

图7-3 扶持龙头企业的产业扶贫模式

资料来源:作者整理绘制。

(三)"保险+期货"助力奉节产业精准扶贫

1. 奉节养鸡产业发展背景

奉节县平安乡是重庆市18个深度贫困乡镇之一,脱贫攻坚任务艰巨。在深入调查后,当地政府计划重点培育当地蛋鸡养殖大户,通过"养殖大户带动+农户土地入股+吸纳就业+委托饲养包销"的模式盘活农民土地和劳动力,实现农村资产变资金、农民变股东,并带动贫困户就业增收。但鸡蛋市场价格存在较大的波动,蛋价下跌将直接影响到蛋鸡产业经营收入。所以养殖户们扩大蛋鸡养殖和鸡蛋收购规模的意愿不强,导致扶贫产业收入难以提高,贫困户收入稳定性和持续性难以得到保障。

2. 具体做法

中国建设银行重庆市分行联动子公司建信期货和中国人寿保险重庆分公司,为奉节县平安乡的鸡蛋产业创新推出"保险+期货"精准扶贫模式。该模式的具体做法有以下三点(如图7-4)。

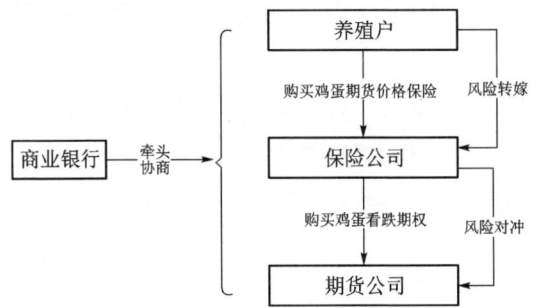

图7-4 "保险+期货"产业精准扶贫模式

资料来源:作者整理绘制。

做法一:养殖户购买鸡蛋期货价格保险,降低鸡蛋价格风险。

中国建设银行重庆市分行通过联合重庆人寿保险分公司，为当地养殖户提供个性化的保险产品。当地养殖大户可向重庆人保购买鸡蛋期货价格保险，如果未来鸡蛋价格低于约定价格，则由保险公司和机构对养殖大户进行赔付。

做法二：由保险公司和机构牵头购买期权，代为对冲风险。中国人寿保险重庆分公司向建信期货购买看跌期权。此做法相当于重庆人保代表当地养殖大户购买期权，对冲行情下跌风险。同时通过保险工具的引入，降低养殖户参与期权的难度和风险。

做法三：银企联动，让利减费。建行重庆分行和建信期货利用银企联动、保费捐赠和减费让利等方法，降低养殖大户的总成本，为其提供70%的保费补贴。

3. 案例启示

建行重庆市分行的"保险+期货"模式具有一定的创新性，通过商业银行牵头，保险公司与期货公司共同参与，利用多种金融工具，构建出显著降低风险的扶贫金融模式。这种做法既保障了鸡蛋收益，分担了风险，又大幅降低了养殖大户的费用负担。该模式成效较好，大大提升了养殖大户发展鸡蛋产业的积极性，保障贫困户稳定脱贫增收。通过政府推荐、企业申请、银行期货保险审核等方式，一共选择了带贫成效最显著的5户蛋鸡养殖大户作为支持对象，蛋鸡养殖规模约11万只，带动贫困户超过150户。

(四)"信贷优惠+产业扶贫+贫困人口脱贫"利益联结机制

企业是重要的市场主体，也是社会扶贫的主力军，从企业的角度出发，通过吸纳贫困人口就业获得扶贫企业的身份，从而可以享受金融扶贫相关优惠政策。但达到扶贫企业认定基本条件以后，企业就无动力继续吸纳更多的贫困人口就业。为了在支持扶贫企业发展的同时，兼顾贫困地区人口就业脱贫，中国建设银行在金融模式上进行创新，建立起"信贷优惠+产业扶贫+贫困人口脱贫"的利益联结机制（如图7-5）。

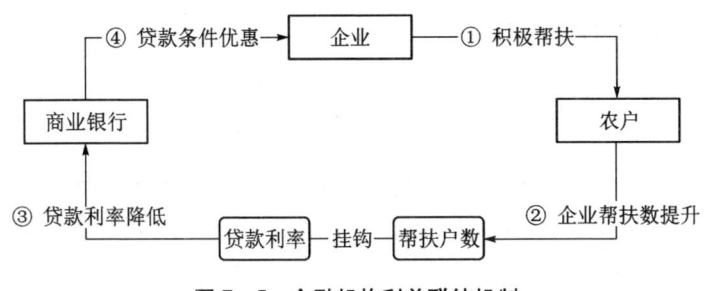

图 7-5　金融机构利益联结机制

资料来源：作者整理绘制。

1. 具体做法

做法一：精准普惠信贷，创新特色产业链金融模式。重庆市石柱县素有"中国黄连之乡"的美称，生活在县内高海拔地区的大多数农民靠种植黄连为生。中国建行重庆分行与担保公司合作开展"深挖掘、广覆盖"的产业金融创新模式，解决了种植户的小需求，进而增强石柱黄连产业造血功能。一是解决了种植户缺乏抵押物而融资难的问题，帮助种植户获得生产信贷；二是支行普惠金融服务团队积极支持黄连经销商解决缺乏收购资金的问题，保障黄连收购价格公允；三是扶持落户石柱的中国黄连市场，为该市场内经销商提供"善担贷""小微快贷"等线上信贷产品，实现无抵押、授信期长、支持随借随还和循环使用的金融服务模式，缩减了经销商的资金成本，最终打通了黄连经济产业的"大动脉"，形成了"生产—销售—

产业"的全产业链创新金融模式。

做法二：将贷款利率与帮扶贫困户数直接挂钩，以提高企业扶贫有效性和积极性。中国建设银行重庆市分行在为贫困地区扶贫企业提供信贷服务的同时，使企业可享受的金融扶贫贷款的利率水平与其实际带动帮扶的贫困户数量挂钩，企业带动帮扶的贫困户数量越多，企业可享受的贷款利率越低。

做法三：持续加大金融扶贫贷款投放力度，为扶贫领域注入源源不断的金融活水。在将帮扶户数与贷款利率挂钩的同时，中国建设银行重庆市分行加大对扶贫企业的支持力度，通过优先审批、优先投放、利率优惠等手段支持扶贫企业发展壮大，从而带动扶贫企业吸纳贫困户就业。

2. 案例启示

上述案例显示，建设银行重庆分行通过模式探索，形成了金融助力企业扶贫成效的两条路径。一是从外部加大对扶贫企业的贷款投放力度，为企业提供充足、便利且低门槛的金融服务。二是将提供的金融服务的成本和门槛，即贷款的利率水平与企业带动贫困人口就业情况建立直接联系。此举将显著提升扶贫企业对贫困人口的带动帮扶动力，有效避免企业假扶贫的现象，形成金融助力产业扶贫的可持续发展模式，真正把扶贫落到实处。

四、商业银行创新金融扶贫产品

(一) 线上+线下金融产品创新

银行等金融机构所能提供的扶贫信贷资金是有限的。在这个前提下,扶贫资金使用效率的高低就决定了扶贫工作成效的好坏。因此,在加强普惠金融深度服务"三农"、支持农村经济发展的同时,还应建立起金融精准扶贫模式,使金融服务更加个性化、因人而异、因地制宜的特色化金融扶贫创新意义重大。商业银行众多的金融产品就是金融精准扶贫具体落实之处。近年来,重庆市新型农业经营主体发展速度迅速提升,规模逐渐扩大,但抵押担保难、贷款难、贷款贵的问题也愈发突出,究其根源在于金融扶贫能提供的信贷资金规模有限。因此,需要加大金融扶贫产品和金融扶贫模式创新力度,将贫困人口精准脱贫作为金融服务的落脚点。将大数据、区块链等科技与金融相结合,完善农户的信用信息获取、贷款审批流程、贷款风险控制等方面,使得商业银行等金融机构在规避劣质客户带来的风险的同时,能够为优质客户提供更加便利的服务和更加优惠的条件,从而助力金融精准扶贫。

1. 具体做法

做法一:重庆银行研发"支困贷·扶贫小额信贷",采用"线上申请+线上审批+线上签约+线上放款"模式。该扶贫小额信贷遵循"户借户用户还、严禁户贷企用"原则,执行"5万元以下、3年以内、免担保免抵押、基准利率放贷、财政贴息、县级建立风险补偿金"等6大政策要求,对建档立卡贫困户和边缘户做到应贷尽贷、应贷快贷。

做法二:重庆银行研发"两山两化·好企助农贷",采用"在线申请+线下审查+在线审批+在线放款"线上线下结合模式。针对农业经营主体"散、小、弱"等特点,满足涉农经营主体最高150万元、最长3年期的多样化融资需求。

做法三:中国工商银行重庆市分行推出"农担贷"。该金融产品无需农户提供抵押物,担保由重庆农业担保有限公司提供,担保费由财政支付。不同于以往农户贷款复杂的手续,如今只需担保公司出具担保函,相关人员实地调查后就能获得贷款。

做法四:中国农业银行重庆市分行创新定制多款"惠农 e 贷",覆盖特色高效产业。创新"脐橙贷""蔬菜贷"等 119 款"惠农 e 贷"系列产品,发放的"惠农 e 贷"覆盖重庆市有农户的所有区县、10 大山地特色高效农业、12 种"巴味渝珍"品牌。同时,创新政府增信产业扶贫贷款、生猪活体抵押贷款、乡村振兴带头人贷款等特色信贷产品,支持金融主体与贫困户建立利益联结机制。

2. 案例启示

在做法一和做法二中,重庆银行从纯线上和线上线下相结合两种模式建立起扶贫小额信贷,分别对接贫困个人主体和贫困地区农业经营主体。与以往相比,两种精准扶贫产品的贷款门槛大幅下降,贷款难度大大降低。至 2020 年末,重庆银行投放扶贫小额信贷共 2.67 亿元,支持建档立卡贫困户 6 391 户,其中通过线上渠道发放扶贫小额信贷 1.75 亿元;扶贫小额信贷余额 3.87 亿元,惠及建档立卡贫困户 9 324 户;"好企助农贷"余额 9.09 亿元,惠及贫困户 3 069 户。在做法三中,中国工商银行重庆市分行直接接口重庆农业担保有限公司,政银担多主体协作推出"农担贷"产品,显著简化农户贷款手续,解决农户信贷担保不足的问题。截至 2019 年末,重庆全市已有 28 个区县的 578 户农户通过"农担贷"获取贷款、发展产业。"农担贷"贷款余额 2.18 亿元,较年初增加 1.51 亿元,增幅达到 222%。在做法四中,中国农业银行重庆分行以"惠农 e 贷"为蓝本,结合重庆市各地实际优质农业项目和优质品牌,定制出一批具有针对性的助农精准扶贫贷款产品。至 2020 年,重庆各种"惠农 e 贷"共发放贷款

2.74亿元。综合来看，多家银行均在产品设计上进行创新，主要体现在降低产品使用门槛、为农户增信担保、增强产品针对性等方面，设计出一批农户和农企易用、能用、好用的扶贫贷款产品，以提高商业银行扶贫资金利用效率的方式，提升农村或贫困地区的金融服务水平，满足农业、农村、农民的发展需求。

（二）创新定制式金融扶贫产品

商业银行在金融产品上的创新，将直接影响到金融支持对产业扶贫所产生的效果。考虑到重庆地理与文化环境多样，各个村庄之间由于不同的地理环境和资源禀赋而表现出明显的异质性特征，因此金融机构需要制定差异化的产业发展战略，深入挖掘乡村资源，才能真正实现因地制宜、一村一策。应当注重发挥当地人力资源的作用，引资引智，挖掘当地特色资源优势，发展特色产业。传统的金融信贷产品缺乏变通，会因其不适用而为企业和农户增加额外的成本。因此，商业银行金融产品需要做出更多的创新，需要更加个性化、因地制宜，根据当地实际状况和面临的困难而及时灵活地调整产品方案，同时结合当地的特色资源禀赋给出定制的金融产品，以此破解贫困地区融资困难，激发其内生动力。

1. 具体做法

做法一：为解决专业合作社等小微企业在融资过程中遇到抵押担保不足的问题，中国工商银行重庆石柱支行结合合作社经营模式，推出"经营快贷"产品工行重庆石柱支行运用金融科技，依托互联网、大数据、区块链等新技术开展普惠金融创新，与第三平台公司开展合作，积极推出适用于发票场景的"经营快贷"信贷产品。至2020年7月，"经营快贷"产品已累计向全重庆市共879户小微企业发放贷款 22.45 亿元。

做法二：中国建设银行重庆分行创新"金猪贷"业务，依托代养协议为代养户发放猪圈建设中长期贷款。例如，重庆万州德康农牧科技有限公司是重庆市万州区重点招商和培育的生猪养殖企业，年产生猪 100 万头，并同时负责指导当地 100 户以上农户建设"公司+农户"模式的家庭农场，通过"种猪代养"（即公司提供猪种和包销服务）的方式帮助一般农户和贫困农户实现增收。但其在发展的过程中，仍然存在资金缺乏、无抵押物担保而融资难的问题。为解决这一问题，中国建设银行重庆分行通过调查研究，为该公司发放了 5 000 万元的流动资金贷款。为了进一步加大对其上游代养户的扶持力度，该行还专门创新"金猪贷"业务，依托代养协议为代养户发放猪圈建设中长期贷款，有效解决了生猪养殖合作社和养殖大户的融资需求。

做法三：中国农业银行重庆分行为重庆石柱县定制"惠农 e 贷"旅游贷，助力文旅产业发展。石柱县致力于推动当地文化旅游产业持续升级，打造"黄水—冷水—中益"大旅游圈。为解决中益乡特色旅游小镇建设的资金问题，中国农业银行重庆分行为其量身定制了"惠农 e 贷"，支持农户经营康养民宿旅游和乡村旅游，并且以优惠贷款利率发放贷款 57 笔，金额总计 1 197 万元。此外，金融机构还不断完善地方的金融基础设施建设，为当地居民办理 POS 机、聚合码、"e 融通"，打造良好支付环境，支持当地家"农家乐"发展，确保乡村旅游提档升级。

做法四：中国农业银行秀山支行打造"5+3"惠农"e 贷"特色产品体系。中国农业银行秀山支行以特色产业全覆盖为目标，着力打造茶叶、油茶、中药材、果蔬、畜禽与乡村振兴带头人贷、农家乐贷、电商贷的"5+3"惠农"e贷"产品体系。

2. 案例启示

要想实现稳定脱贫，必须做好产业扶贫。重庆市贫困地区普遍存在农业产业发展比较落后的情况，产业单一，农民的创收途径单一，导致当地贫困。在精准扶贫过程中，加强产业扶贫的目的不仅是让贫困户摆脱贫困、脱贫致富，也是使当地的经济迈入良性发展当中。重庆农村地区产业实际发展，很难与商业银行的实际支撑相分离，重庆市各大商业银行需要保证有关项目和产品的创新及变革，更好地促进贫困农户、贫困村的可持续发展，有效解决实际生产与发展过程中出现的问题，突破产业扶贫方面的制约。如在做法一中，为解决农户贷款难、抵押担保不足的问题，中国工商银行重庆石柱支行创新推出金融产品，保证科技及产品等创新作业的顺利展开，有效提升农村贫困地区的服务水平，为产业扶贫工作的正常展开提供保障。在做法二中，中国建设银行重庆分行积极开展产业扶贫，通过加大信贷投入、创新贷款产品等方式，使产业获得增强脱贫的内生动力，让产业发展带动区域贫困户脱贫致富。做法三中的中国农业银行重庆市分行因地制宜，助力重庆石柱地方文化旅游产业发展，为其量身定制贷款产品，建立扶贫贷款绿色通道，引领贫困户发家致富，帮助贫困地区稳步高效发展。做法四中的中国农业银行秀山支行针对产业扶贫项目贷款，以特色产业全覆盖目标，完善金融贷款创新体系，发挥自身优势，为扶贫工作提供支持。

五、商业银行消费扶贫

消费扶贫是指通过消费贫困地区产品和服务，提高贫困人民收入,帮助其脱贫致富的扶贫方式。采取消费扶贫的方式,是利用全社会的力量助力脱贫,同时也能够提高贫困地区的脱贫自主性,通过自身努力达到脱贫致富目的,为贫困地区稳定脱贫、防止返贫做出贡献。近年来,随着脱贫攻坚战逐步深入,贫困地区的经济发展和产业规模持续扩大,消费扶贫也就显得尤为重要。商业银行作为贫困地区社会经济活动的重要参与者,需要发挥自身优势,深入推进消费扶贫。目前来看,商业银行消费扶贫模式如图7-6所示。

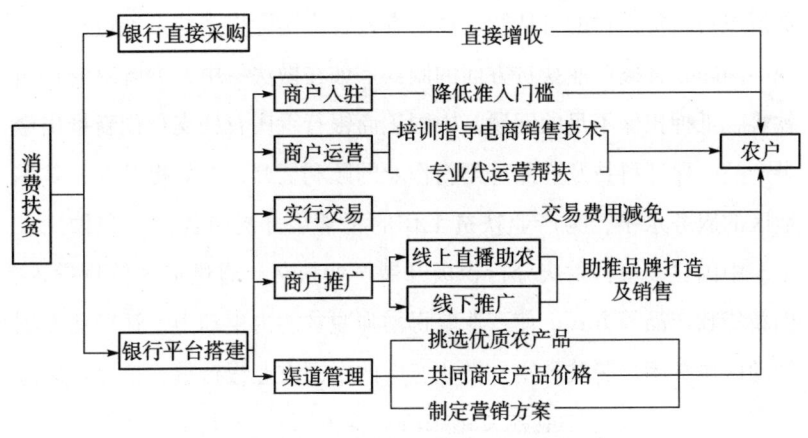

图7-6 商业银行消费扶贫模式

资料来源:作者整理绘制。

(一) 银行直购

近年来,从一些商业银行消费扶贫的实际情况来看,实现稳定精准脱贫途中仍存在着一些问题,如消费收益分配机制、监督机制不够完善,存在中间商为谋取私利对贫困户进行恶意压价的现象。另外,还存在运动式消费扶贫、缺乏对帮助消费扶贫的整体规划的情况,进而降低了消费扶贫的可持续性，导致消费扶贫的效果大打折扣。

1. 具体做法

做法一："建行善融家乡好货馆"在"拼多多"平台正式上线，该平台7.3亿用户通过搜索"善融""善融扶贫""建行扶贫"等关键词即可进入馆内，选购重庆等29个省级贫困地区的特色农产品，全面助力消费扶贫。建设银行推进"善融商务"大型消费扶贫专场活动，持续组织开展系列扶贫助农活动，不断创新直播互动模式，吸引了线上线下大批消费者的参与。

做法二：重庆银行拓宽农产品销售渠道。通过打造"一顿饭""一瓶水""一起买""一张网"等多种消费扶贫模式，从贫困地区产品销售渠道入手，有效促进贫困人口稳定脱贫和贫困地区产业持续发展。金融机构的积极参与打通了特色农产品与消费者相遇的渠道，不仅丰富了人们的餐桌，而且开拓了一条可持续的扶贫之路。

做法三：农业银行动员全行力量，带动所有员工，采用以购代捐、以买代帮等多种方式，多次开展消费扶贫活动，为精准扶贫工作贡献力量。

2. 案例启示

贫困地区存在地理位置相对偏僻、经济发展环境条件相对较差等突出问题，导致当地优秀的资源不被发现。商业银行按照"短期见成效、长期可持续"原则，发挥自身优势，通过开展消费扶贫，增加产业的收入，发展贫困地区经济，激发贫困人民内生动力，发挥出贫困地区资源优势，从根本上脱贫攻坚。银行密切联系消费市场和贫困户，帮助贫困户实现收入增长、产业发展，同时搭建多种消费扶贫渠道并强化质量管理，发挥系统联动优势，帮助贫困户实现可持续发展，有效促进贫困人口稳定脱贫，真正造福贫困地区和贫困户。

(二) 平台 e 购电商扶贫

近年来，互联网发展迅速，电子商务平台为重庆市精准脱贫提供了新渠道。电商平台基础设施建设的搭建促进了社会资源流向贫困地区，利用社会资源又可加强对人才的教育培养，电子商务平台从各个方向促进了贫困地区的全面发展，带动贫困农民就业增收。重庆市各大商业银行重视电商扶贫，并创新电商扶贫模式，构建可持续发展的电商扶贫模式，充分利用新金融的资源优势，将精准脱贫与乡村振兴结合起来，形成双赢局面，改善贫困地区生活质量，为脱贫攻坚贡献力量。

1. 具体做法

做法一：中国工商银行重庆市分行依托工商银行融 e 购电商平台，构建综合性电商生态圈。通过信贷支持、平台建设、支付结算手段，构建"融 e 购+政府+商户+农户"的电商扶贫模式。考虑到电商平台对于很多商户来说都是陌生的，所以这种模式在商户入驻、推广、运营及交易等方面均提供服务，从最开始到后面的每一个环节都有服务保障。针对商户入驻，工行重庆分行对于贫困地区商户存在的非标准化等问题，采用"随到随批"的针对性方法，为贫困地区商户提供快捷方便的途径。针对贫困地区商户交易特点，工行重庆分行考虑到贫困户资金短缺、流量不足等问题，组织相关特色活动，制定解决方案，在这一阶段为商户提供针对性服务，解决贫困地区商户顾虑。针对电商运营，考虑到大部分商户都是首次接触电商平台，工行重庆分行举行培训活动，对贫困地区商户进行技术指导和帮助；考虑到存在部分商户不具备独立运营的能力，工行也提供了相关的帮扶行动。此外，工行重庆分行随时保持贫困地区商户和银行的对接，保障贫困地区商户的需求得到满足，利用消费扶贫的方式助力脱贫攻坚工作。对消费扶贫的商品质量，也有相关人员进行管控，工作人员和技术人员共同把关，充分释放贫困地区优秀资源的经济价值，制定营销方案。销售所得均直接转到商户账户，保证商户们获得其应有收入。

做法二：中国农业银行通过掌上电商平台，持续提高销售能力。农行重视政府、市场、社会三个领域的合作关系，在专项扶贫、行业扶贫、社会扶贫方面发力，带动全社会参与扶贫工作。例如，以互联网及全国各地农行网点为基础，制定"农业银行+中央单位+定点扶贫县"扶贫模式，构建扶贫商城等电商平台，设立扶贫合作专区，针对中央单位对口的592个定点扶贫县实施全覆盖，对832个国家扶贫重点县的覆盖率超过95%，为扶贫重点县提供公益、开放、精准、共享的农产品助销平台。

2. 案例启示

农村网络基础设施不断完善，农村地区"会网、用网、懂网"的群众越来越多，电子商务解决了贫困地区地理位置偏僻的问题，贫困地区互联网生态的成熟促进了当地电子商务及乡村振兴的发展，便利了贫困地区优秀的农产品资源流入市场，有效加大了产业扶贫的力度，助力贫困地区脱贫攻坚。金融机构通过构建综合性电商生态圈，打造一体化电商扶贫模式，并对商户进行培训和指导，激发其脱贫信心与热情，提高农户参与积极性。

（三）特色农产品金融助销

辣椒是重庆区域内种植的特色农产品之一，也是供销体系内重点采购的农业物资之一。每年，重庆市供销合作总社下属的市供销电商平台都会在区县集中收购辣椒，相关区县辣椒种植大户将根据供销采购的需求提前进入种植流程。种植辣椒的农户主要集中在区县专业合作社，他们有熟悉的种植技术及市场需求量，但前期需要一定的资金去购买种子、施肥材料等。由于大部分专业合作社缺少合格的抵质押资产，交易流水信息也较少，在银行获贷的通过率较低。专业合作社缺少了充足的流动资金，从而一定程度上影响专业合作社的种植规模和供销社的采购量。

1. 具体做法

"山城供销贷"将重庆市奉节县的辣椒种植产业作为试点，通过线上白名单模式，将供销社提供的风险补偿铺地资金及承担全额连带责任保证当作基础，通过重庆供销集团下属"村村旺"电商平台进行管理仓储物资和产品销售，形成三方责任共担、优势互补，解决当地融资难、融资慢的问题。其具体做法有以下三点。

做法一：创新金融产品"山城供销贷"。"山城供销贷"是由建行重庆分行与市供销社电商平台合作推出的新产品，此新产品的主要目的是解决贫困地区商户融资难、融资慢的问题。"山城供销贷"不仅在线下可以操作，也有线上操作模式，在控制银行风险的同时，保障了涉农企业的融资效率，便捷了贫困地区商户的使用。线下主要承担分担部分贷款风险、对产品加工环节的管理和调整及最后支付采购款等工作，主要由当地的供销社负责。线上主要负责对商户名单进行筛选和导入，线上系统会自动审批并提供贷款。"山城助农贷"将辣椒产业作为试点，利用线上白名单方式，将供销社提供的资金及责任保证作为保障，同时通过"村村旺"电商平台对企业产品进行管理，形成三方责任共担的合作关系，三方得以充分发挥各自资源优势，有效解决了传统信贷业务中存在的风险缓释措施导致贷款难的这一问题。

做法二：结合各个区县资源禀赋状况，持续优化服务模式、创新金融产品，为奉节柑橘、石柱辣椒、涪陵榨菜等当地特色产业推出特色信贷服务，为涉农企业和贫困户经营发展提供优质金融服务，加大普惠型涉农贷款投放力度，用特色化信贷提升金融扶贫精准度，为贫困地区构建可持续脱贫长效机制贡献金融力量。例如，为突出石柱县辣椒特色产业经济效能，增强产业扶贫带动效应，重庆三峡银行积极打造"辣椒贷"等系列普惠金融产品，根据实际需求向符合条件的农户发放，积极授信以满足农户辣椒收购、销售、加工过程中的资金需求。这一举措支持了建档立卡贫困户近千户，真正起到了"贷"动当地产业增效、助力农户增收的效果。

2. 案例启示

金融机构在没有后顾之忧的情况下自然愿意大量投放贷款，或以利率优惠来进一步刺激农户的借款需求，从而实现了互惠双赢的农村经济发展良好态势。形成引导金融机构积极融入农村特色农业市场的机制，激发银行等金融机构的社会责任，同时重视为金融机构创造条件，促进其实现其经营目标，进而成功引导其增加信贷投放，是十分重要的。运用市场细分理论来研究当前农村经济信贷市场，其中细分信贷市场和甄选绩优客户是不可或缺的，这是金融支持农村特色产业发展的基础。激发消费金融市场的活力，实现特色农业金融产品和服务的创新与突破，就能有效地将闲置资金高效率地投放出去来获取收益，从而激发金融市场的活力。这些都是值得关注的重要环节。

六、商业银行的其他扶贫模式

金融扶贫是精准扶贫的重要手段，持续推进商业银行精准扶贫模式是金融扶贫的核心问题。金融扶贫既是金融业落实党和政府发展战略的需要,也是金融业自身发展的需要。扶贫金融作为商业银行金融业务中的子业务,既具有一般金融业务的基本特征,又具有自己的特点。除了上述扶贫形式,商业银行还有包括思想扶贫、教育扶贫等其他扶贫模式(见图 7-7)。

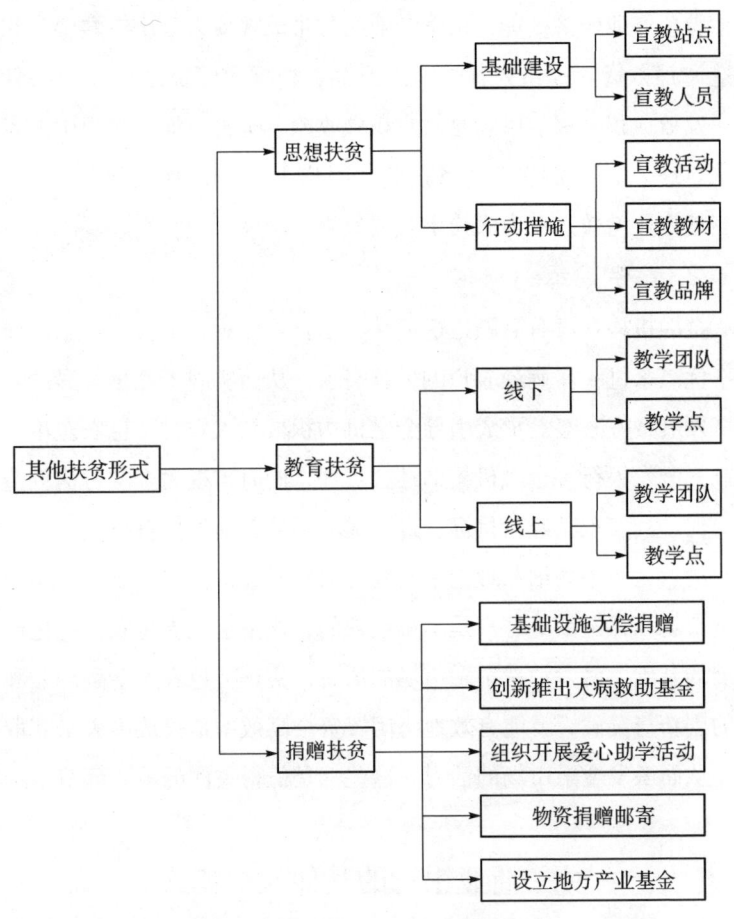

图 7-7 商业银行的其他扶贫模式

资料来源:作者整理绘制。

(一) 慈善捐赠扶贫

为贯彻精准扶贫活动精神，助力脱贫攻坚，重庆各家商业银行重视精准扶贫，主动承担社会责任，积极开展各项公益捐赠活动，大力弘扬中华民族扶贫济困的传统美德，动员和引导广大员工积极关注和热情帮助贫困人口，慷慨解囊，奉献爱心。捐赠扶贫不仅能够激发贫困户的内生动力，还能加强贫困人口的精神文明建设，使困难群众感受到商业银行的深情厚谊，让贫困户进一步坚定勤劳致富、自主脱贫的信心。此类扶贫方式案例众多，本书在此介绍几个典型案例。

1. 具体做法

做法一：中国邮政储蓄银行重庆市分行开展多项公益捐赠活动。一是开展无偿捐赠，打造邮储银行"320邮爱"公益平台，关爱贫困地区和贫困家庭。通过"邮爱公益"为全国贫困高中生精准帮扶捐赠资金。二是深入参加重庆市银行业协会助力黔江区金溪镇精准扶贫公益活动，组织员工进行捐款，用于帮助当地贫困农户修建农业生产基础设施。

做法二：重庆银行多形式开展捐赠活动。一是精准向重庆酉阳、彭水、巫溪、城口捐赠扶贫开发项目资金。二是一对一"结对子"向对口帮扶区县的贫困乡镇小学捐赠"扶智"物资。三是向开州区麻柳乡、秀山县峨溶镇、奉节县青莲镇宝塔村基础设施改建、医疗建设、大病救助、子女教育等领域捐赠扶贫资金。

做法三：光大银行重庆分行携手其他机构开展慈善活动。一是向依托重庆银保扶贫慈善基金会向贫困区县的困难群众送去慈善捐赠资金。二是与公益组织合作，一同前往贫困地区中小学，为贫困学生送上儿童节关怀,开展系列困难帮扶活动。

做法四:农业银行重庆分行将捐赠资金设为防贫基金。农行秀山支行与秀山县政府签订捐赠协议,捐赠资金并设立防贫基金,为防止群众返贫提供经济支持。一是设立"三变"改革基金,在秀山县"三变"改革试点村中选择改革基础较好的行政村,支持村集体经济组织发展产业,孵化集体经济组织,建立利益联结机制。二是创新推出大病救助基金,用于对未脱贫建档立卡贫困人口、脱贫监测户、其他建档立卡脱贫户、边缘户等四类群体的住院或者门诊费经各类政策减免兜底后,按比例进行救助。三是设立电商产业发展基金,旨在扶持秀山县电商小微企业,推动电商产业发展,帮助贫困地区农产品销售,防止因收入减少而返贫。

2. 案例启示

重庆市商业银行响应国家有关精准扶贫的号召,积极承担社会责任,不断推动慈善捐赠,做好慈善扶贫,根据实情有的放矢。作为"造血"式金融扶贫的重要补充,传统的"输血"式扶贫对于调动全社会参与脱贫攻坚仍发挥了一定的积极作用。金融机构的参与增加了金融慈善扶贫的公信力,逐步完善了自身管理制度体系,不断地促进项目服务质量管理的科学化、规范化和程序化。同时需要金融慈善捐赠相关主体按照信息公开制度要求,及时、全面、客观、真实地将慈善数据和信息展示给公众,通过公开透明赢得社会各界的信任和支持,在发展大格局中真正形成长期的合力。

(二)教育扶贫

"扶贫先扶志,扶贫必扶智。"扶志就是扶思想、扶观念、扶信心,帮助贫困群众树立起摆脱困境的斗志和勇气。扶智就是扶知识、扶技术、扶思路，帮助和指导贫困群众着力提升脱贫致富的综合素质。深化"志智双扶"，从根本上提升经济落后地区农民的总体素质，增强低收入农户发展的内生动力，不仅是扶贫的长远之道，也是实现乡村振兴的必由之路。如果扶贫不扶志，就会导致无法达成扶贫的目标，即使脱贫，也容易返贫；如果扶贫不扶智，就会导致缺乏知识、没有技能，进而导致贫困的代际传递。商业银行作为参与精准扶贫的重要力量，发挥着自身优势，将金融智慧融入扶贫、扶志、扶智中去，为精准扶贫献力。

1. 具体做法

做法一：重庆银行打造金融知识宣传教育品牌，多渠道开展金融知识宣传教育活动。主要围绕"网络支付安全""理性消费""保护个人金融信息""普惠金融扶贫，助力乡村振兴"等主题，制作视频、漫画、海报等多种方式的宣教素材，并创新打造金融知识宣教品牌"渝小暄"，在官网、微信、短信、广播、直播以及营业网点等多种渠道开展金融知识宣传教育活动。同时，在贫困村便民服务中心、村支部、综合文化站等人流密集场所，设立金融知识和扶贫政策宣传站点，安排资深宣教人员，利用对口帮扶、走村入户等方式开展金融宣教，开展贫困地区金融知识宣教活动上百场次。

做法二：光大银行重庆分行提供脱贫攻坚素材。一是结合实际向媒体提供真实客观、有代表性的脱贫攻坚宣传素材。二是陆续发布《搭台子、引路子　光大普惠"活水"润巴渝》《光大银行重庆分行：透过有价值的金融创新服务实体经济》《光大银行重庆分行：普惠金融"及时雨"浇灌巴渝大地》等新闻报道，传播金融扶贫正能量。

做法三：重庆银行秀山支行开办支教学堂，助力农村教育扶贫。

重庆银行秀山支行以支教学堂为切入点，通过引入特色兴趣班开展教学活动，培养山区孩子们的兴趣爱好，拓宽孩子们的知识视野，致力于将贫困地区志智双扶推向纵深。农行支教学堂由大批农行支教志愿者和外聘专业授课老师组建教学团队，每周末在服务点免费开展授课。农行支教学堂相继在隘口镇新院村、雅江镇红星村、洪安镇平马村、隘口镇百岁村建立支教学堂教学点。农行秀山支行的支教学堂持续开展"金融课堂""美术课堂""武术课堂"等课程，获得了学生、家长以及当地政府、社会各界的一致肯定。

2. 案例启示

思想决定行为，行为决定习惯，习惯决定性格，性格决定命运。只有激发起贫困群众自身的脱贫意志，才能持久地帮助到他们。不光要物质扶贫，更重要的是教育扶贫，从根本上精准扶贫。扶志，是从贫困地区的根本入手，改变贫困群众的想法，提升他们脱贫的勇气和信心，让贫困群众主动参与脱贫行动。扶智，是扶持贫困群众的教育，提高贫困群众综合能力，从各个方面摆脱贫困。由此可以看出，扶贫工作必须从根本上入手，"志智双扶"，这样才能稳定脱贫、防止返贫。商业银行积极制定相应扶贫政策，通过多种方式和平台开展金融宣教及相关的培训交流，给予贫困地区人民更多的学习机会，主要是帮助贫困群众形成自我脱贫的想法和勇气，让贫困群众对脱贫工作产生自己的思考，主动参与进去。重视媒体宣传，营造脱贫光荣的浓厚氛围，在扶贫工作中注重精神激励和思想引导，引导更多群众积极自发地为脱贫致富奔小康行动起来，让帮扶工作真正扶到点上、扶到根上。

第二节　保险类金融机构扶贫案例

将保险与扶贫工作相结合，能够更加精准地对贫困群众脱贫发挥作用。为认真贯彻落实党中央、国务院决策部署，集中打好深度贫困歼灭战，重庆保险业金融机构积极扩大保险产品供给，切实为扶贫、小微、涉农涉牧等领域提供保险增信服务，构建多维度"保险+"风险分担机制，进一步发挥行业专业优势，助力国家扶贫战略的顺利实施。

一、"保险+财政"助力健康扶贫

近年来，重庆扶贫工作始终坚持政府主导和市场引导相结合，主要从政策和制度两个层面推进保险扶贫的工作。重庆市委、市政府《关于集中力量开展脱贫攻坚的意见》提出："探索扶贫小额保险，为农村扶贫对象因意外伤害导致的死亡、残疾以及医药费用提供保险保障。"市委、市政府《关于精准扶贫精准脱贫的实施意见》提出："贫困户大病医疗补充商业保险实现全覆盖；推广贫困户农房安全、人身保障等扶贫小额保险产品。"市委、市政府《关于巩固脱贫攻坚成果完善扶贫开发长效机制的指导意见》提出："推行政策性保险与商业保险相结合的保险扶贫机制。"据此，重庆市多家保险公司都积极参与到当地的脱贫攻坚工作中，形成了多种创新保险产品的金融扶贫路径。

1. 具体做法

做法一：保险公司联合地方政府推出"政府出资、公司让利、群众实惠"的扶贫模式。这种模式主要是利用农民外出务工、女性特殊疾病等保险，对贫困地区人民进行补偿，赔付人数在近几年超过2万人，赔付金额超过5 000万元，取得较好效果。至2019年7月，重庆国寿为贫困人群、特殊困难家庭提供保险保障688.4万次，总共赔付10.8万人次，赔款金额达2.67亿元。同时，该公司于2017年协助重庆市扶贫办推出"精准脱贫保"，于2018年协助市民政局推出"民政惠民济困保"。

做法二：保险公司创新推出"再托底"模式。推出这种模式主要是为了攻克贫困地区人民的看病问题。由于地理位置偏僻、医疗条件较差等原因，贫困地区人民的大病就医问题一直得不到解决，"再托底"模式为贫困人民的大病就医提供了保障，如为彭水县大垭乡的贫困群众提供了保障费1.27亿元。

做法三：保险公司与政府合作，保障市内就医即时结算。为助力精准医疗脱贫，重庆国寿和市扶贫办共同建立了一站式平台结算中心，主要针对贫困地区群众的医疗问题进行补助，结合各种医疗保险，在全市多个区县超过1.8万家医院创新推出医疗结算体系，为解决贫困地区群众看病难问题助力。

做法四：多主体共同开发精准扶贫保险产品。人保财险重庆分公司和市扶贫办、市民政局合作推出"精准脱贫保""惠民济困保"等一系列保险产品，保障贫困群众稳定脱贫，避免因灾因病致贫返贫。另外，还和市农委、市扶贫办一起合作构建了农业生产风险、市场相关风险的产业保障体系，为贫困地区产业发展提供保障，助力贫困地区产业扶贫。

2. 案例启示

重庆商业保险金融机构积极与扶贫工作对接,利用自身资源优势,在多个方面、多个领域对产品扶贫进行创新,并建立起以商业医疗保险保障为补充的保险扶贫产品体系,有效减轻了贫困人口医疗费用负担,为贫困户的健康提供保障,力推精准扶贫工作,发挥保险金融的保障功能,真正让"健康扶贫"政策落地见效。此外,重庆市扶贫办、重庆银保监局、重庆地方金融监管局三方重视商业保险的作用,合作推出保险扶贫的创新模式,构建适合贫困群众的保险扶贫产品体系,缓解贫困户的生活压力,提高他们的生活质量,在精准扶贫工作中发挥出商业保险的自身优势。

二、"保险+扶智"助力教育扶贫

"少年强则国强,少年智则国智。"党的十九大报告提出,扶贫工作要"注重扶贫同扶志、扶智相结合"。为深入贯彻落实中央关于深度贫困地区脱贫攻坚的总体部署,进一步发挥企业在助力教育脱贫方面的积极作用,为重庆人才培养贡献力量,重庆保险类金融机构始终在守正创新的公益路上不断探索,充分发挥保险公司力量,助力教育脱贫攻坚。

1. 具体做法

做法一:实行"4+1"计划,通过线上平台教学帮扶偏远地区。平安人寿重庆分公司通过实施"4+1"计划,助力重庆地区"村教"工程相关工作。开展"学校援建""校长培训""教师培训""支教行动"四项活动,并以"三村晖"线上智慧教学平台进行远程教学。

做法二:捐赠教学设备,援建、升级"平安智慧小学"。在学校援建方面，平安人寿重庆分公司在2019年完成第二批25所"平安智慧小学"选址，与重庆市教委签署《"村教"工程助推脱贫攻坚战略合作框架协议》，与9个区县教委签署《平安三村建设工程教育精准扶贫协议》，并完成24所学校的调研摸底工作，在重庆地区共计升级"平安智慧小学"50所，捐赠平安远程教学平台设备，惠及"平安智慧小学"学生79 264人。

做法三：线上、线下结合，对校长、老师进行培训。在"校长培训和教师培训"方面，平安人寿重庆分公司推出线上线下双模式：线下培训方面，与集团、地方青基会和精英传媒合作，开展平安智慧（希望）小学校长线下培训活动；线上培训方面，组织第一批25所"平安智慧小学"校长及教师线上智慧课程学习互动及课后作业反馈，提升贫困地区教育水平。

2. 案例启示

高质量的教育扶贫是保证贫困群众稳定脱贫、防止返贫的重要渠道。贫困地区教育质量的提升，必定会对当地扶贫有根本性影响。随着教育质量的提升，贫困地区孩子考上大学的比例会有所增加，毕业后就可能会对当地经济做出贡献，这对阻断贫困代际传递是至关重要的。根据上述案例，保险公司以教育精准扶贫、扶贫与扶智为重点，采用多种方式进行教育扶贫，致力于改善重庆市贫困地区的教学条件，提高偏远地区的教育水平，培养更多优秀人才，激发社会活力，助力贫困地区享受公平、高质量的教育资源。

三、"保险+信贷"助力产业扶贫

农业生产的发展受到很多不稳定因素的影响，如自然灾害对贫困地区群众的收入存在一定威胁。重庆大部分贫困地区地理位置比较偏僻，且地形复杂，容易发生泥石流、暴雨等自然灾害，这对贫困地区农业的发展必然造成不良影响，导致贫困群众收入下降，造成返贫现象，所以农业保险就显得尤为重要，农业保险能够有效降低自然灾害对农业发展的影响，对贫困地区的农业经济具有保障作用。产业的发展离不开保险，保险为产业的发展提供保障，两者结合在一起能够持续推进产业扶贫，促进深度贫困地区产业的持久发展，这也是利用产业发展助力脱贫攻坚的路径之一。因此，保险公司主动融入和服务于重庆经济建设和社会发展全局，充分发挥自身的保险职能，护航地方经济，支持地方产业发展。

1. 具体做法

做法一：设立营销服务部，增大承保理赔服务覆盖面。人保财险在重庆市石柱县中益乡设立中益营销服务部，并安排固定的项目负责人员管理当地扶贫产业保险的系列工作，为当地产业持续发展提供保障。

做法二：开发多种扶贫保险产品，发挥民生保障功能。人保财险重庆分公司通过开发多种扶贫保险产品，建立自然灾害风险分散机制，为进一步加强对自然灾害农业保险工作的管理，建立了相关准备制度，在保障贫困地区商户利益的同时，提高了保险机构自身的抗风险能力，促进重庆18个深度贫困乡镇特色产业的发展。

2. 案例启示

农村金融是促进农村经济发展的资本要素，能够给当地群众带来更多的收入。作为农村经济发展的内生动力，创新金融扶贫体制对我国农村深度贫困地区的脱贫攻坚工作具有重要意义。信贷能够支持农业的发展，保险能够保障农业的发展，"保险+信贷"的创新金融扶贫模式使农户的收益能够得到保证，在保障农户发展扶贫产业和抵御市场风险的同时，又能解决农户扩大产业规模的资金难题。①

第三节 信托类金融机构扶贫案例

　　信托类金融机构相比于其他金融机构，其管理财产多元、管理方式多样，具有更强的灵活性。并且，慈善信托具有极强的社会公益性，能够作为信托机构的尖兵利刃，为金融业精准扶贫做出重要补充。重庆国际信托股份有限公司作为重庆最大、全国领先的信托机构，自2016年慈善信托实行备案制以来，截至2019年7月末，共成立或正在推进成立慈善信托6单，总规模达285万元，在重庆信托业开展扶贫工作中起到主导作用。

一、扶贫车间构建"产业+消费"扶贫

　　重庆市奉节县平安乡是全市18个深度贫困乡镇之一，盛产玉米、马铃薯、红薯等粮食作物和烟叶、脆李等经济作物，猪、牛、羊、鸡等养殖业的发展势头也很强劲。但是，此前平安乡的农副产品销售各自为战，没有建立统一的生产规范及质量认证标准，也没有符合食品安全标准的加工场所，更缺乏专门运营农副产品销售的龙头企业，因此难以形成有影响力的品牌，致使脱贫攻坚的成效和产业发展的成果

---

① 廖朴、吕刘、贺晔平：《信贷、保险、"信贷+保险"的扶贫效果比较研究》，《保险研究》2019年第2期，第64—78页。

难以充分展现。重庆信托作为市政府扶贫集团的成员单位，充分发挥企业优势，认真研究扶贫策略，力图使脱贫攻坚实现"造血"式扶贫。

（一）具体做法

做法一：成立慈善信托，助力农产品生产建设。2020年5月，重庆信托向重庆市奉节县平安乡发起了慈善信托。该信托资金全部用于建设"重庆信托平安乡农副产品加工扶贫车间"。扶贫车间于2020年6月开始建设，9月竣工投产。扶贫车间主要生产腊肉、香肠、干土豆块、冻干魔芋、干竹笋等具有特色的农产品。

做法二：打造具有影响力的"平安味道"品牌，打通农产品销售渠道，进行消费扶贫。建立起平安乡农副产品生产、采购、加工、销售产业链，批量采购扶贫车间农产品并赠送给信托投资者，从而达到消费帮扶目的，并打通生产、销售、融通的产业链。

（二）案例启示

信托公司等金融机构通过慈善信托助力产业扶贫、消费扶贫，具有一定的创新性和有效性。一是该车间采取"公司+农户"的形式，常年安排建档立卡贫困户在扶贫车间工作，使贫困户既能照顾家庭又增加了收入，从而巩固了脱贫成果。二是在保证质量的前提下，优先采购平安乡建档立卡贫困户的所有农产品，解决农副产品销售难问题，促进贫困户稳定增收。三是该车间打通平安乡农副产品生产、加工、采购、销售产业链，打造具有影响力的"平安味道"品牌，为平安乡农户产品打通销售渠道，也为社会提供更多质优价廉的农副产品。四是重庆信托依托整体经营优势，通过消费扶贫模式，批量采购扶贫车间农产品赠送给信托投资者，达到持续帮扶的目的。可以说，扶贫车间对平安乡经济发展有着深远的影响。

二、慈善信托精准扶贫

隘口镇位于秀山土家族苗族自治县西南部，距县城25千米，全镇面积133.5平方千米，辖11个村（居），是重庆市深度贫困乡镇，基础设施滞后，发展要素短缺，发展水平不高。在产业方面，规模不够大，效益不够好，资金投入严重不足；在教育方面，办公教学设备设施不足、老化，教育资源短缺；在民政方面，老龄化和"三留守"人员负担重，医疗救助资金、民政临时救助资金和救灾资金缺口大。

（一）具体做法

做法一：设立慈善信托，助力金融精准扶贫。重庆信托与重庆市慈善总会联合成立"隘口镇扶贫济困慈善信托"，信托资金主要用于对重庆市秀山县隘口镇的产业项目支持、扶贫资助和救济，闲置期间可按合同约定进行投资。信托受益人主要包括重庆市秀山县隘口镇需要进行产业项目支持、扶贫资助和救济的贫困个人、机构和其他组织等。

做法二：利用信托理财属性，为慈善信托资金提供保值增值服务。该慈善信托期限为5年，投资本金及运作取得的所有收益均用于支持精准扶贫事业。重庆信托通过对闲置信托资金的投资运作，实现资本收益，为慈善资金实现增值。同时，作为服务机构的重庆信托及三峡银行均为该慈善信托提供无偿服务，不收取任何报酬。

做法三：利用慈善总会信息资源，确立信托资金投资项目。慈善信托成立后，由慈善总会对秀山县隘口镇深度贫困村（屯堡村、东坪村、富裕村、平所村、太阳山村）拟支持、资助的慈善项目资料进行审核，确定需要帮扶的受益人及具体资助的方式、流程、金额等相关信息后，指令重庆信托进行资助。2019年3月、8月，慈善总会分别审核秀山县隘口镇屯堡村民委员会、东坪村民委员会关于黑斑蛙（后根据实际情况变更为虎纹蛙）养殖项目资助方案的用款申请，协调重庆信托两次划付共计100万元的资助款。在该慈善信托的资助下，黑斑蛙养殖项目顺利开展并产生收益，于2019年11月进行首次分红，隘口镇11个村（居）共分红45.5万元，未脱贫户50户236人共分红7.08万元，平均每人分得300元；并于2019年底进行第二次分红，年度累计分红金额达到105万元，50户236位未脱贫人员每人再分红440元。

（二）案例启示

发挥慈善信托在精准扶贫推进中的制度优势，一方面在专业机构管理下，可以实现资金的规范运作及保值增值，保证了资金的安全性；另一方面能够保障持续稳定的资金投入，从建立脱贫产业到维护产业稳步发展，巩固脱贫攻坚成果，防止脱贫户和脱贫区域返贫。此外，该案例采取慈善总会委托信托机构的方式，并通过慈善总会确定资助项目，较一般的慈善计划更加精准高效，能够充分体现精准扶贫效果。

三、慈善信托助力教育扶贫

教育扶贫针对的是贫困地区的教育事业的发展以及贫困劳动者

基本素质的提高。教育扶贫是一个从"扶教育之贫"向"以教育扶贫"转变的动态发展过程，更是建立长期有效机制、防止返贫、持续建功的过程。在脱贫攻坚阶段，重庆市普遍存在贫困地区教育投入不足且分配不均、贫困地区受教育程度受家庭经济水平影响等情况，为此，重庆信托公司通过基金支持，长期致力于教育扶贫工作。

（一）具体做法

做法一：设立春蕾圆梦慈善信托，助力贫困女学生进入大学。重庆信托设立了"重庆信托春蕾圆梦2号慈善信托"，通过提供资金支持的方式，为重庆市贫困家庭女学生的大学升学提供保障。此次慈善信托规模共为60名重庆各区县贫困女学生进入大学提供资助。自《慈善法》颁行后，重庆信托联合关联企业，通过设立慈善信托为重庆市妇女儿童基金会的"春蕾圆梦行动"举办捐助活动，并为之提供可持续的资金支持。自2011年起，重庆信托持续为优秀贫困女大学生提供慈善捐赠，已资助272名贫困女学生进入大学校园学习深造。

做法二：建立受助者名册，持续追踪受助者的成长。重庆信托建立起"春蕾圆梦行动"受助者名册，包括196名受资助区县学生，其中奉节县66名、酉阳县37名、万州区23名、开州区18名、石柱县14名、秀山县8名、南川区5名、武隆区5名、忠县5名、巫山县5名、巫溪县4名、云阳县3名、彭水县3名；主城区受资助学生共76名，其中渝北区20名、沙坪坝区20名、北碚区10名、九龙坡区13名、南岸区13名。通过建立受助者名册，重庆信托将持续关注受助女学生的成长，其中开县的1名贫困女大学生依托帮扶成长为复旦大学的医学博士。

(二) 案例启示

建立成熟的教育慈善信托产品，能够持续稳定地提供教育扶贫资助，在重庆市教育脱贫攻坚领域发挥重大作用。一方面，通过聚焦处于社会弱势地位的贫困女性群体，以资金资助的方式为贫困女学生降低高等教育就学经济门槛，以提升自身能力和技能的方式从根源上使贫困女学生及其家庭摆脱贫困。另一方面，通过建立持续关爱机制，在非资金的其他社会资源上关心受助女学生成长，为其生活学习提供帮助，并在后续就业上为其提供公司内部优先录用机会和就业指导。

第四节 担保类金融机构扶贫案例

借助各种金融手段，能够聚集和统筹更多的社会资源，以配置到贫困地区的扶贫工作中去。但在金融机构对贫困地区进行融资前的信息识别以及融资后的管理监督方面，往往存在严重的信息不对称，这加大了金融机构扶贫的难度并降低了其精准扶贫的效率。因此，担保公司作为第三方担保机构，能通过自身信用背书和承担偿还责任的特点降低金融主体与贫困地区或贫困户之间的信息不对称，大大减轻交易风险，对金融精准扶贫的开展产生极强的正向促进作用。近年来，重庆融资担保行业不断发挥融资增信、分险功能，在实现精准扶贫、发挥扶贫"造血"功能上产生了重要影响。

一、具体做法

做法一：增效减负，为扶贫企业提供担保。2020年初，重庆三峡担保集团以最快效率、最低担保费率为铭森公司申请的100万元流动资金贷款提供了担保，为当地的芦花鸡产业扶贫保驾护航，促进当地建卡贫困户就业。重庆三峡担保集团向位于重庆市城口县沿河乡的帮竹农业开发有限公司提供180万元的流动资金贷款担保，还为其降低了25%的担保费，对沿河乡的脱贫攻坚起到重要作用。

做法二：提供创业、就业和再就业金融服务支持。重庆三峡担保集团还通过深化创业、就业和再就业金融服务支持，为城口深度贫困乡的贫困户、高校毕业生、失业人员、返乡农民工等创业群体提供政策性贷款和商业性贷款支持；累计发放政策担保及扶贫担保贷款5.62亿元，支持3900余人创业，带动近19000人就业，减免担保费用880万元。截至2020年3月24日，重庆三峡担保集团累计为全市贫困区县提供担保超过400亿元。

做法三：通过技术创新，研发新型担保审批功能，大幅减少审批时间。重庆小微担保公司通过技术创新研发出新型担保审批功能，将重庆融资担保行业接入行政部门、合作银行和市场金融数据，运用大数据和微金融技术为客户"精准画像"，让无形数据转化为数据资产，从而增加客户融资机会。

二、案例启示

担保类金融机构在金融扶贫中的地位非常重要，其担保资金的作用有助于金融扶贫资金的效用安全。一是担保类金融机构结合自身担保业务特点，采取项目扶持、直接捐款、解决就业等措施，落实精准扶贫政策，助力贫困区县脱贫攻坚。二是担保行业不断发挥其融资增信功能、分险功能和政策性担保作用，对农民工创业就业等免收担保费，实现了金融扶贫工作的广覆盖、低成本与可持续进行。三是破解涉农群体普遍缺乏抵押物等现状，通过运用大数据和微金融技术，让无形数据资产成为客户看得见、摸得着的"实际资产"，从而增加客户融资机会，创新审批模式，改变了传统担保贷款必须现场核查的局限，简化了审批流程，极大地提高城镇涉农群体和贫困群体的贷款效率，形成了长效的奖金安全保障渠道。

第八章
新时代金融赋能乡村振兴的路径机制

2021年2月25日,习近平在全国脱贫攻坚总结表彰大会上庄严宣告:"经过全党全国各族人民共同努力,在迎来中国共产党成立一百周年的重要时刻,我国脱贫攻坚战取得了全面胜利,现行标准下9 899万农村贫困人口全部脱贫,832个贫困县全部摘帽,12.8万个贫困村全部出列,区域性整体贫困得到解决,完成了消除绝对贫困的艰巨任务,创造了又一个彪炳史册的人间奇迹!"近年来,我国成功实现每年使1 000多万群众脱离贫困,而这相当于一个中等国家的总人口。我国的脱贫攻坚工作不单是实现贫困居民收入的提升,更是为其实现了"两不愁、三保障",使脱贫群众不愁吃穿,且在基本医疗、义务教育、住房安全、饮水安全等方面获得保障。总体而言,中国提前10年实现《联合国2030年可持续发展议程》中的减贫目标,这一壮举赢得国际社会的广泛赞誉。这不仅是百姓实实在在的获得感,更是中国人民、中国共产党、中华民族的伟大光荣!十八大以来,党总揽全局,建立和完善了中央统筹、省负总责、市县抓落实的工作机制,构建以五级书记为骨干、全体党员为主力的脱贫攻坚格局。自脱贫攻坚开始以来,累计有25.5万个驻村工作队、300多万名第一书记和驻村干部,共计近200万名乡镇干部和数百万村干部奋战在扶贫一线,鲜红的党旗始终高高飘扬在脱贫攻坚主战场上。中央、省、市县财政专项扶贫资金累计投入近1.6万亿元，其中中央财政累计投入6601亿元。打响脱贫攻坚战以来，扶贫小额信贷累计发放7100多亿元，扶贫再贷款累计发放6688亿元，金融精准扶贫贷款发放9.2万亿元，东部9省市共向扶贫协作地区投入财政援助和社会帮扶资金1005亿元，东部地区企业赴扶贫协作地区累计投资1万多亿元。各级财政、各省支援的投入，是打赢脱贫攻坚战的坚实资金基础。①

"脱贫摘帽不是终点，而是新生活、新奋斗的起点。"一方面，贫困是一个相对概念。2020年解决绝对贫困问题之后，农村贫困将以相对贫困的形式存在。如果说治理绝对贫困主要是解决生存问题，那么治理相对贫困则重在解决发展问题。乡村振兴就是要解决农村发展不充分、城乡发展不平衡等重大问题，加快补上"三农"这块全面建成小康社会的短板，就是要从解决绝对贫困问题为主向解决相对贫困问题为主转变。另一方面，"胜非其难也，持之者其难也"，切实做好巩固拓展脱贫攻坚成果同乡村振兴有效衔接各项工作。正如十九届五中全会指出，要优先发展农业农村，全面推进乡村振兴，实现乡村产业振兴、文化振兴、人才振兴、生态振兴、组织振兴。乡村振兴工作要做到"巩固"脱贫攻坚成果，防止返贫致贫；"拓展"推进扶贫产业，不断拓展延伸产业链条，推动农产品深加工，畅通物流运输渠道，提高抗风险能力，确保脱贫群众持续稳定增收；"衔接"实现全面振兴，补齐农村金融体系、人才技术、产业配套、基础设施、人居环境等方面存在的短板，促进乡村产业振兴、人才振兴、文化振兴、生态振兴、组织振兴等各方面的

---

① 习近平：《在全国脱贫攻坚总结表彰大会上的讲话》，《人民日报》2021年2月26日第2版。

整体升级。

全面巩固脱贫攻坚成果,有机衔接乡村振兴路径,要求中国金融体系认真总结提炼金融扶贫体系在脱贫攻坚中的经验和做法,拓展脱贫攻坚成果,扛起新使命,深刻把握全面参与乡村振兴战略机遇,深化新金融不断支持乡村振兴的供给能力;拓展新格局,打造包容性增长与生态发展的共生模式。仍然要将支持脱贫地区的产业发展作为长久之策,并依此基础逐渐向新时代金融赋能乡村振兴转型升级,筑强赋能乡村振兴的中国农村金融体系。进一步拓展农村金融服务广度和深度,不断深化城乡融合共生的发展,畅通城乡之间的内循环,推动工商资本、科技和人才"上山下乡",吸纳乡村特色农副产品进入"城市",使得金融资源下得去,农村产品上得来,产业发展接得住。乡村作为进一步扩大内需、构建海陆双循环的主要发力点,政策、资本、人才、科技等资源和要素正在向乡村聚集,乡村振兴是推进新时代金融发展的历史性机遇,因此要加快搭建城乡对接、双向赋能、互惠共赢平台,建设产业兴旺、生态宜居、乡风文明、治理有效、生活富裕的美丽乡村。①

目前,全国范围的乡村振兴工作开展得如火如荼。重庆市勇于开拓创新,乡村振兴工作走在时代前列,乡村振兴项目遍地开花,描绘出一幅又一幅美丽的美丽乡村画卷。金融作为一股重要的社会力量,也应该积极创新服务模式,有力支持乡村振兴。

---

① 姜正君:《脱贫攻坚与乡村振兴的衔接贯通:逻辑、难题与路径》,《西南民族大学学报(人文社会科学版)》2020年第12期,第111—117页。

第一节　推动脱贫攻坚与乡村振兴有效衔接、一脉相承

一、脱贫攻坚和乡村振兴的内在联系

我国的贫困人口主要集中在农村地区，所以解决农村和农民的贫困问题是我国农村建设和农民发展的前提条件。农村贫困地区是脱贫攻坚的主要阵地，农村贫困人口是主要的攻坚对象，我们必须让农村和农民全部地、彻底地、历史性地摆脱贫困。[①] 为实现中华民族伟大复兴的中国梦，以习近平同志为核心的党中央聚焦"三农"问题，在深切关心、深刻认识和深入思考的基础上，为推进农村建设发展提出了脱贫攻坚和乡村振兴这两项重大战略部署。[②] 在中国共产党的领导下，中国人民必须要完成脱贫攻坚和乡村振兴的重大历史任务，以推进中国特色社会主义农村建设发展，进而解决乡村问题，推进世界减贫工作，实现伟大复兴的中国梦。作为党的十九大明确提出的三大攻坚战之一，脱贫攻坚是决胜全面建成小康社会、实现第一个百年奋斗目标的一项重大政治任务。脱贫攻坚聚焦农村贫困地区和贫困人

[①] 刘学武、杨国涛：《从脱贫攻坚到乡村振兴的有效衔接与转型》，《甘肃社会科学》2020年第6期，第87—93页。

[②] 孙馨月、陈艳珍：《论脱贫攻坚与乡村振兴的衔接逻辑》，《经济问题》2020年第9期，第12—17页。

口,重点围绕"两不愁、三保障",实施精准扶贫,确保我国现行标准下农村贫困人口在2020年全部实现脱贫。乡村振兴是党的十九大做出的重大决策部署,是实现两个百年奋斗目标的必由之路,是新时代做好"三农"工作的重要着力点。乡村振兴聚焦"三农"问题,强调农业、农村和农民发展的优先性,将"产业兴旺、生态宜居、乡风文明、治理有效、生活富裕"作为实践要求,推动和实现城乡联动、融合发展,从更宏观的视角构建经济发展的蓝图;通过建立健全相应的体制机制和制度政策,全方面、整体性、系统化推进乡村建设发展。乡村振兴战略"二十字"总要求是中国特色社会主义"五位一体"总体布局在农村的具体体现和生动实践,强调的是农村的全面振兴,包括产业振兴、人才振兴、文化振兴、生态振兴和组织振兴。

脱贫攻坚和乡村振兴战略均不是凭空想象而来的,党的十八大以来,习近平总书记继承和发扬马克思主义的反贫困理论,为实现消除贫困、达到共同富裕的社会理想,立足于中国国情实际,经过系统思考,对我国新时代扶贫开发重大理论和现实问题进行了深刻剖析,创造性地提出以精准扶贫、精准脱贫为核心的扶贫开发战略。习近平总书记关于新时代乡村振兴系列论述具有丰厚的理论背景,其既包含对中国乡村建设百年探索的历史经验的凝练,更吸收了国内外各时期乡村建设理论的精髓。两大战略思想的产生有着深刻的理论和实践渊源。[①]

(一)价值取向的一致性

脱贫攻坚和乡村振兴的价值取向都是提升广大人民群众生活、福

[①] 贾晋、尹业兴:《脱贫攻坚与乡村振兴有效衔接:内在逻辑、实践路径和机制构建》,《云南民族大学学报(哲学社会科学版)》2020年第3期,第68—74页。

利水平，这既坚持了马克思主义一贯的以人民为中心的立场，又彰显了我党以人民为中心的发展思想，是中国共产党人初心和使命的具体体现。在本质上，脱贫攻坚和乡村振兴的目标都是消除贫困，改善民生，逐步实现共同富裕，二者都以维护人民群众根本利益、促进人民共同富裕为出发点和落脚点，都是为了让人民群众有更多的获得感、满足感、幸福感。

（二）主体力量的一致性

农民既是脱贫攻坚的主体，也是乡村振兴的主体。虽然我国政府强力主导了乡村振兴和脱贫攻坚，但这两大任务的推进都必须紧紧团结和依靠人民群众。我们必须坚持农民的主体地位，发挥农民的首创精神，强化广大农民的主动参与和责任意识，从而激活乡村发展的内生动力。

（三）最终目标的一致性

解决"三农"问题、推进农村农业农民的现代化是脱贫攻坚与乡村振兴的最终目的，二者统一于"两个一百年"奋斗目标、建成社会主义现代化强国、实现中华民族伟大复兴的历史进程中，最终实现农业强、农村美、农民富。囿于城乡二元结构，我国目前依然存在城乡发展不平衡、农业农村发展不充分的问题，农村现代化仍任重而道远。为破解城乡二元结构的历史矛盾、推进农业农村现代化，我们党作出了脱贫攻坚与乡村振兴的重要部署，在最终实现农业农村现代化和全体人民共同富裕的进程中迈进至关重要的一步。①

---

① 姜正君：《脱贫攻坚与乡村振兴的衔接贯通：逻辑、难题与路径》，《西南民族大学学报（人文社会科学版）》2020年第12期，第111—117页。

二、脱贫攻坚与乡村振兴的衔接关系

（一）提出时间和背景演进

在 2015 年的中央扶贫开发工作会议上，面对距离实现全面建成小康社会只有五六年时间的紧迫形势，习近平总书记在 2013 年提出精准扶贫概念的基础上，作出了脱贫攻坚的重大战略部署；进一步地，习近平总书记在 2017 年党的十九大上，从实现"两个一百年"奋斗目标的总体战略出发，根据中国特色社会主义新时代社会主要矛盾的变化，提出了乡村振兴战略，为我国全面建成社会主义社会作出了长远战略规划。可见，脱贫攻坚的提出比乡村振兴在时间上要早，但脱贫攻坚与乡村振兴的内涵和外延一脉相承。

脱贫攻坚是我党领导全体党员和广大人民群众所进行的一场决战。脱贫攻坚利用 2015 年至 2020 年五年时间，集中开展动员，调配全国资源，消灭绝对贫困，时间上具有紧迫性，任务上具有突击性。与之不同的是，乡村振兴是一场持久战，其作战时间长，覆盖范围广，是"三农"领域的持久战和总决战；在乡村振兴战略的实施中，我党明确阶段目标，划分时间节点，细化实施路径，使其呈现鲜明的渐进性和长期性特征，进而成为我国实施的一项中长期战略。

（二）战略目标和使命升级

只有筑牢脱贫攻坚"基石"，乡村振兴才能迈上"新台阶"。脱贫攻坚的对象主要是农村贫困地区和贫困人口，其作用于局部，目标任务相对单一。而消除绝对贫困，解决贫困人口的生存问题，是为了给农村建设发展的基础和底线提供保障，确保第一个百年奋斗目标的如期实现。乡村振兴的终极目标是实现农业农村现代化，为第二个百年奋斗目标的实现提供强有力的支撑。具体而言，乡村振兴着力于解决"三农"发展问题，以求农业农村的整体高质量发展，其实施范围涵盖全部农村地区，是整体的、综合性的。从扶持目标和使命来看，脱贫攻坚具有明显的救助性和福利性，很大程度上利用了社会主义制度集中力量办大事的优势，通过政府自上而下引导、市场自下而上创新，组织动员全社会各方资源参与其中。而乡村振兴战略本质是乡村发展的问题，更加注重政策的普惠性和效率性，更加依赖主体的自我发展和自我提升，具有鲜明的内生性、常态化特征。

(三) 工作任务和内容创新

脱贫攻坚与乡村振兴的有机衔接由解决"绝对贫困"转向解决"相对贫困"。从扶持对象看，脱贫攻坚主要瞄准贫困县、贫困乡、贫困村，聚焦现行标准下的农村贫困人口，重点是建档立卡贫困户。乡村振兴在稳定脱贫的基础上，重点解决相对贫困问题，目标对象由点及面，既是静止性的任务目标，也是动态性的发展难题。

脱贫攻坚的任务和方法具有明显的针对性和靶向性，其采取精准识别、产业扶持、转移就业、易地搬迁、教育支持、医疗救助和政策兜底等手段实现贫困人口精准脱贫，并通过基础设施建设、政策保障、社会动员、基层党建等方式为消灭绝对贫困问题提供持续性动力。相较于脱贫攻坚，乡村振兴的工作任务和内容更具全面性，其关注乡村多领域、各方面和不同层次的问题，是力图实现乡村全面发展的重要战略安排。乡村振兴是一个系统性、整体性、复杂性的工程，其包含农业发展质量提升、乡村绿色发展建设、农村文化繁荣兴盛、乡村治理体系构建、民生保障、制度供给、人才支撑、投入支持和党的建设等多个方面。

第二节 金融赋能和乡村振兴衔接的必然性

金融扶贫在脱贫攻坚过程中发挥了重要的作用，各级和各类型金融机构成为贫困区县家庭脱贫、产业脱贫等方面的生力军。通过金融产品创新等在生产方式、资金融通、生产经营、产业链形成中发挥了重要的作用，甚至通过消费扶贫的方式促进生产和销售。2020年后我国进入小康社会，绝对贫困的问题得到有效处理，但是相对贫困的问题仍会在未来一个阶段长期存在。因此现行的消除绝对贫困的贫困治理体系将逐步升级成以解决相对贫困问题为重点，特别是实现与乡村振兴战略的有效衔接。到 2035 年，我国乡村振兴将取得决定性进展，农村现代化基本实现，乡村振兴将伴随着我国全面实现现代化的进程。在实现金融扶贫与乡村振兴衔接的进程中，特别需要比对金融扶贫与乡村振兴战略两者的目标任务和路径安排，探索金融扶贫顺利过渡到乡村振兴的道路。在外部提供给脱贫对象进一步参与乡村振兴发展的机会和渠道；在内部增强脱贫对象参与的能力与水平，防止返贫，并增强脱贫对象的可持续发展能力。通过"金融+乡村振兴"的路径探索形成了：一是进一步加强"三农"相关金融基础设施建设，完善农村金融体系，构建多层次、低成本、广覆盖、众受益的现代金融体系，为乡村振兴提供源源不断的金融支持；二是提升农村金融服务体系的现代化建设,提高金融机构在精准识别、拓宽融投资渠道、风险控制等方面的金融服务能力;三是建立金融服务乡村振兴的长效机制,充分利用社会资本和市场化手段,实现农业全面升级、农村全面进步、农民全面发展。

第三节 乡村振兴中"三农"金融需求的新变化

一、农村经营主体与农村金融需求变化

随着社会主义市场经济改革的红利不断下沉到乡村地区,乡村经济发展的瓶颈被进一步打破,以小农户为经营主体的传统乡村经济模式也逐渐向专业大户、家庭农场、农民合作社以及农业大型企业主导的模式过渡,这些新型农业经营主体为乡村振兴发展做出了突出的贡献。相较于小农户而言,新型农业经营主体将在土地流转、农机农具购买、农业基础设施建设等方面配置更多的资金,其对于涉农信贷资金的需求量更大,对信贷资金的需求期限也更长。[①]随着新型农业经营主体的经营范围的拓展发展,经营主体对金融产品和服务的多样化需求也在提升,金融培训、投资理财、风险管理等其他金融相关产品和服务需要进一步普及到农村需求者中。因

---

① 吴寅恺:《脱贫攻坚和乡村振兴有效衔接中金融科技的作用及思考》,《学术界》2020年第12期,第147—153页。

此，在脱贫攻坚和乡村振兴有效衔接的过程中，随着农业生产模式从"传统小农"到"规模经济"的转变，新型农业经营主体所占比重不断增加，不仅金融服务需求的总量在提升，金融服务需求的种类也在逐步拓宽。

二、农业产业振兴与农村金融需求变化

产业发展为推动脱贫攻坚和乡村振兴提供了强劲的动力，产业发展不仅是脱贫攻坚的核心，高质量的产业现代化更是乡村振兴的战略核心。因此，乡村产业的良好发展是衔接完成脱贫攻坚和实现乡村振兴的桥梁。① 在脱贫攻坚和乡村振兴衔接的过程中，工作的重点应该从产业扶贫转向产业振兴。这意味着，乡村的产业发展也将从基本的种植业、养殖业、畜牧业向农产品深加工、物流运输、乡村旅游、绿色食品等二三产业延伸，呈现出一二三产业的联动、融合发展。首先，未来乡村产业结构的升级、产业链的扩展以及产业模式的更新所形成的跨类别的产业融合方式将使乡村产业融合主体进一步地快速发展。其次，行业协会和产业联盟的出现将进一步加速乡村产业融合主体的多元化发展趋势。最后，产业模式的升级、产业规模的扩大将使农村核心企业与农户之间形成利益共享、风险共担的利益联结模式。

综上，农村的金融需求范围会越来越广，在各产业领域呈现出金融产品和服务需求的多样化、多层次化。② 这要求农村金融机构提供

---

① 左停：《脱贫攻坚与乡村振兴有效衔接的现实难题与应对策略》，《贵州社会科学》2020年第1期，第9—12页。
② 吴寅恺：《脱贫攻坚和乡村振兴有效衔接中金融科技的作用及思考》，《学术界》2020年第12期，第147—153页。

覆盖乡村全产业链的金融支持，同时也考验着其交叉创新业务的能力。

三、相对贫困与农村金融需求变化

2020年脱贫攻坚胜利之后，我国乡村工作的重心从对绝对贫困人口的脱贫攻坚向实施农村全面发展的乡村振兴战略转变，农村贫困问题也将进入一个以转型性的相对贫困和次生贫困为特点的新阶段。随着农村贫困状况的根本性改善，农村扶贫的对象也将转向相对贫困和潜在贫困群体，并会呈现出多维度贫困等新特征。然而，相较于较为固定的绝对贫困人口，相对贫困和潜在贫困人群具有标准以及时间上的动态性，对其的甄别和范围的界定都存在较大困难，这给脱贫攻坚与乡村振兴在扶贫对象选择上的有效衔接带来了不小的困难。作为信息的媒介，金融机构能够以更低的成本、更高的精确性对贫困人口加以识别，从而消除金融扶贫过程中信息不对称造成的金融资源配置扭曲问题，提高相对贫困人口金融服务的可得性，提升农村金融扶贫的精准度和效率，进而更有针对性地向相对贫困人口提供金融服务，有助于脱贫攻坚与乡村振兴的有效衔接。

第四节　金融赋能乡村振兴的供给侧关键内容

2021年是"十四五"规划开局之年，是开启全面建设社会主义现代化国家新征程、向第二个百年奋斗目标进军的第一年，也是中国共产党成立 100 周年。

新时代的发展特点、历史使命赋予了金融业新的历史责任。金融体系和金融机构应始终高举习近平新时代中国特色社会主义思想旗帜，毫不动摇地坚持党的领导，牢牢把握金融深化改革的正确方向，立足新发展阶段，贯彻新发展理念，服务新发展格局，推动高质量发展，为"三农"的发展提供更好的金融支撑，为乡村振兴提供更具针对性、普惠性和科技性的金融服务，满足人民群众的美好生活需要，为乡村振兴战略的开展提供持续的发力点。

一、以人民为中心构建乡村振兴普惠金融服务体系

贫困问题是我国发展过程中的历史性、阶段性问题，而脱贫攻坚与乡村振兴就是要针对性地解决农村贫困问题，使人民福利获得实质性的提升。做好二者衔接，要切实把握习近平总书记关于扶贫工作重要论述和乡村振兴战略思想的精神实质，以正确的理论指导实践，秉持以人民为中心的发展思想，做到"发展为了人民，发展依靠人民，发展成果由人民共享"。一是乡村振兴需要构建既能服务好广大农民又能服务好广大市民的乡村振兴普惠金融服务体系，只有不断满足全体人民的美好生活需要，乡村振兴之路才是可持续的。二是遵循乡村发展规律和金融需求演变趋势，坚持从农村经济实际出发，准确把握城乡人民金融需求差异，强化顶层设计，因地制宜、量力而行地构建乡村振兴普惠金融服务体系。三是坚持乡村振兴中金融服务体系的普惠性，着力改善农业农村发展不平衡的问题，保障农业产量，增加农民收入，改善乡村基础设施建设，在乡村振兴中改善和保障民生，不断提升人民群众的获得感、幸福感和安全感。

各级金融机构应联合构建支持乡村振兴的普惠金融服务体系,强化各级和城乡金融机构服务国家大局的责任意识,更好地发挥政策性金融、开发性金融和商业性金融的作用合力。不断深化农村金融市场改革,深度发展服务"三农"的农村金融市场,加快推进各类金融机构进入农村金融市场,增加村镇银行、小额贷款公司、农民资金互助社等新型农村金融机构数量,优化县域金融机构网点布局,降低社会资本进入门槛。创新服务乡村振兴的金融产品和服务,提升融资服务全产业链的能力,提高金融机构的服务意识,简化贷款审批流程,设计多样化的贷款期限标准,适当延长贷款期限。鼓励地方政府积极有为,建立乡村振兴产业链金融项目贷款的财政贴息和风险补偿金政策,延长贷款补贴优惠期限,降低贷款利率水平,取消附加费用。

不断完善农村金融体系建设,完善担保体系,丰富金融机构信用贷款产品,拓宽融资渠道,鼓励社会资本参与农村产业融合发展,加大对普惠金融服务体系建设的支持力度,从而满足从业主体的融资需求。一方面,不断完善农村金融服务基础设施。金融服务基础设施是影响居民金融可得性的重要因素。人民银行以及政府部门必须有意识地引导和支持涉农金融机构服务重心下沉到农村基层,提高在农村地区的金融服务基础设施建设的投入力度,提升农村金融机构营业网点密度和覆盖范围。增加ATM自助设备、POS机、电话支付终端和金融服务终端等设施在乡镇和行政村的布放量,同时不断完善和拓展助农取款服务点的金融服务功能,让出行不便、受教育水平较低、金融知识较薄弱的农民享受到方便快捷的金融服务。鼓励农村金融机构积极发行面向"三农"、便农惠农的银行卡,使农村居民享受到更便捷的银行卡支付转账服务,进一步优化农民工银行卡特色服务。手机支付将减少农村地区的交易成本,商业银行应着力开发服务于农业、农村、农民的手机支付产品,因地制宜地在农村地区推广手机支付业务。

不断完善落实农村信贷抵押担保政策。政府可以创新针对惠农金融服务的支持担保体系,给予惠农担保机构财政和税收方面的支持,鼓励涉农保机构坚持服务农业、优惠农民的原则,使融资担保和再担保业务收费标准进一步降低,为农村产业融合主体提供贷款担保服务。开展资产产权抵押贷款在农村的试点运行,扩大贷款抵押标的物的范围,探索将集体经营性建设用地使用权、宅基地使用权、住房财产权、农业附属设施、仓储物流设施等纳入贷款抵押物的办法,推广以农机设备、运输工具、承包土地收益权等为标的的新型抵押担保方式。

进一步优化和创新涉农财产担保制度,推动各类担保机构将融资担保和再担保服务业务拓展到农村,建立担保风险补偿金,鼓励农村龙头企业将自身信誉或产品订单为标的,为农户担保贷款。强化农村信息网络建设,进一步扩展农户征信体系,将各类经营主体和订单农户违约行为纳入人民银行征信体系,并对相应的违约行为进行处罚。①

二、发挥金融支持乡村振兴产业链发展的作用

由于乡村振兴强调农村农业的全局性发展,其作用范围扩大到了整个乡村,帮扶对象由绝对贫困人口转为相对贫困人口,所以产业兴旺是乡村振兴的核心推动力。产业兴旺的实质是通过农业发展方式的

---

① 国家发展改革委宏观院和农经司课题组:《推进我国农村一二三产业融合发展问题研究》,《经济研究参考》2016年第4期,第3—28页。

转变，实现农业生产结构的优化，从而内生地激发农业农村动力，实现农业强、农村美、农民富的绿色高质量发展。在金融支持农村产业融合发展的过程中，各类金融机构必须因地制宜、推陈出新，主动探索和研究新产业、新业态、新主体的金融需求特征，大力改革现有模式，推出针对农村金融产品创新和农村金融服务的新模式。各类金融机构应明确自身比较优势，细化专业分工，以政策性金融为主导，以商业性金融为骨干，以合作性金融为基础，以互联网金融为补充，促进金融服务效率的全面提升。一方面，以政策性金融机构发放的中长期贷款为农村产业融合发展项目的资金来源，促进农村基础设施建设水平的提升，为农村产业融合发展提供坚实的基础。在农村产业融合发展处于探索试点初期的现状下，唯有政策性金融机构提供的大量的中长期低息贷款才能满足资金需求规模大、期限长、投资回收期长的农村基础设施建设贷款要求。[1]另一方面，各类商业性金融机构应当发挥自身方式灵活、反应迅速的优势，深度结合当地农业产业链发展状况，针对农业产业链发展的不同环节、不同进程，开发相应的信贷、保险、担保等金融产品。[2]

以乡村振兴发展为契机，积极促进金融机构间的进一步合作，探索"银行+保险+期货+订单农业"等融合创新模式，丰富农业产业链参与主体的金融服务方式。金融科技作为一种新兴的现代金融工具，鼓励金融机构在有效的风险控制下，大胆创新"金融科技+乡村振兴"模式，为农业供应链助力；开发农村专项信息平台，促进金融机构客户数据的共享，并融合农产品交易信息等外部数据源，以多维

---

[1] 张林、张雯卿：《农村产业融合发展与金融支持：经验借鉴与政策启示》，《农村金融研究》2020年第2期，第36—42页。
[2] 樊英、张明：《供应链金融视角下农户融资困境缓解的策略研究》，《经济论坛》2021年第1期，第87—92页。

度、多层次的数据为依托；创新运用物联网、区块链等新兴技术，打通农业上下游产业链，为农业用户提供深度、准确的大数据分析，以及包含支付、融资、资产管理等内容的综合性金融服务方案。

通过市场化金融体系的作用，引导三农发展的"市场化"发展导向，鼓励金融机构参与乡村振兴，将乡村振兴形成的产业打造成为"新蓝海"领域。通过资本化助力作用，深化农村产业的融合，强化农村产业的集聚集群落发展，形成以主导产业为支撑、衍生产业为补充、配套产业为外沿的多层次、细分工、长链条的农村产业格局。秉持绿色发展的理念，提升农业经济发展的循环性，推进金融链和产业链相互铆合。一是形成农产品区域品牌效应，注重提升区域农产品企业的信息化、企业化、品牌化、链条化程度，打造专业化和区域品牌化产业集群；二是强化龙头企业和产业链核心企业引领带头作用，扩大区域辐射能力，通过订单、联合、参股等方式，精准企业定位，完善企业分工，形成产业关联度高、功能互补性强的产业集群航母模式，①打造出具有鲜明中国特色的农村一二三产业融合发展的现代农业体系。

三、发挥金融支持乡村振兴基础设施建设的作用

城乡二元体制束缚着我国经济的协调发展，而实现城乡融合是实现乡村振兴战略的题中之义和必然道路，城乡基础设施和公共服务的均等化是实现城乡融合的先决条件。交通运输类基础设施决定着乡村振兴中农村居民家庭人居环境的改造、医疗健康环境的优化、教育设

---

① 国家发展改革委宏观院和农经司课题组：《推进我国农村一二三产业融合发展问题研究》，《经济研究参考》2016 年第 4 期，第 3—28 页。

施的完善水平，以及形成的特色三农产品的物流配送效率，信息通讯类基础设施的完善关系着城乡供求信息的实时有效对接。总之，基础设施建设对乡村振兴的发展至关重要。因此，发挥财政金融的主导作用，引导金融机构参与农村的基础设施建设，鼓励社会资本通过信贷、建设专项债券、PPP 等金融工具和路径加大对乡村基础设施的投入，缩小城乡基础设施的差距是十分重要的。一是发挥现有金融工具的撬动作用，使政府财政与社会资本相结合，共同促进以道路网络建设为重要目标的农村基础设施建设。在社会资本的赋能下，使乡村道路接入主干道路系统，实现村道、乡道与县道、省道及国道相互联通，进而形成完整的乡村道路网络，针对村（间）内"断头路"、空白路开展专项整治，实施道路通村组、道路入户工程，把路修到农民的家门口，努力实现产业基地、居民点道路全部连通，使柏油路连通乡级单位，水泥路连通村级单位，并实现基础交通网络的相互连通，村落内部各组间相互连通，客运车辆网络基本覆盖全乡村。[①] 金融资本积极参与农田水利设施、高效节水灌溉、土壤综合治理等项目建设，全力补齐农业农村基础设施"短板"。二是加强金融机构为乡村生活用水安全、垃圾处理、厕所革命等人居环境改造的力度。以市场化的金融手段，加快项目审批流程，加强金融支持力度，推动相关企业开展农村生活垃圾、污水和厕所等的治理，加强对农村污染治理等领域的投资。通过金融资本的"输血"与"造血"功能的结合，形成"金融机构+建设企业"的经营模式，积极推广低成本、低能耗、易维护、高效率的人居高效改革。三是引导金融机构以前瞻性视野支持新兴的乡村振兴基础设施领域。加大农村地区的数字信息基础设施

---

① 刘长江：《乡村振兴战略视域下美丽乡村建设对策研究——以四川革命老区 D 市为例》，《四川理工学院学报（社会科学版）》2019 年第 1 期，第 26—45 页。

建设，为乡村振兴长效机制形成城乡对接、高质量发展等提供有力保障。数字产业化指通过新一代信息技术（主要指大数据、云计算、人工智能等数字技术）的市场化应用推动产业发展。我们应支持数字基础设施建设和数字科技人才深入乡村，推动产业融合进程与数字化进程相互交融，相互促成；将数字信息与产前、产中和产后的整个价值体系结合起来，使传统农业更加具有智慧。①

具体而言，需要在乡村振兴的进程中进一步使金融业、数字产业与农业、工业和服务业相交织，使数字产业加持乡村旅游、农业生产、农业加工等，为产业兴旺发展提供更广阔的前景。在农村金融领域积极应用与推广数字技术，使农村地区的互联网金融发展规范化、合理化，运用大数据、区块链等技术降低信息的不对称性，进而使涉农信贷风险的识别、监控、预警和处置水平得到提升；注重积累和共享涉农信贷数据，对客户信息进行更详细的识别和筛选；利用创新的信用评价模式，在做好风险防范的同时，适当扩大涉农信贷的规模。② 此外，推进大数据和互联网金融技术深度结合，共同赋能农村信用体系建设，建立乡镇、村、用户三级的征信信息系统，使信用信息更好地服务涉农主体信用融资；多渠道整合社会信用信息，推进电子信用档案覆盖各类农业农村经营主体，创新用户守信激励和失信惩戒机制，实现各机构之间信用评价的互联互通，促进农村地区信息、信用、信贷联动，提升农村各经济主体对于信用的认识，最终使农村

---

① 王铮、唐小飞：《数字县域建设支撑乡村振兴：逻辑推演和逻辑框架》，《预测》2020年第4期，第90—96页。
② 《中国人民银行 银保监会 证监会 财政部 农业农村部关于金融服务乡村振兴的指导意见》，中华人民共和国农业农村部网站，http://www.moa.gov.cn/gk/cwgk_1/jrzn/201902/t20190212_6171297.htm，最后访问日期：2021年7月31日。

金融生态环境得到优化。①

四、发挥金融完善乡村振兴社会保障的作用

从脱贫攻坚转向更高阶段的乡村振兴，应该继续加强在社会保障领域的重视程度，一方面，进一步解决脱贫群众重点关注的难点痛点问题，分类完善其具体的社会保障制度，尤其应当首先完善教育和医疗两类社会保障措施，防止返贫现象大面积发生。通过为学龄群体提供更加优质的教育资源，切断贫困的代际传递；通过健全农村医疗保障体系，提升基本医疗保险的保障范畴和保障水平，提高大病保险参保率，避免因病致贫、因病返贫。另一方面，通过金融等市场化手段进一步构建长效的市场化的社会保障系统，使城乡发展共享发展成果。具体来讲，一是进一步完善我国政策性的农业保险法律制度建设，继续对《农业保险条例》进行修订和完善，这样可以保障相关政策的稳定性和持续性，为农业保险的发展提供有效的法律保障。在遵守自主自愿原则的基础上，支持各金融机构有针对性地开发多元化的保险品种，从供给端给予农户参与政策性农业保险的多样化选择，使财政资金补贴撬动农村居民参保，进而有效提高政策性农业保险的覆盖范围和保障程度。② 二是要以国家乡村振兴发展要求为目标，针对全产业链的各个环节多元创新，推出满足各类主体需要的产品，增加保险产品层次，提升保险产品综合性，促使农险公司以支持保护

---

① 董翀、冯兴元、孙同全：《农业农村现代化的金融支农保障机制：变化、问题与对策》，《农村金融研究》2020年第8期，第5—10页。

② 薛敏、郭金龙：《政策性农业保险保障农业发展的国际经验及启示》，《中国保险》2021年第2期，第61—64页。

"三农"为主要目标,规范自身经营,使农民收入获得持续较快增长,最终推动乡村振兴建设。① 三是创新模式要抓融合,不断拓展农业保险功能。一方面,充分利用数据信息共享、物流网络、人工智能和区块链等信息技术,结合卫星遥感、无人机等技术进行精准定位、测量,实现信息采集、保险赔付的线上线下一体化,使承保更精确、保险赔付更精准,全面提高农业保险的经营效率;另一方面,更多元的经营主体、更综合的要素资源以及不同目标的政策融合给农业保险势必带来更多的挑战,要深度开展保险和农业的进一步有机结合,并使农业保险与政府救灾以及其他金融工具相辅相成,拓展农业保险的业务边界。三是相关部门可通过制定优惠政策,例如减少税收、加大补贴、利率优惠等来鼓励银保合作。鼓励更多商业保险公司与银行等金融机构加强合作,做到分担风险、分享利益,针对乡村振兴的三农项目构建创新金融产品,合理地满足农户的需求,助力乡村振兴。

五、发挥金融对乡村振兴易地搬迁的后续扶持作用

在充分发挥全国上下一盘棋、集中力量办大事的显著制度优势的同时,充分发挥市场机制在资源配置中的决定性作用,推动金融工具创新和金融服务创新,让易地搬迁群众既能"安居"又能"乐业",避免形成大面积返贫现象。发挥金融创造就业的积极作用,通过各种金融工具,推动助力信贷,提升易迁贫困人口就业创业的意愿和能力,进而创造就业,提高就业质量,帮助更多易迁贫困人口实现"有就业、能致富"。鼓励社会资本深入贫困居民安置区,就地投资

---

① 金鑫:《关于推动农业保险更好服务"十四五"农业农村发展的思考》,《中国保险》2021年第2期,第37—40页。

发展各种产业,帮助安置居民就业和再就业,并充分研究安置区居民的劳动技能特征,调动其发挥一技之长、实现脱贫致富的积极性,基于迁移地的产业结构、企业需求和搬迁贫困劳动力的已有技能、个人意愿,构建"因材施教、专业细化"的职业技术培训体系,提升易迁贫困人口的劳动素质和劳动技能,进而使贫困户的迁移地迸发出发展的内生性动力。

以"金融+产业"发展带动就业扩容,让更多易迁贫困人口从本地产业发展中受益。进一步而言,巩固易地搬迁扶贫的成果,还要注重易地扶贫搬迁与乡村振兴战略的有效衔接,按照"产业兴旺、生态宜居、乡风文明、治理有效、生活富裕"的乡村振兴战略总要求,迅速建立包含公共服务、基础设施和信息流通等的综合性服务体系,培育新型职业农民,更好地承接政府的多重政策扶持,促进城乡的进一步融合发展。另外,在易地搬迁脱贫群众在安置地就业并融入当地经济生活的同时,政府、社区也应引导其树立主人翁的意识,促进其与安置地社区的融合,推动其新社会关系网络的形成,优化安置地的社区治理与新居民融入。要协调好迁出地与安置地之间的利益,统筹规划两地资源,在绿色发展理念的指导下合理开发迁出地资源,拓宽易地搬迁贫困人口的收入来源,同时稳步修复迁出地生态环境,做好其生态重建的工作。①

六、发挥金融助力现代农业基础设施建设的作用

乡村振兴中现代农业基础设施建设是一项长期的系统性工程,应

---

① 武汉大学易地扶贫搬迁后续扶持研究课题组:《易地扶贫搬迁的基本特征与后续扶持的路径选择》,《中国农村经济》2020年第12期,第88—102页。

在政策性金融工具的主导下，充分、协调发挥金融市场、商业性金融机构、金融工具对于资源配置的补充作用。具体说来，可供选择的投资模式主要有以下三种：

一是以政策性金融为主导的纯公益性现代农业基础设施投资模式。针对大型水库、农村道路、农田水利和机耕道、农产品交易信息平台系统、农业信息化系统、农业支付结算系统等乡村振兴中的农村基础设施，应当采用政策性金融工具全资的投融资模式，为一二三产业融合发展打通人流、物流、信息流、价值流通道，从而为现代农业生产经营提供信息服务支持，进而形成面向新型农业经营主体、消费者、生产资料供应商、金融机构的免费公开农业信息系统，并参照工商业征信系统建立有偿或无偿的现代农业征信系统。

二是政策性金融机构引导、商业性金融机构积极配合的准公益性现代农业基础设施投资模式。可以在诸如农业水利、电力等农业生产生活用基础设施，保鲜、冷链、仓储等现代农业服务系统，农村通讯及互联网等现代农业信息化系统，农村物流、农产品批发、零售与电子商务等现代农业营销系统等现代农业基础设施中，采取财政投资牵头、政策性金融协同的建设模式，在服务农业、保本微利的思想指导下，项目可以由政策性金融贷款出资建设，建成后由受益的农业经营者付费使用，收取的费用用于支付财政投资和政策性金融贷款建设成本。① 也可以尝试在政府监管和指导下由财政和社会资本共同投资、公私合作的 PPP 模式，并实现社会投资者自主经营、自负盈亏。

三是以市场化手段，增加"信贷+担保+保险"金融工具的使

---

① 王定祥、刘娟：《乡村振兴中现代农业基础设施投资机制与模式》，《农村经济》2019 年第 3 期，第 80—87 页。

用,促进金融资本对私益性现代农业基础设施投资。加大商业性金融对农业基础设施的投融资力度,例如对温室大棚、标准农田、滴灌系统、农产品深加工车间、保险仓库等投资金额大、使用频率高、投资回收期长的农业基础设施建设。在风险可控的情况下,应尽量降低信贷等金融工具的门槛,降低融资成本。金融机构还可以对一些投资额度大、使用频率低的农业大型专用设施、农业机械设备等提供"金融租赁"服务,或者采用按份共有的形式,联合其他农业经营者共同出资购买,从而推动乡村振兴中的基础设施建设。

七、发挥金融促进乡村消费升级的作用

在乡村振兴中,农村居民消费质量的提升,农村居民消费水平的提高,使农村居民日益增长的美好生活需要得到更好满足,有利于增强农民的获得感、幸福感和安全感。逐步构建"金融+消费升级"金融商业平台,开展乡村振兴消费金融示范试点工程。首先,在政策银行和开发性银行的引领下,政府针对农村居民的信贷进行政策鼓励与补贴支持,并逐步引导商业银行及民营金融机构进入农村信贷系统,打破大型机构的垄断地位,多方位、多层次地提振农村居民消费,理顺各级政府部门、金融管理部门、金融机构以及终端金融用户的关系,进一步构建协同工作机制。其次,营造良好政策环境,构造农村金融承接现代化金融科技的良好外部环境。地方政府与金融管理部门应及时完善相关规章制度,一方面营造鼓励"农村振兴+消费金融"发展的政策条件和商业环境,另一方面及时加强监管,建立健全涉农金融机构的审核以及违规处罚机制,充分发挥金融对于农村居民消费

升级的正向驱动。① 最后，加强金融创新高端人才队伍的建设，积极与高校、科研机构开展合作，注重现代金融技术专业人才培养，为"乡村振兴+消费金融"创造良好的人才支撑和技术条件。

第五节　金融赋能乡村振兴的运行机制创新

从脱贫攻坚到乡村振兴，由于治理目标、治理范围、治理对象都发生了调整，两大战略衔接转型的体制机制自然也要做出相应调整。在乡村振兴战略背景下，金融支持乡村振兴有利于构建现代农业体系，推进农村产业的进一步发展；有利于将更多金融资源配置到农村突出环境问题综合治理，为乡村实现生态宜居奠定重要的资金支持，进一步夯实乡村经济基础；有利于提升农村居民的素养，构建良好的金融生态环境，提升社会信用，进一步深化乡风文明建设；有利于为农村产业发展提供资金支持推动一二三产业融合，打造农业产业链，解决农民就业和收入问题。

一、加强党的领导机制，确保金融支持乡村振兴的正确方向

坚持党的领导，树牢正确方向。牢固秉持党对金融机构工作的

---

① 李阳、于滨铜：《"区块链+农村金融"何以赋能精准扶贫与乡村振兴：功能、机制与效应》，《社会科学》2020年第7期，第63—73页。

领导地位，使党的领导深入到金融机构以及金融工作当中，是金融持续赋能乡村振兴的根本保证。党的统一领导是金融支持乡村振兴的必然条件。鼓励各类和各级金融机构不忘服务"三农"的初心，始终牢记"三农"事业乃是国家发展之根本，坚定不移把坚持党的领导、加强党的建设贯穿到"三农"金融服务全过程。始终坚持以习近平新时代中国特色社会主义思想为指导，增强"四个意识"、坚定"四个自信"、做到"两个维护"，更加自觉地在党和国家全局中谋划推动"三农"金融工作，更加主动地将党的政治优势转化为"三农"工作的强大动力，更加用心、用情、用力地做好三农金融服务。①

加快实现"以党建促脱贫"到"以党建促振兴"有效衔接，强化党建引领，落实乡村振兴机制并制定实施细则。发挥金融机构中党员的先锋带头作用，为金融机构的其他工作人员做好示范；继续发挥"金融专员""第一书记"的领头雁作用，同时完善帮扶队伍与乡村振兴工作队伍的协同工作。推进干部进驻农村以及金融扶贫的社会参与，通过政府、企事业单位和社会组织的相互配合，实现扶贫工作干部长期驻村的制度化。成立"金融+乡村振兴"金融工作领导小组，增强党对金融工作的领导能力，努力建设一支集崇高精神、真切意愿、专业素养于一身的服务乡村振兴的高素质金融人才队伍。在"十四五"时期，统筹构建组织机构，落实责任主体，进一步推进乡村振兴组织机构统筹整合和职能划分，促进形成良好的金融生态环境。

---

① 周慕冰：《做农村金融改革的创新推动者》，《中国金融》2019年第19期，第21—23页。

二、完善金融标准规则体系，保障乡村振兴的金融供给

由于乡村振兴主体的多元性、层次的多样性以及任务的复杂性，必须运用法治思维、依靠法律制度来规范乡村振兴战略的执行。必须用科学的法律对金融扶贫加以规范，从法律的视角，运用法律原则、法律精神和法律逻辑发现问题、认识问题、解决问题，推进制度创新是破解问题、顺应乡村振兴战略要求的必然选择。良法是善治的前提，完善农村金融相关法律制度，形成法治理念，可以为乡村振兴长效机制提供有力的法治保障。

我国现行的法律体系中还未曾出现过专门为农村金融提供直接依据的法律和法规，这要求我们进一步推进乡村振兴在法律层面的建设，厘清农村金融改革中政府的职责与权力、金融机构的权利与义务、"三农"相关金融工具的规则、农户与涉农企业的权利与义务、违法者的责任追究等，通过更完善的法律体系来保护农民利益，提升农村金融的效率，增强农村金融对乡村振兴工作的持续性推动作用。同时，加快修改《商业银行法》等既不适应农村经济实际也不能满足农民需求的法律法规。例如，目前《商业银行法》的贷款规则以担保贷款为主，而信用贷款则属于例外情况。而在现实中，囿于现行法律规定的限制，农民有价值的宅基地、土地承包经营权等不能作为担保物，对农民贷款造成了困难。所以，应加快修改这些既不适应农村经济实际也不能满足农民需求的金融法律制度，为乡村振兴的长效发展机制提供法治保障。

坚持科学立法、民主立法，尊重扶贫客观规律，加快乡村振兴的

顶层设计,加快《农村金融法》《反贫困法》等法律法规的立法,完善顶层制度设计与政策分层设计,有效衔接乡村振兴。首先,提高制度设计的科学性,通过法律法规明确乡村振兴主体的法律地位以及政府、金融机构、经营主体、农户家庭的职责与义务,明确乡村振兴的对象,实施金融精准服务;明确乡村振兴中的金融活动应坚持的价值准则,包括正义、效率、公正等;制定乡村振兴的手段和方法,构架精准识别、精准扶持、精准管理体系,提高有效性、针对性,确保各项优惠政策的具体落实。其次,打破固有利益藩篱,重新设定利益格局,完善乡村振兴相关金融法律制度,坚持农村金融的普惠内核,切实保护乡村振兴与农村金融中"三农"获取金融扶持的基本权利。通过法律法规的制度供给,完善农村金融市场,系统规定"三农"的金融权利,服务广大"三农",为农村经营主体提供获得金融服务的机会。最后,突出对农村弱势群体金融权利的保护,扩充金融权利种类与内容,强化农村弱势群体金融服务,确保其在金融供需中的平等地位。

三、精准相对贫困识别机制,金融助力阻断返贫

加强政府和金融机构的大数据分析合作,建立联系工作机制,明确牵头部门和配合部门,协同合作,加强大数据精准识别的基础设施建设,全面感知、收集、分析和共享数据,合法规范使用数据资料,实现对相对贫困的精准识别。

首先,要继续坚持做到"六个精准",依托数字技术与互联网技术对农村居民的经济状况进行精准识别、精准治理,形成系统化、高效率的信息识别机制,利用各种数据库、移动终端、手机小程序等应

用系统，通过内外部数据资料的搜索、查询、挖掘、分析、甄选、计算等程序，科学制定符合农村发展实际情况的农村相对贫困线。同时，充分考虑各个地区经济状况的差异，要根据相对贫困线适当考虑差异化应对。明确农村相对贫困人口，确定相对贫困范围，再根据其收入水平、健康状况、社会保障等信息建立个人社会信息系统，以不同的致贫因素为考量标准划分不同的农村相对贫困人口类型，根据相对贫困人口的人口学特征，将其纳入重点关注人群体系，结合线下的实践调研，核实相关数据信息，提升精准识别的准确率。科学设计金融扶贫方案，精准实施金融扶持，从而提升"政府+金融机构"的金融扶贫决策的科学性、精准性，实现精准脱贫，有效阻断农村出现返贫现象。

其次，利用现代信息系统，构建智能化、程序化的大数据精准扶贫辅助决策系统，整合资源，健全决策系统评价指标体系，在运用数字技术的基础上实现数据信息多元、智能整合，使信息甄别更便捷、信息筛选更迅速，不断优化决策效率，形成政府与金融机构联合助力乡村振兴，精准施策。此外，加大新技术、新平台的开发和应用，推进政府治理决策的数字化、智能化，用大数据为智能决策提供坚实基础。

最后，加强乡村振兴数字化运作的信息安全体系建设，确保乡村振兴数据安全，保障"三农"信息安全。一是政府组织和引导关键信息防护技术的开发，从技术层面修补系统漏洞，杜绝黑客攻击，提升信息防火墙水平，保障数字信息安全。二是建立健全大数据信息保护的相关法律法规，明确大数据信息中政府、企业、个人三方的权利与义务，完善对于个人信息盗用、买卖等违法活动的界定以及惩处措施，明确平台、中介、服务商的法律边界，降低大数据应用的负外部性，切实保障个人在大数据使用中的收益权。三是加大信息泄露、违法买卖的法律惩戒力度，配合公安机关以及技术侦查部门重点打击非法使用和泄露数据信息的违法犯罪行为，建立依托大数据的数字化乡村振兴的良好法治环境。四是在乡村振兴中加大对政府工作人员、金融机构专员、农村居民的普法力度，形成全社会高度重视信息安全的社会氛围。农村居民个人也要养成保护个人信息的思维意识，提高警惕，不随意泄露个人信息资料，增强自我防范意识，推动大数据技术助力乡村振兴。①

四、加强金融科技基础设施建设，促进"三农"融合发展新渠道

加强农村地区信息基础设施建设，有目的地使联网建设资金优先向贫困地区和农村地区倾斜，提高农村地区通信水平和互联网宽带的普及度，在农村地区快速推动5G等新兴网络技术的发展，着力实现农村地区互联网的全部覆盖，同时使用专项资金对农村居民上网进行补贴，解决农村居民上网的后顾之忧。同时，政府、各服务商要大力开展对农村居民使用移动支付的教育、普及工作，使移动支付走进农村居民的日常生活，鼓励和支持农村贫困地区的数字移动支付服务商开办业务，利用便捷的移动支付进一步降低农村地区的交易成本，推动农村产业发展，服务农村生产、交易，助力农民脱贫和乡村振兴。

推动金融科技基础设施，促进数据、信息在"三农"领域的主体间充分共享，互通有无，促进信息的充分流动，打破信息的不对称

---

① 彭志刚：《后脱贫时代巩固脱贫成效的数字化运作及整合机制》，《产业科技创新》2020年第12期，第29—31页。

格局，提升农村金融机构的信息挖掘能力和数据处理能力，更好地为"三农"服务。在农户信息数据中，打破县域、乡镇、村组之间信息流动的障碍，实现农户信息的跨地域、跨平台流动，使金融机构开展农村数字普惠金融业务的信息资源更丰富、更充分。

加强顶层设计，筹备建立农村数字化信用体系的跨地域平台，实现基层农村居民金融、信用信息的收集与入库，建立完备的农村信用体系。通过"政府+平台运营""政府+人民银行"等信用体系建设模式，充分动员社会资本与人才参与到信息平台的建设中。结合大数据和互联网金融技术，实现农村居民与经济主体的信用归档。

五、加强产业链建设，释放金融协同合力

在脱贫攻坚过程中，产业扶贫通过把贫困地区规模较小、组织化程度较低、市场竞争力较弱的产业发展壮大，并结合本地情况探索出多种模式来带动贫困户增收脱贫，不仅在脱贫攻坚中形成了较好的效果，而且也是有效衔接乡村振兴的关键环节。乡村振兴中释放产业兴旺是后脱贫时代产业扶贫的升级版，要顺势而为，在巩固脱贫攻坚的基础上进一步把农村产业做好做强。在脱贫攻坚时期，政府财政和各类金融机构通过提供扶贫资金、信贷优惠政策等帮助很多贫困地区的产业从无到有地逐渐发展起来，部门特色产业已经初具规模效应，对于贫困人口脱贫和致富起到了重要作用。乡村振兴要立足于地区独特资源禀赋，在原有扶贫产业基础上，进一步发展特色产业，助推新型经营主体发展，通过延伸农业产业链，推动产业融合，提高产品附加值，让贫困户享受到增值收益，促进小农户和现代农业发展有机衔接。有效衔接乡村振兴的产业发展，需要政府与金融机构协同合作，

强调政府在政策执行、市场监管等方面的引导作用，释放金融机构利用市场化手段实现协同效应，体现"金融支持+产业振兴"的意义，从而形成促进乡村产业振兴的长效机制。

首先，不断强化政府对金融机构参与乡村振兴的引导和鼓励，通过多元化金融工具形成"财政+金融机构+乡村产业"或"金融机构+乡村产业"等新型农村金融模式，综合运用定向降准、支农再贷款、支小再贷款和再贴现等多种货币政策工具，增加金融机构支持农村产业融合发展的资金来源。人民银行、政策性银行等应定向奖励金融机构参与涉农信贷，进一步释放机构参与涉农信贷的费用补贴政策和税收优惠政策，减轻农户和新型农业经营主体的金融负担。建立有政府背书的农村信用信息体系，使乡村振兴产业发展获得完善的担保体系，引导担保机构以服务"三农"为经营原则，针对涉农融资担保和再担保业务收取更低费用，缓解农村产业融合发展主体的资金紧张问题，赋能乡村振兴。

其次，强化金融机构对农村地区特色产业龙头企业的金融支持力度，促进"一企一策"金融服务，结合产业的发展状况将传统的农业产业链向前端产前和后端产后的加工、运输等环节延伸，也可以将农业的上下游产业联系起来，优化产业结构，增加农业的价值。发挥龙头企业的引领和导向作用，使农民合作社紧密联结家庭农场与专业大户，建设新型农业产业化联合体，使农业组织联盟内部结构更紧密，上下游承接更顺畅，以产业规模效益推动乡村产业发展。

最后，政府引导营造有利于乡村振兴发展的外部金融生态环境。促进农村地区的信用体系建设，开展新型农业经营主体信用信息征集评价，推进信用区域创建，加强信息共享与应用，建立守信激励和失信惩戒相结合的长效机制,为金融机构信贷提供参考。①

六、构建金融风险控制机制,
为乡村振兴提供安全保障

构建农村金融风险控制制度是金融支持乡村振兴不可或缺的一部分。科学合理的风险控制机制有利于降低金融机构开展农村扶贫贷款的损失,增加其参与金融扶贫的积极性,推动金融扶贫工作的顺利开展。银行业金融机构可能因为担心出现信贷风险而不敢贷、不愿贷给涉农企业和农户,因此,构建农村金融风险控制体系,有助于降低银行业金融机构风险,打通新型经营主体和农户的信贷通道。

首先,政府要及时出台相应的规章制度,形成风险控制机制,规范信息采集和管理,统一信用评定标准,加大失信惩戒力度,并做好乡村信用建设工作。利用大数据技术进行信用建设工作,关注新型经营主体和农户家庭金融信用水平,对金融风险进行动态跟踪,构建乡村振兴金融风险预警制度,强化金融扶贫风险预先化解机制。

其次,营造良好的农村信用氛围,使风险控制和信用评级观念深入人心。建立长期宣传教育机制,提高乡村村民对于信用建设的认知度,认清风险防控和信用建设的好处,并通过反面案例教育村民,对金融违法行为起到警示作用。

再次,调动市场化手段,激发"信贷+担保+保险"的活力,引入担保和保险等金融工具,形成风险分担机制,强化乡村振兴的金融安全,实现金融风险可控的目标。

---

① 张林、温涛:《金融支持农村产业融合发展的政策协同》,《经济研究参考》2019年第6期,第122—124页。

最后，引导、激励更多农村经济主体走上产业融合的发展道路，针对农村产业融合进行专项扶持以及风险补偿，加大对新型经营主体和农户家庭财政资金补贴力度，拓宽财政补贴范围，支持和引导更多的新型农业经营主体向深度一二三产业融合发展。

图书在版编目（CIP）数据

新时代金融精准扶贫理论与实践：以重庆市金融机构扶贫案例为蓝本 / 高永强，肖忠意，余劲松著 . —北京：商务印书馆，2021
ISBN 978-7-100-20442-2

Ⅰ . ①新… Ⅱ . ①高… ②肖… ③余… Ⅲ . ①金融—扶贫—研究—中国 Ⅳ . ① F832.3

中国版本图书馆 CIP 数据核字（2021）第 206371 号

权利保留，侵权必究。

新时代金融精准扶贫理论与实践
以重庆市金融机构扶贫案例为蓝本
高永强　肖忠意　余劲松　著

商 务 印 书 馆 出 版
（北京王府井大街36号　邮政编码100710）
商 务 印 书 馆 发 行
南京新洲印刷有限公司印刷
ISBN 978-7-100-20442-2

2021年11月第1版　　开本 880×1240　1/32
2021年11月第1次印刷　印张 10¾
定价：68.00元